Denken und Rechnen 4

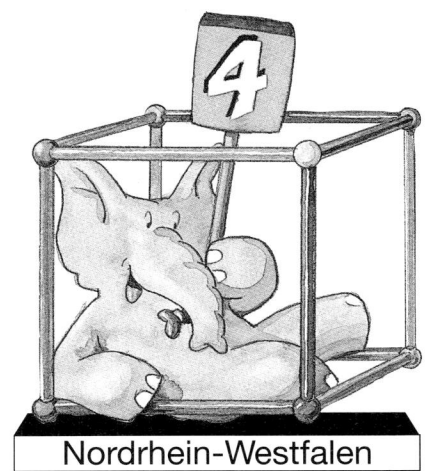

Nordrhein-Westfalen

Herausgegeben von:
Detlef Melchior, Kroppach

Erarbeitet von:
Henner Eidt, Königswinter
Dieter Klöpfer, Ilsfeld
Roswitha Lammel, Bielefeld
Detlef Melchior, Kroppach

Illustrationen von:
Gerd Kruse, Bielefeld

westermann

Zum Denken-und-Rechnen-Lehrgang gibt es ein **Arbeitsheft** (Best.-Nr. **122374**)
und einen **Lehrerband mit Kopiervorlagen** (Best.-Nr. **191144**).

Dieses Unterrichtswerk entstand auf der Grundlage von „Denken und Rechnen", herausgegeben von
Prof. Dr. Roland Schmidt, Gießen.

**In dieses Buch darf nicht hineingeschrieben werden.
Vorgegebene Rechenanordnungen und Tabellen
sollen den Schülern als Vorbild für die Arbeit im Heft dienen.**

Bildnachweis

- AKG, Berlin: 80.3
- Anders, Uwe, Braunschweig: 42.8/9, 118.1
- Angermayer Tierbildarchiv, Holzkirchen: 40.8, 83, 112.3, 113.4
- Bavaria Bildagentur, Gauting: 15.3 (LA), 89.1
- Bundesarchiv, Koblenz: 25
- CMA, Bonn: 94.1-5
- Dechenhöhle, Iserlohn: 5.6
- Demmrich, A., Berlin: 97
- Deutsche Bahn, Berlin: 94.8
- Deutsche Luftbild GmbH, Hamburg: 66
- Deutsche-Presse Agentur, Frankfurt: 35.5 (Scheidemann)
- Dränert, Michael, München: 43.1-4
- Eidt, Henner, Königswinter: 17.1/2
- Flughafen Hamburg GmbH, Hamburg: 110
- GEBAG/DBV, Duisburg: 12
- Greiner & Meyer Photo-Center, Braunschweig: 20.1 (Meyer), 24.1 (Meyer), 24.2/3 (Greiner), 42.10 (Bender), 43.7 (Meyer)
- Hartmann, Andreas, Hildesheim: 94.6
- IFA-Bilderteam, München: 5.1 (Gottschalk), 5.2 (Schösser), 5.3 (Kohlhas), 5.7 (Gottschalk), 15.2 (Ostgathe), 64.1/2 (Krämer), 111.2 (Gottschalk)
- IMA, Hannover: 94.7, 108
- Lade, Helga, Frankfurt: 13.2
- Landesbildstelle Westfalen, Münster: 5.9 (Stuttg. Luftbild Elsäßer)

- Mauritius Bildagentur, Mittenwald: 15.4 (Elsen), 54.3 (Eigstler)
- maus+partner, Wermelskirchen: 53
- Milchwerke Köln/Wuppertal, Köln: 109
- Okapia Bildarchiv, Frankfurt: 30.1 (Laub), 30.2 (Bromhall/OSF), 40.1 (Schacke/Naturbild), 42.2 (Dr. Pott), 42.6 (Reinhard), 42.7 (Maier), 113.7 (Foott)
- Reinhard-Tierfoto, Heiligkreuzsteinach: 30.3, 40.2, 42.11, 77, 112.1, 113.5, 118.5
- Rheinbraun, Köln: 5.5
- Superbild-Bildarchiv, Grünwald/München: 5.8 (Gräfenhain), 35.4 (Ducke), 52.7 (Schmidbauer), 107 (Schmidbauer)
- Scherz, Hans, Buch-Kirchseeon: 84.1
- Schönauer-Kornek, Sabine, Wolfenbüttel: 122
- Schuster Bildagentur, Oberursel: 15.1 (Kinne), 15.5 (Löhr), 35.3 (Rozbroj), 40.7 (Hanneforth), 67 (Schröter)
- Schwanke & Raasch, Hannover: 13.3-7, 40.3-6
- Tebbenjohanns, Annemarie, Braunschweig: 74
- Ullstein Bilderdienst, Berlin: 123.1
- Uthe, Michael, Holle: 29
- Volkswagen AG, Wolfsburg: 42.3
- ZEFA, Düsseldorf: 35.1 (Haenel), 35.2 (Streichan), 60.1 (Hartmann)

- alle übrigen Fotos: Photostudio Druwe & Polastri, Weddel

1. Auflage Druck   5
Herstellungsjahr   2004   2003   2002

Alle Drucke dieser Auflage können im Unterricht parallel
verwendet werden.

© Westermann Schulbuchverlag GmbH, Braunschweig 2000
Verlagslektorat: Michael Uthe, Susanne Heinrich
Typografie u. Lay-out: Andrea Heissenberg,
                    Sabine Schönauer-Kornek
Herstellung: Dirk Walter-von Lüderitz
Druck und Bindung: westermann druck GmbH, Braunschweig

ISBN 3–14–**121144**–2

Inhaltsverzeichnis

Klassenfahrt 5
Addieren und Subtrahieren 6
Multiplizieren und Dividieren 8
Verbinden von Grundrechenarten 9
Gewicht und Preis – Menge und Preis 11
Multiplizieren und Dividieren 12
Pferdepflege 13
Multiplizieren – Addieren und Subtrahieren ... 14

Lebendige Bundesstadt Bonn 15
Die Zahlen 10 000, 2 000, 5 000 16
Zahlen bis 10 000 – Rechenbäume 21
Rechnen bis 10 000 – Sachaufgaben 24

Zentimeter und Millimeter 28
Die Kohlmeise 30
Kilometer, Meter 31

Die Zahl 100 000 32
Zahlen bis zur Million, Runden, Schaubilder ... 33
Rechnen bis zur Million 37
Bienen 40
Wiederholung 41

Tonne, Kilogramm und Gramm 42
Müllmengen 45

Autoproduktion 46
Schriftliches Multiplizieren mit einstelligen Zahlen ... 47
Wiederholung 51

Symmetrie 52
Waagerecht – lotrecht – senkrecht – rechter Winkel ... 54
Parallele Linien 56
Fadenbilder 57

Multiplizieren und Dividieren mit 10, 100, 1 000 ... 58
Multiplizieren und Dividieren mit Z-, H-, T-Zahlen ... 60

Sachrechnen – Rechenbäume 61
Addieren und Subtrahieren 62
Rechengeschichten 64
Sachrechnen – Textverständnis 65
Eine Lösung, mehrere Lösungen, keine Lösung ... 66
Ungleichungen und Gleichungen 67

Das große Durch-3-Spiel 68
Zerlegen großer Zahlen 69
Schriftliches Dividieren 70
Teilbarkeit – Primzahlen 74
Preisvergleiche 75
Verbrauch 76
Wiederholung 77

Sachaufgaben – Fahrplan 78
Zeitmessung – Sekunden und Minuten 80
Zugvögel 83

Kreise 84
Wollkugeln, Windräder 86

Der Taschenrechner – Teiler 87

Schriftliches Multiplizieren 89
Zucker 94
Zuckerverbrauch 95
Der Mensch 96
Wiederholung 97

Milliliter – Liter 98

Körper – Schrägbilder, Baupläne, Netze .. 100
Pakete 105

Teiler-Rennen 106
Schriftliches Dividieren durch Zehnerzahlen ... 107

Entfernungen 110
Daten aus Münster 111
Das Eichhörnchen 112
Interessante Zahlen über Tiere 113
Wiederholung 114

Flächeninhalt – Umfang 116
Vergrößern und Verkleinern 118
Maßstab 120

Geburtsdaten – Stichproben und Schaubilder ... 122
So rechneten die Urgroßeltern 123
Das haben wir im 4. Schuljahr gelernt 124

Schriftliches Addieren und Subtrahieren

1. Die Klasse 4a aus Bielefeld plant eine Klassenfahrt mit vier Übernachtungen in einer Jugendherberge.

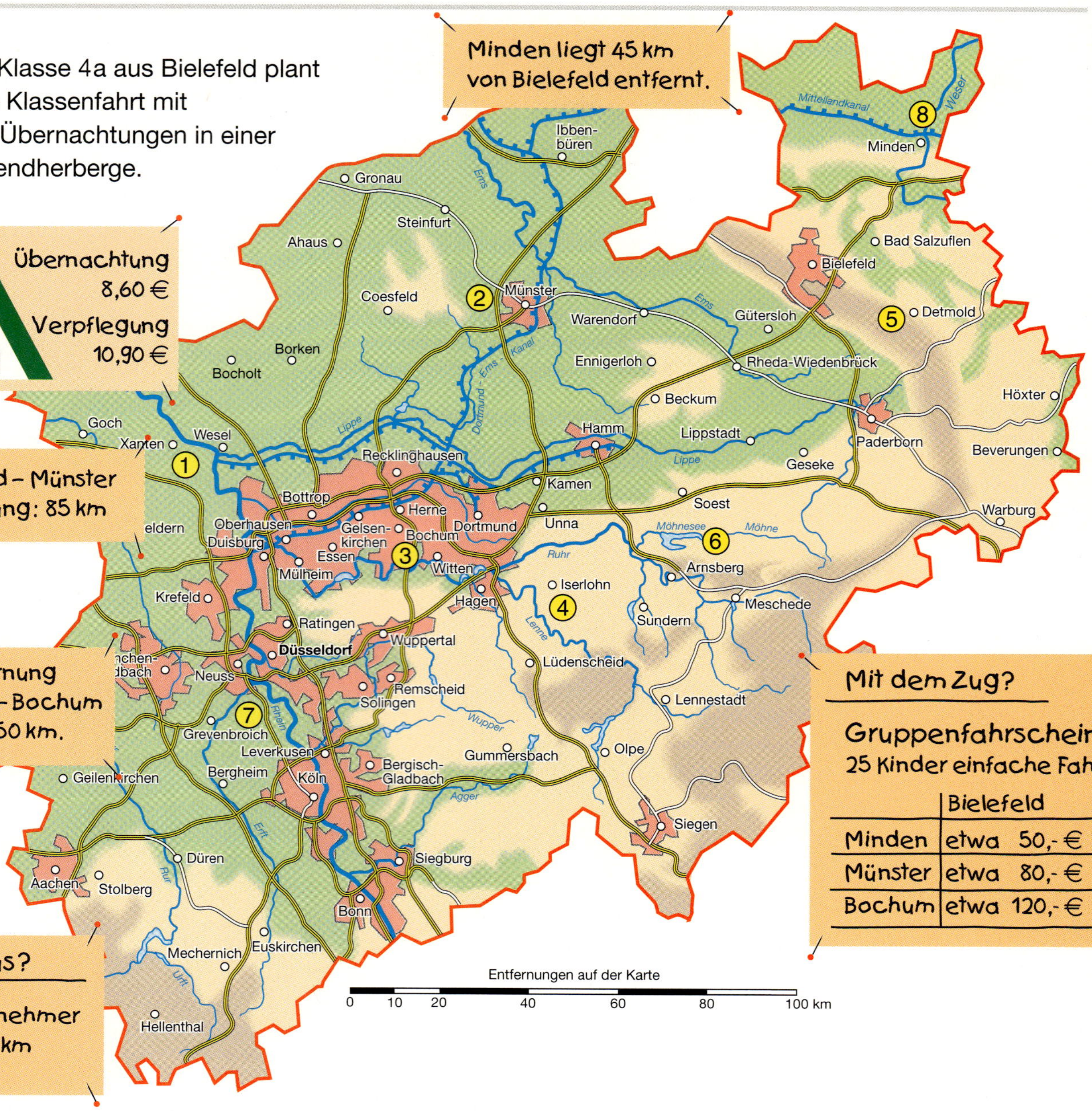

Minden liegt 45 km von Bielefeld entfernt.

DJH Übernachtung 8,60 €
Verpflegung 10,90 €

Bielefeld – Münster Entfernung: 85 km

Die Entfernung Bielefeld – Bochum beträgt 150 km.

Mit dem Zug?
Gruppenfahrschein
25 Kinder einfache Fahrt

	Bielefeld
Minden	etwa 50,- €
Münster	etwa 80,- €
Bochum	etwa 120,- €

Mit dem Bus?
Ein Busunternehmer rechnet pro km etwa 1,00 €.

2. Zeige auf der Karte, wo du ungefähr wohnst. Wie weit ist es von deinem Wohnort zu den Ausflugszielen?

3. Schreibe untereinander und addiere. Rechne eine Probe.

a) 231 km + 489 km
332 km + 388 km
433 km + 287 km

b) 439 km + 75 km
817 km + 183 km
758 km + 86 km

c) 215 km + 386 km
176 km + 749 km
73 km + 927 km

d) 309 km + 498 km
329 km + 478 km
389 km + 418 km
(Überschlage vorher.)

4. a) 100,00 € − 72,50 €
100,00 € − 46,25 €
20,00 € − 15,85 €

b) 118,42 € − 8,88 €
117,50 € − 6,73 €
120,40 € − 9,86 €

c) 82,05 € − 71,20 €
31,60 € − 23,75 €
25,65 € − 15,80 €

4,15 € 7,85 € 9,85 € 10,85 € 27,50 € 53,75 € 109,45 € 109,54 € 110,54 € 110,77 €

5. a) 1000 − 139 553 − 169
861 − 149 384 − 179
712 − 159 205 − 189

b) 940 − 58 736 − 88 442 − 118
882 − 68 648 − 98 324 − 128
814 − 78 550 − 108 196 − 179

Subtrahieren und Addieren

1.
Auftrag Reisebus 6	Auftrag Reisebus 11
von: Lübeck	von: Lübeck
nach: Aachen	nach: Mainz
km: 544	km: 581
Fahrer Schulz	Fahrerin Olk

Frau Olk hat heute mehr Kilometer zu fahren als Herr Schulz.
„Du musst aber nicht viel weiter fahren!", meint Herr Schulz.

581 km	
544 km	km

Wie groß ist der Unterschied?

2.

größere Zahl	1000	1000	800	800	700	700	900	900	600	600				
Unterschied							130	135	250	251	248	248	200	250
kleinere Zahl	450	455	320	326	326	416					500	300	116	116

284 316 349 350 366 374 474 480 545 548 550 645 748 765 770

3. Berechne immer den Unterschied.

a) 366 471   b) 704 360   c) 284 572   d) 561 351   e) 429 809

a) 4 7 1
   −3 6 6

f) 274 960   g) 444 1000   h) 801 707   i) 285 500   j) 97 505

94 105 210 215 288 344 380 408 556 686 784

4.
a) 981   b) 980   c) 979   d) 978   e) 977   f) 976   g) 975   h) 974
  − 675   − 725   − 775   − 825   − 875   − 925   − 975   −1025

Die Ergebnisse ändern sich gleichmäßig.

5.
a) 887 781 500 476 ⊖ 351 255 476

b) 955 700 551 423 ⊖ 417 387 229

0	1	6	24	36	125	134	149
164	194	221	245	283	305
313	322	411	430	471	526
536	538	568	632	726

6. Ergänze zu 1 000.
a) 200   b) 400   c) 700   d) 790   e) 550   f) 350
   250   410   780   795   555   351
   255   419   784   799   575   361

a) 2 0 0 + ☐ = 1 0 0 0

7. Schreibe untereinander und addiere.
a) 486 + 54 + 253   b) 618 + 212 + 86   c) 107 + 92 + 311 + 72
   207 + 300 + 193   618 + 86 + 212   86 + 142 + 222 + 90
   445 + 90 + 255   212 + 518 + 76   550 + 150 + 205 + 37

416 540 582 700 790
793 806 916 916 942

8.
a)
350 + 300 + 50 =
400 + 250 + 50 =
450 + 200 + 50 =
500 +

b)
500 + 150 − 20 =
500 + 200 − 20 =
500 + 250 − 20 =
   + 300

c)
1000 − 800 − 150 =
1000 − 700 − 200 =
1000 − 600 − 250 =
   − 500 − 300 =

Rechne weiter.

Multiplizieren und Dividieren

1. a)  b) 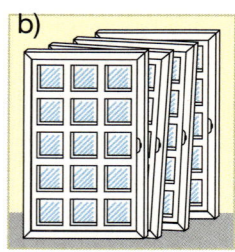 c) 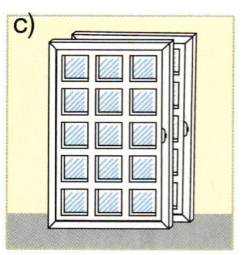 d)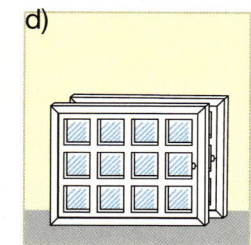

Wie viele einzelne Scheiben wurden eingebaut?

2.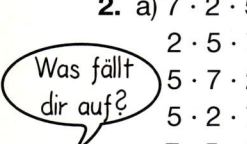
a) 7 · 2 · 5 =
2 · 5 · 7 =
5 · 7 · 2 =
5 · 2 · 7 =
7 · 5 · 2 =

b) 5 · 2 · 3 =
6 · 2 · 3 =
7 · 2 · 3 =
9 · 2 · 3 =
8 · 2 · 3 =

c) 8 · 5 · 3 =
3 · 8 · 5 =
7 · 8 · 5 =
5 · 7 · 8 =
6 · 7 · 8 =

d) 4 · 2 · 4 =
4 · 3 · 4 =
4 · 4 · 4 =
4 · 5 · 4 =
4 · 6 · 4 =

e) 7 · 3 · 3 =
7 · 2 · 4 =
7 · 1 · 5 =
7 · 0 · 6 =
7 · 0 · 7 =

3.
a) 5 · 6 =
5 · 60 =
50 · 2 =
50 · 20 =
5 · 20 =

b) 7 · 8 =
7 · 80 =
70 · 8 =
70 · 7 =
60 · 7 =

c) 9 · 6 =
9 · 60 =
6 · 90 =
90 · 10 =
90 · 9 =

d) 30 · 4 =
30 · 30 =
40 · 8 =
20 · 40 =
20 · 8 =

e) 50 · 5 =
7 · 80 =
6 · 8 =
80 · 9 =
80 · 8 =

4.
a) 3 · 80 ct
5 · 80 ct
6 · 70 ct
4 · 70 ct
8 · 70 ct

b) 8 · 60 ct
5 · 60 ct
9 · 90 ct
3 · 90 ct
6 · 90 ct

5.
a) 7 · 0,30 €
7 · 0,80 €
6 · 0,50 €
6 · 0,80 €
8 · 0,80 €

b) 5 · 0,40 €
5 · 0,30 €
9 · 0,60 €
9 · 0,80 €
9 · 0,90 €

c) 4 · 0,90 €
8 · 0,70 €
0 · 0,80 €
1 · 0,60 €
9 · 0,70 €

0,00 €	0,60 €
1,00 €	1,50 €
2,00 €	2,10 €
3,00 €	3,60 €
4,80 €	5,40 €
5,60 €	5,60 €
6,30 €	6,40 €
7,20 €	8,10 €

6. a) 60 30 50 40 : 3 5 6   b) 70 20 80 : 8 7 9

Bei elf Aufgaben gibt es Reste.

7. a) 320 240 400 160 : 4 40 8   b) 180 240 90 : 3 30 6
c) 80 480 160 560 : 2 20 80   d) 540 180 360 : 9 90 60

8.
a) 120 ct : 3
210 ct : 3
270 ct : 3
180 ct : 3
330 ct : 3

b) 120 ct : 4
200 ct : 4
80 ct : 4
320 ct : 4
360 ct : 4

9.
a) 5,00 € : 5
2,50 € : 5
3,00 € : 5
4,00 € : 5
3,50 € : 5

b) 2,40 € : 6
0,60 € : 6
4,80 € : 8
2,70 € : 9
2,80 € : 7

c) 1,60 € : 8
6,30 € : 9
4,90 € : 7
0,90 € : 2
1,30 € : 2

0,10 €	0,15 €
0,20 €	0,30 €
0,40 €	0,40 €
0,45 €	0,50 €
0,60 €	0,60 €
0,65 €	0,70 €
0,70 €	0,70 €
0,80 €	1,00 €

10. Rechne zu jeder Grundaufgabe verwandte Aufgaben.
a) 7 · 6   b) 8 · 9   c) 4 · 7   d) 5 · 6   e) 6 · 8   f) 8 · 8

a) 7 · 6 =
70 · 6 =
6 · 70 =
420 : 6

11. Berechne   a) den zehnten Teil   b) die Hälfte   c) den vierten Teil

80 160 200 40 100 400 240 480 20 1000

Verbinden von Grundrechenarten

1.

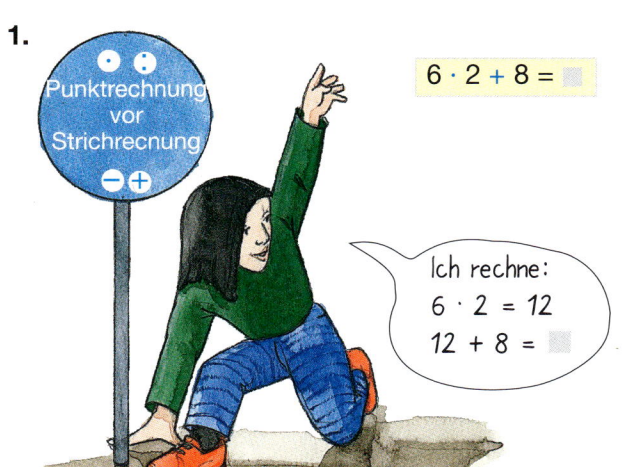

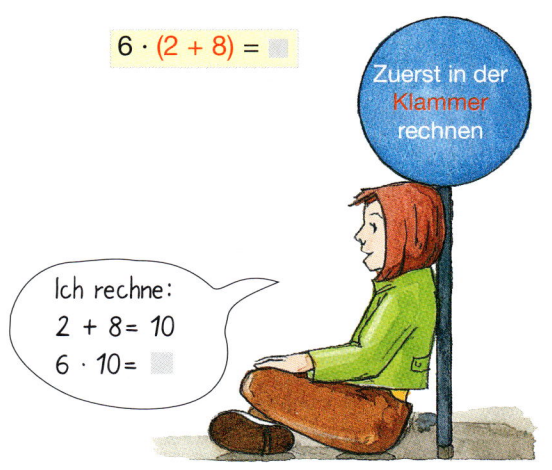

$6 \cdot 2 + 8 =$

$6 \cdot (2 + 8) =$

2. a) $9 \cdot 6 + 3 =$ | $9 \cdot (6 + 3) =$ | $9 + 6 \cdot 3 =$ | $(9 + 6) \cdot 3 =$

b) $9 : 3 + 6 =$ | $9 : (3 + 6) =$ | $9 + 6 : 3 =$ | $(9 + 6) : 3 =$

c) $9 - 6 : 3 =$ | $(9 - 6) : 3 =$ | $6 : 3 + 9 =$ | $9 + (6 : 3) =$

d) $6 \cdot 3 + 9 =$ | $6 \cdot (3 + 9) =$ | $6 + 9 \cdot 3 =$ | $(6 + 9) \cdot 3 =$

1 1 5 7 9 11 11 11 27 27 33 45 45 57 72 81 81

3. a) $(45 + 5) \cdot 2 =$ | $(30 - 10) \cdot 5 =$ | $(2 + 2) \cdot 25 =$ | $60 + 5 \cdot 8 =$

b) $200 + 150 \cdot 2 =$ | $150 + 500 : 2 =$ | $1000 - 100 \cdot 7 =$ | $(1000 - 750) \cdot 2 =$

c) $2 \cdot 16 + 18 =$ | $2 \cdot (34 + 6) =$ | $100 : 5 + 40 =$ | $100 - 6 \cdot 5 =$

d) $10 \cdot 30 + 700 =$ | $10 \cdot (78 + 22) =$ | $(251 + 49) \cdot 2 =$ | $(820 - 720) \cdot 5 =$

4. a)

·	2	3	6
30			
60			
90			
80			

b)

·	20	40	60
6			
8			
9			
		280	

c)

·	4	5	9
50			
		350	
80			
			180

5. a) : 4 →

40	
80	
160	
320	
640	

b) : 80 →

160	
320	
400	
800	
640	

c) · 6 →

20	
50	
80	
	600
	540

d) · 70 →

4	
8	
7	
	700
	630

6. a) $1000 - 320 : 8 =$ | $1000 - 80 \cdot 4 =$ | $1000 - 300 : 6 =$ | $1000 - 60 \cdot 5 =$

b) $420 : 7 + 240 =$ | $70 \cdot 4 + 720 =$ | $270 : 9 + 170 =$ | $90 \cdot 8 + 180 =$

c) $480 - 400 : 5 =$ | $240 + 160 : 8 =$ | $360 + 60 \cdot 2 =$ | $600 - 150 \cdot 3 =$

d) $8 \cdot 70 - 60 =$ | $4 \cdot 90 - 90 =$ | $10 \cdot 40 + 60 =$ | $7 \cdot 60 + 30 =$

50 150 200 260 270 300 400 450 460 480 500 680 700 900 950 960 1000

Wie viele Aufgaben findest du?

7. Bilde Aufgaben mit und ohne Klammer.

a) 12 4 8

b) 6 10 5

c) 9 11 3

Verbinden von Grundrechenarten – Rechenbäume

1.

Erzähle – frage – rechne – antworte.

2. Marco, Lena und Artur backen mit den Walnusskernen einen Nusskuchen.
Dazu benötigen sie 300 g. Den Rest Walnusskerne teilen sie sich.
Wie viel Gramm Nüsse bekommt jeder?

Marco rechnet: 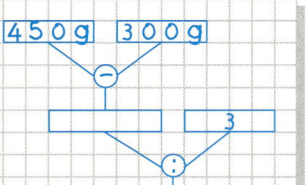   Lena rechnet: 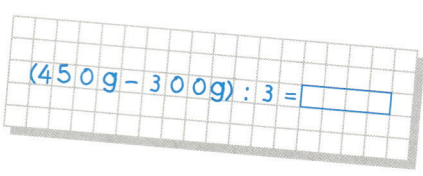   Artur rechnet:

Welche Rechnungen passen zur Aufgabe?

3. a) 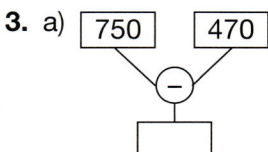 b) 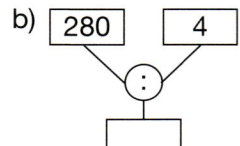 c) 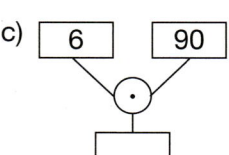 d) 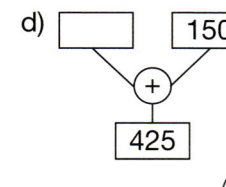 e)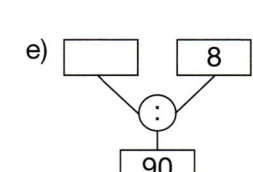

Kannst du die Aufgaben auch anders lösen?

4. a) 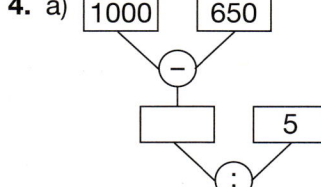 b) 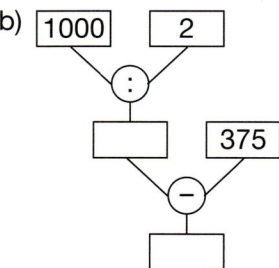 c) 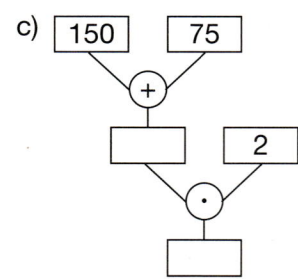 d)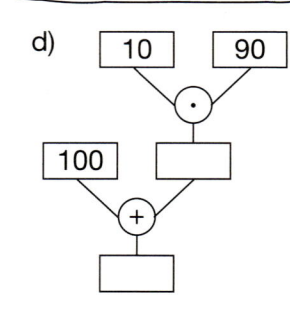

5. Zeichne zu den Aufgaben Rechenbäume und löse sie.

a) $270 : 9 - 20 =$ e) $(250 + 750) : 10 =$ i) $10 \cdot (26 + 74) =$
b) $40 \cdot 5 - 190 =$ f) $(240 + 260) : 5 =$ j) $200 \cdot (45 : 9) =$
c) $(1000 - 900) : 10 =$ g) $1000 : 4 - 150 =$ k) $500 + 2 \cdot 250 =$
d) $(150 + 350) \cdot 2 =$ h) $150 \cdot 2 + 700 =$ l) $350 - 50 \cdot 5 =$

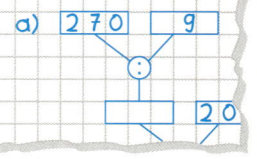

6. Denke dir einen Rechenbaum mit der Zielzahl 500 aus.
Erfinde dazu eine Rechengeschichte.

Gewicht und Preis – Menge und Preis

1. Wie teuer wird der Nusskuchen?

Zutaten:
200 g Butter
125 g Zucker
1 Päckchen Vanillinzucker
3 Eier
400 g Mehl
1 Päckchen Backpulver
300 g Walnusskerne
  (gemahlen)
gut $\frac{1}{8}$ l Milch

Zubereitung:
Die Zutaten zu einem Rührteig verarbeiten, ihn in eine gefettete Form füllen und 60 min bei Mittelhitze backen. Den erkalteten Kuchen mit Schokoglasur bestreichen.

Marco und Lena besorgen die Zutaten.

Sie können nicht immer die passende Menge kaufen.

Berechne die fehlenden Preise. Es gibt verschiedene Lösungswege.

a)
Walnusskerne	
Gewicht	Preis
100 g	1,50 €
200 g	
300 g	
500 g	

b)
Zucker	
Gewicht	Preis
1 kg	
500 g	0,56 €
250 g	
125 g	

c)
Butter	
Gewicht	Preis
100 g	
200 g	
250 g	1,20 €
500 g	

d)
Mehl	
Gewicht	Preis
100 g	
400 g	
500 g	
1000 g	0,90 €

e)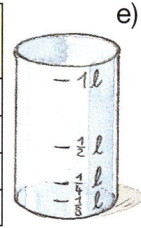
Milch	
Menge	Preis
1 l	0,80 €
$\frac{1}{2}$ l	
$\frac{1}{4}$ l	
$\frac{1}{8}$ l	

f)

Vanillin-Zucker 10 Päckchen 0,40 €
Backpulver 6 Päckchen 0,36 €
Stück 0,20 €

2. Backt auch einen Nusskuchen.
Berechnet dafür den Gesamtpreis der Zutaten.

Vergleicht die Preise.

3.
Stück 1,20 €

In der Konditorei wird der Kuchen in 12 gleich große Stücke geschnitten.
Wie viel wird für den ganzen Kuchen eingenommen?

4. Wie viel Stück Torte wurden schon verkauft? Wie viel € wurden dafür eingenommen?

a)
Nuss-Sahne Stück 1,70 €

b)
Quark-Sahne Stück 1,80 €

c)
Schoko-Sahne Stück 1,90 €

d)
Apfel Stück 1,50 €

5.
a) Sven kauft 7 Stück Schoko-Sahne-Torte.
b) Sarah kauft 2 Stück Quark-Sahne-Torte und 3 Stück Apfelkuchen.
c) Frau Krull bestellt eine halbe Nuss-Sahne-Torte.
d) Herr Jürgens kauft 2 Stück von jeder Torte.
e) Herr Plöger hat für 5,40 € Kuchen gekauft.

Multiplizieren und Dividieren

Das **Tausendfensterhaus** in Duisburg wurde 1925 gebaut.

1. Hat das Haus wirklich 1000 Fenster?

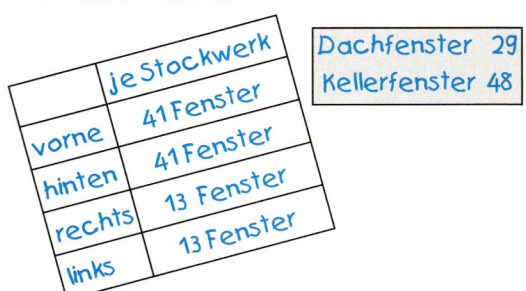

Im Erdgeschoss sind es 3 Fenster weniger.

2. Multipliziere schrittweise. Überschlage vorher.

a) 4 · 38	b) 3 · 48	c) 6 · 75	d) 9 · 66	e) 2 · 79
4 · 83	3 · 84	6 · 57	8 · 66	2 · 97
8 · 43	5 · 76	7 · 56	7 · 66	9 · 72
8 · 34	5 · 67	7 · 65	5 · 66	9 · 27

a) Ü: 4 · 40 = 160
4 · 38 =
4 · 30 =
4 · 8 =

120 144 152 158 194 243 252 272 330 332 335 342 344 380 392 450 455 462 528 594 648

3. Kannst du die Aufgaben im Kopf rechnen?

a) 12 13 21 · 4 6   b) 42 71 81 · 5 7

48 50 52 72 78 84 126
210 294 355 405 497 567

4. Dividiere schrittweise. Rechne als Probe die Umkehraufgabe.

a) 147 : 3	b) 672 : 7	c) 416 : 4	d) 465 : 5
225 : 5	600 : 8	232 : 8	148 : 4
224 : 4	582 : 6	576 : 9	231 : 7
246 : 6	530 : 5	279 : 3	378 : 9

a) 147 : 3 =
120 : 3 = 4
27 : 3 =

a) 147 : 3 =
150 : 3 = 50
3 : 3 = 1

5.

a) : 2	b) : 6	c) : 5	d) : 6	e) : 9	f) : 7
42	48	25	1	7	0
420	480	250	11	70	3
424	486	260	100	71	30
430	492	280	101	72	35
450	498	290	110	81	39
470	540	300	111	82	40

6. Rechne immer erst die leichte Aufgabe.

a)
225 : 3 =
450 : 3 =
300 : 3 =

b)
700 : 7 =
350 : 7 =
175 : 7 =

c)
125 : 5 =
250 : 5 =
500 : 5 =

d)
420 : 7 =
210 : 7 =
105 : 7 =

e)
225 : 9 =
450 : 9 =
900 : 9 =

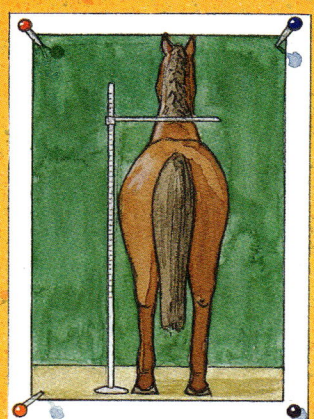

Größe
Gemessen wird ein Pferd mit dem Stockmaß.
Pferde, die kleiner sind als 148 cm Stockmaß, werden Pony genannt.

Ein Pony
kostet 1200 bis 2500 €.
Dazu kommen die Kosten für Sattel, Trense, Halfter und Putzzeug: 700 €.

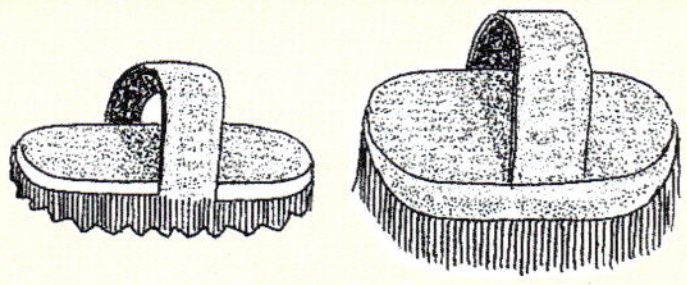

Putzen mit:
- Striegel
- Kardätsche
- weicher Bürste
- Kamm
- Hufkratzer

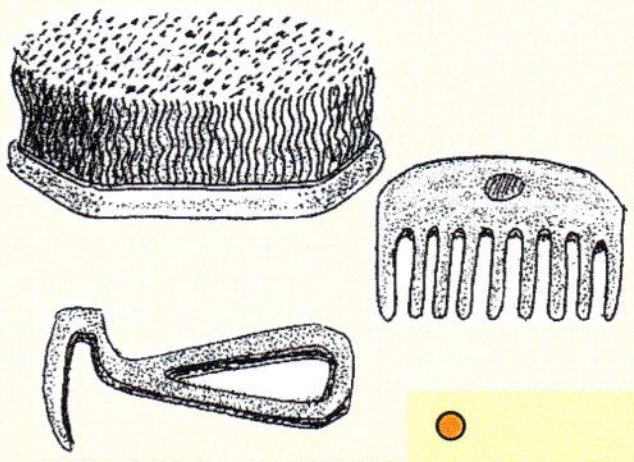

Ernährung
Das Pferd wird 3-mal am Tag gefüttert.
Insgesamt:
- 5 bis 6 kg Hafer
- genauso viel Heu
- 2 kg Äpfel, Karotten und Rüben
- 20 l Wasser täglich

Zuckerstücke gibt es nur zur Belohnung.

Laufende Ausgaben
(ungefähr)

	im Monat	½ Jahr
Futter	80,- €	–
Mietstall	200,- €	–
Versicherung	–	36,- €
Impfungen	–	24,- €
Hufschmied und Tierarzt	70,- €	–

Futterbedarf in der Woche? im Monat? im Jahr?

Kosten im Monat? im Jahr?

Pflegezeiten
(täglich)

Putzen	20 min
Füttern	15 min
Ausmisten des Stalls	15 min
Reiten	1 bis 2 h

Zeitaufwand am Tag? in der Woche?

Fachgeschäft für den Reitsport
Quittung

REITKAPPE	59,00 EURO
REITHOSE	70,50 EURO
REITSTIEFEL	42,90 EURO
PUTZZEUG	18,90 EURO

14. AUG. 97

Leonie hat 198,00 € gespart. Sie möchte sich eine Reiterausrüstung kaufen.

Simon braucht eine neue Reithose, neue Stiefel und Putzzeug. Er hat 127,50 € gespart.

Die Pferdezeitschrift erscheint 53-mal im Jahr. Jana kauft sich jede Woche ein Heft.

Was ist günstiger?

Preis pro Heft
2,20 €

Cindy hat ein Abonnement. Für ein halbes Jahr müsste sie 57,20 € bezahlen.

Multiplizieren – Addieren und Subtrahieren

1. a) Schätzt die Anzahl der Perlen.
   b) Rechnet. Vergleicht eure Lösungswege.

2. In Julias Perlenband soll dieses Muster 9-mal vorkommen.
   Wie viele rote Perlen braucht sie? Wie viele blaue Perlen braucht sie?
   Wie viele sind es insgesamt?

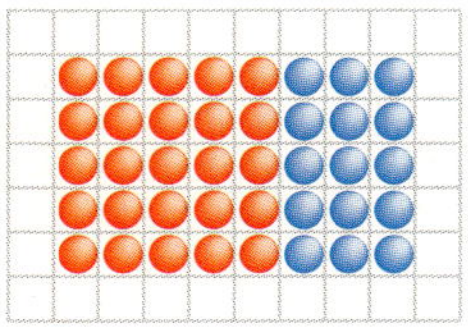

3. a) 3 · 60 + 3 · 30 = ▮   Kannst du geschickt zusammenfassen?   b) 2 · 50 + 3 · 50 = ▮

   c) 5 · 80 − 5 · 30  = ▮   d) 4 · 70 − 2 · 70  = ▮   e) 6 · 90 − 4 · 90 = ▮

   ▮ · 90 = ▮

4. Fasse geschickt zusammen.

   a) 3 · 50 + 3 · 40 = ▮   b) 4 · 80 + 1 · 80 = ▮   c) 5 · 50 + 0 · 50 = ▮   a) 3 · 50 + 3 · 40 =
      2 · 70 + 2 · 20 = ▮   3 · 70 + 2 · 70 = ▮   9 · 20 + 9 · 40 = ▮   3 · 90 =
      4 · 30 + 4 · 50 = ▮   2 · 60 + 2 · 60 = ▮   6 · 30 + 4 · 30 = ▮

   100 180 240 250 270 300 320 350 400 540

5. a) 3 · 50 − 3 · 40 = ▮   b) 8 · 90 − 3 · 90 = ▮   c) 9 · 50 − 3 · 50 = ▮   d) 9 · 90 − 9 · 20 = ▮
      8 · 60 − 8 · 30 = ▮   7 · 30 − 2 · 30 = ▮   6 · 80 − 4 · 80 = ▮   4 · 40 − 2 · 40 = ▮
      7 · 30 − 7 · 10 = ▮   3 · 40 − 0 · 40 = ▮   5 · 60 − 5 · 20 = ▮   6 · 30 − 6 · 20 = ▮

   30 60 80 120 140 150 160 200 240 300 450 540 630

6. a) 5 · (140 + 60) = ▮   b) 80 + 120 : 4 = ▮   c) (275 + 75) · 2 = ▮   d) (1000 − 400) : 3 = ▮
      9 · (100 − 50) = ▮   110 − 100 : 2 = ▮   275 + 75 · 2 = ▮   1000 : 2 + 98 = ▮
      3 · (400 − 150) = ▮   350 + 160 : 8 = ▮   275 · 2 + 75 = ▮   1000 : (2 + 98) = ▮

   10 60 100 110 200 370 425 450 598 625 700 750 1000

Die Zahl 10 000

... und wie viele Hunderterplatten sind im Turm?

... und wie viele Tausenderwürfel?

1. Wie viele kleine Würfel sind in dem Turm?

2. Zerlege die Zahl 10 000. Schreibe Additionsaufgaben und Multiplikationsaufgaben.

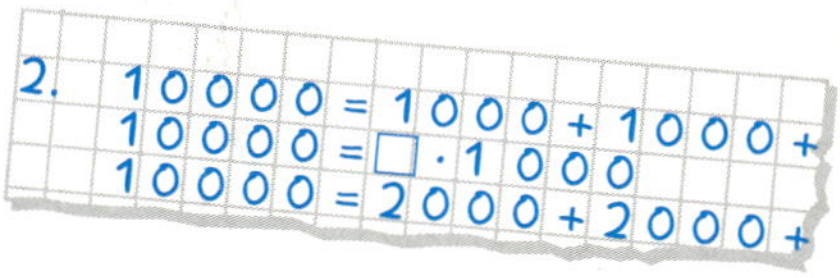

3. In gleichen Schritten bis 10 000.
   a) 0, 1000, 2000, 3000, ...
   b) 0, 2 000, 4 000, 6 000, ...
   c) 0, 2 500, 5 000, ...
   d) 0, 500, 1000, ...

4. In gleichen Schritten bis 0.
   a) 10 000, 9 000, 8 000, ..., 0
   b) 10 000, 8 000, ..., 0
   c) 10 000, 7 500, ..., 0
   d) 10 000, 9 500, ..., 0

5. 0, 625, 1250, ..., 10 000   *Wie oft?*

6. a) 10 000 – 1 000 = ▪
      10 000 – 2 000 = ▪
      10 000 – 3 000 = ▪
      10 000 – ... = ▪

   b) 10 000 = 9 000 + ▪
      10 000 = 8 000 + ▪
      10 000 = 7 000 + ▪
      10 000 =

   c) 10 000 – 9 500 = ▪
      10 000 – 9 000 = ▪
      10 000 – 8 500 = ▪
      10 000 – 8 000 = ▪

Rechne weiter.

7.

8. a) 2 · ▪ = 10 000   b) 4 · ▪ = 10 000   c) 5 · ▪ = 10 000   d) 10 · ▪ = 10 000

9.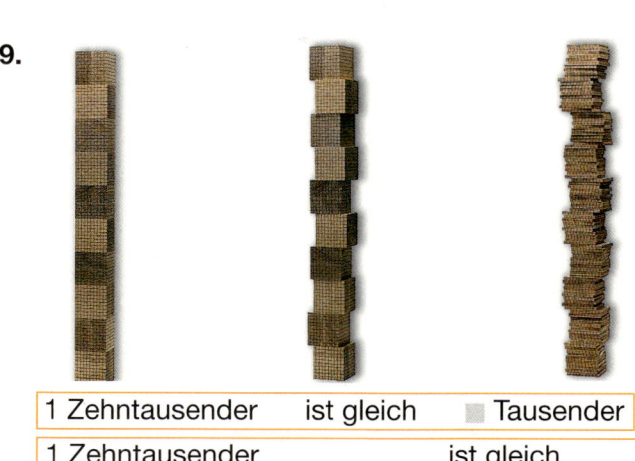

1 Zehntausender	ist gleich	▪ Tausender
1 Zehntausender	ist gleich	▪ Hunderter
1 Zehntausender	ist gleich	▪ Zehner
1 Zehntausender	ist gleich	▪ Einer

Die Zahl 10 000

1. 10 000 Erbsen sollten es sein.
   Wie viele Kinder haben ihre Erbsen hineingeschüttet?

   Hausaufgabe 500 Erbsen mitbringen.

2. Immer gleich viel.
   a) 10 000 = 5 000 + ▇
   b) 10 000 = 2 500 + 2 500 + ▇ + ▇
   c) 10 000 = 2 000 + 2 000 + ▇ + ▇ + ▇
   d) 10 000 = 500 + ▇ + ▇
   e) 10 000 = ▇ + ▇ + ▇ + ▇ + ▇ + ▇
   f) 10 000 = ▇ + ▇ + ▇ + ▇ + ▇ + ▇

3. a) 10 000 = ▇ · 5 000
   10 000 = ▇ · 500
   10 000 = ▇ · 50
   10 000 = ▇ · 5

   b) 10 000 = ▇ · 2 000
   10 000 = ▇ · 200
   10 000 = ▇ · 20
   10 000 = ▇ · 2

   c) 10 000 = ▇ · 1000
   10 000 = ▇ · 100
   10 000 = ▇ · 10
   10 000 = ▇ · 1

   d) 10 000 = ▇ · 10 000
   10 000 = ▇ · 5 000
   10 000 = ▇ · 2 500
   10 000 = ▇ · 1250

4. Dividiere die Zahl 10 000 ohne Rest.
   Wie viele Aufgaben findest du?

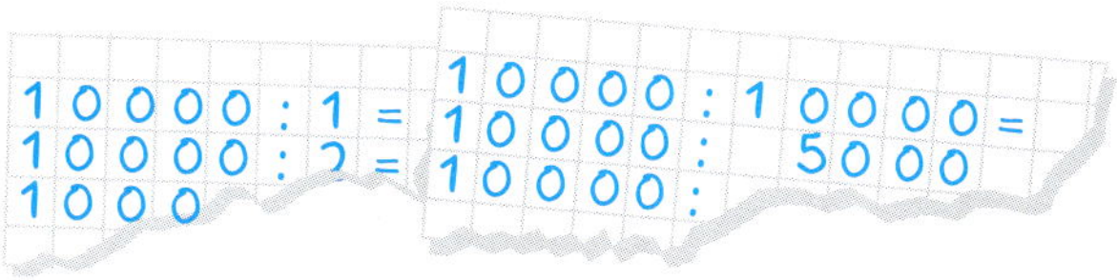

   10 000 : 1 = 10 000   10 000 : 10 000 =
   10 000 : 2 = 10 000   10 000 : ▇ = 5 000
   1 000 = 10 000 : ▇

   Wie viel wiegen 10 000 Erbsen?
   Wie viel Liter?

5.
   ... an alle 100 Schulen gleichmäßig?
   ... an die 10 Schulen mit den größten Problemen?

   Die Sparkasse Hamfeld will in diesem Jahr 10 000 € an Schulen verteilen.

6. a) 10 000 :   2 = ▇
   10 000 :   20 = ▇
   10 000 :   200 = ▇
   10 000 : 2 000 = ▇

   b) 10 000 :   5 = ▇
   10 000 :   50 = ▇
   10 000 :   500 = ▇
   10 000 : 5 000 = ▇

   c) 10 000 : 10 000 = ▇
   10 000 : 1 000 = ▇
   10 000 :   100 = ▇
   10 000 :   10 = ▇
   10 000 :   1 = ▇

   d) 10 000 : 10 000 = ▇
   10 000 : 5 000 = ▇
   10 000 : 2 500 = ▇

   Was fällt dir auf?

7.
   Der Förderverein der Grundschule hat schon 6 500 € gesammelt.

8. a) 7 000 + ▇ = 10 000
   7 500 + ▇ = 10 000
   7 600 + ▇ = 10 000

   b) 6 000 + ▇ = 10 000
   6 500 + ▇ = 10 000
   6 550 + ▇ = 10 000

   c) 8 000 + ▇ = 10 000
   8 900 + ▇ = 10 000
   8 990 + ▇ = 10 000

   d) 9 000 + ▇ = 10 000
   9 900 + ▇ = 10 000
   9 990 + ▇ = 10 000

9. Was machen wir mit den 10 000 Erbsen?

   Aussäen! Wir ernten 50-mal so viel.

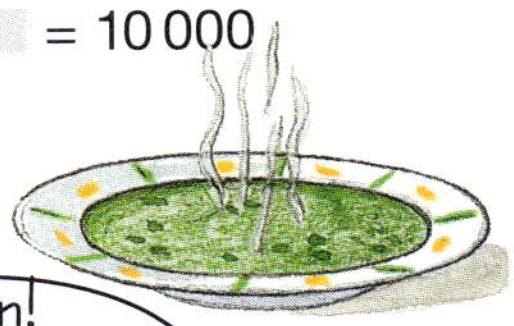

   Erbsensuppe kochen! Für einen Teller Erbsensuppe braucht man ungefähr 250 Erbsen.

Die Zahl 2000

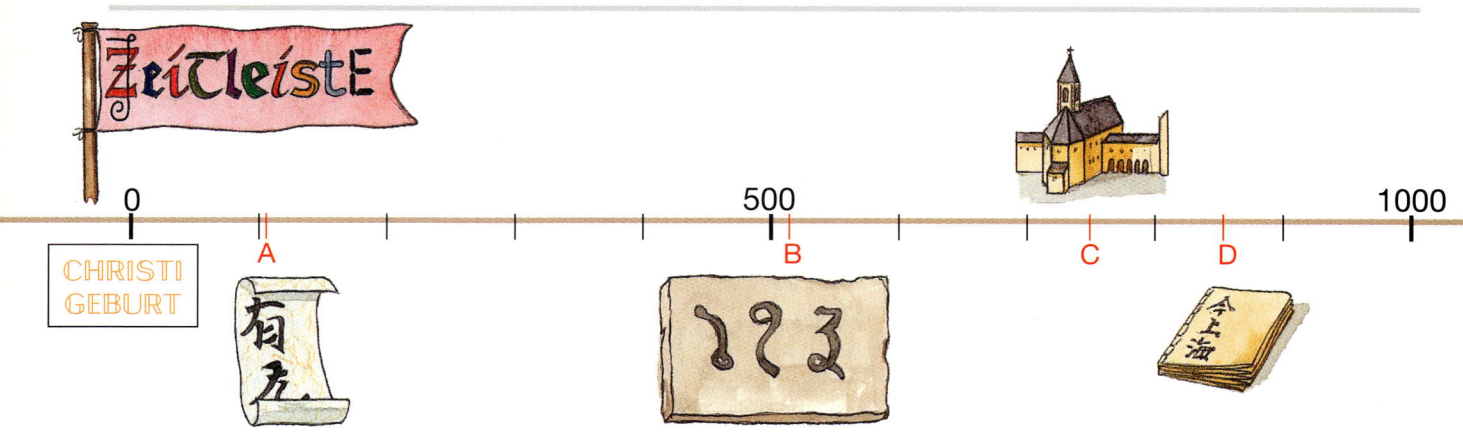

1. Ungefähr in welchem Jahr war es?
   - A In China wird Papier erfunden.
   - B In Indien werden neue Ziffern geschrieben.
   - C In Fulda wird die erste Klosterschule gegründet.
   - D In China wird das erste Buch gedruckt.
   - E In Mainz wird zum ersten Mal mit beweglichen Lettern ein Buch gedruckt.
   - F König Friedrich Wilhelm III. verkündet im Rheinland die Schulpflicht.
   - G In Berlin werden die ersten Fernsehsendungen empfangen.
   - H Astrid Lindgren schreibt „Pippi Langstrumpf".
   - I Der erste Nachrichtensatellit umkreist die Erde.

2.

3. Zerlege die Zahl 2000. Schreibe Aufgaben.

   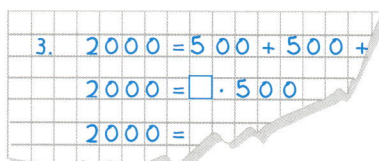

   Es gibt viele Möglichkeiten.

4. a) 2000 = ▨ · 2000
      2000 = ▨ · 200
      2000 = ▨ · 20
      2000 = ▨ · 2

   b) 2000 = ▨ · 1000
      2000 = ▨ · 100
      2000 = ▨ · 10
      2000 = ▨ · 1

   c) 2000 = ▨ · 500
      2000 = ▨ · 50
      2000 = ▨ · 5

   d) 2000 = ▨ · 400
      2000 = ▨ · 40
      2000 = ▨ · 4

   Was fällt dir auf?

5. a) 250 − 245 b) 375 − 245 c) 500 − 245 d) 625 − 245 e) 750 − 245 f) 875 − 245 g) 1000 − 245

6. Berechne das
   a) Dreifache von 70
   b) Fünffache von 90
   c) Doppelte von 250
   d) Vierfache von 80

7. a) 3 5 7 · 50 40 60
   b) 6 9 8 · 30 70 80
   c) 240 400 320 160 : 4 40 80
   d) 150 200 300 350 : 5 50 30

Die Zahl 2 000

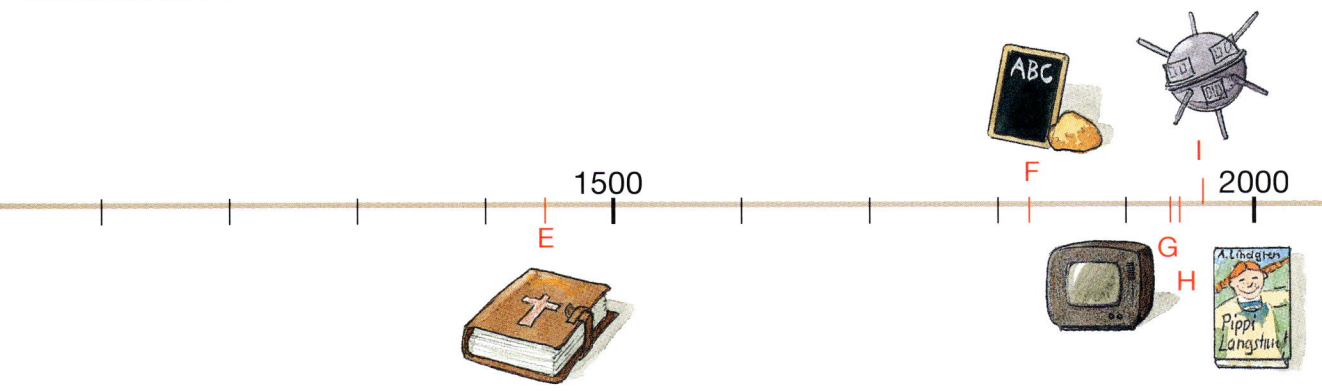

1. Zeige an der Zeitleiste.
a) Im Jahre 100 gründeten die Römer Xanten.
b) Im Jahre 1000 entdeckten die Wikinger Amerika.
c) 1237 erste urkundliche Erwähnung von Berlin.
d) 1492 entdeckte Columbus Amerika.
e) 1648 endete der 30-jährige Krieg (Westfälischer Frieden).
f) 1796 erste erfolgreiche Schutzimpfung (gegen Pocken).

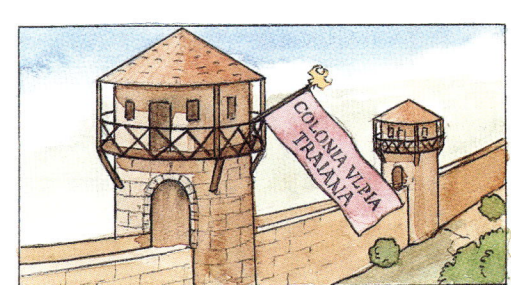

2.

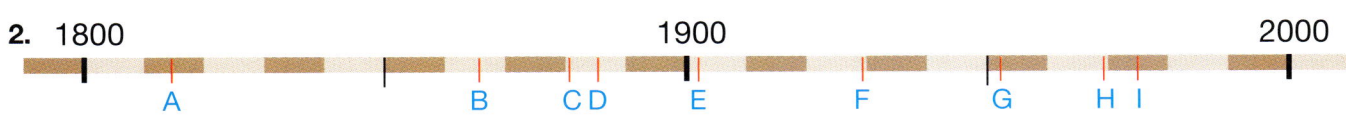

In welchem Jahr war es ungefähr?

A Erste Dampflokomotive
B Erstes Fahrrad
C Erste elektrische Straßenbahn
D Erstes Automobil
E Erstes Motorflugzeug
F Erste Autobahn
G Erstes Düsenverkehrsflugzeug
H Erste Mondlandung
I Letzte Dampflokfahrt der Bundesbahn

3. a)
2 000 = 1 000 + □
2 000 = 1 100 + □
2 000 = 1 200 + □

b)
2 000 = 700 + □
2 000 = 800 + □
2 000 = ...

c)
2 000 = 10 000 – □
2 000 = 9 000 – □
2 000 = 8 000 – □

4. a)
1000 + □ = 2 000
1500 + □ = 2 000
500 + □ = 2 000
600 + □ = 2 000
100 + □ = 2 000

b)
1900 + □ = 2 000
1950 + □ = 2 000
950 + □ = 2 000
850 + □ = 2 000
1150 + □ = 2 000

c)
1700 + □ = 2 000
700 + □ = 2 000
750 + □ = 2 000
650 + □ = 2 000
150 + □ = 2 000

d)
1100 + □ = 2 000
1110 + □ = 2 000
110 + □ = 2 000
210 + □ = 2 000
1210 + □ = 2 000

5. a)
4 · (30 + 60)
4 · (60 + 30)
4 · (50 + 30)
4 · (10 + 70)
4 · (50 + 40)

b)
5 · (20 + 40)
7 · (20 + 40)
9 · (30 + 30)
3 · (100 +10)
6 · (40 + 40)

c)
2 · (50 – 20)
5 · (70 – 50)
6 · (80 – 40)
8 · (100 – 10)
7 · (100 – 10)

6. a)
(60 + 30) : 3
(80 + 40) : 3
(60 + 60) : 3
(200 + 10) : 3
(100 + 200) : 3

b)
(150 – 30) : 6
(280 – 40) : 6
(180 – 60) : 60
(500 – 80) : 7
(380 – 30) : 70

7. a) 4 | 0 | 2 : 70 | 90 | 60

b) 5 | 7 | 9 : 40 | 100 | 50

c) 180 | 300 | 240 | 200 : 60 | 6 | 30

d) 350 | 210 | 250 | 400 : 70 | 7 | 50

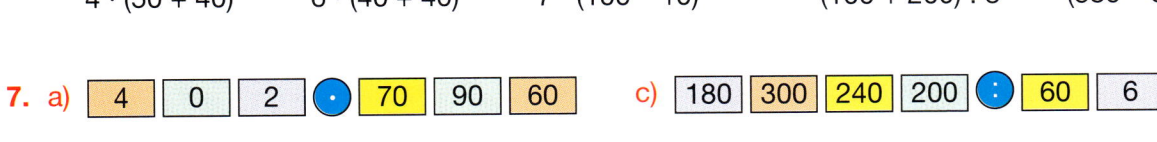

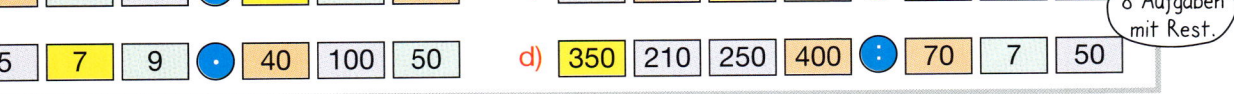

8 Aufgaben mit Rest.

Die Zahl 5000

Erdkröte Bufo bufo

Länge 8 cm (Männchen), 13 cm (Weibchen).
Das Weibchen legt Anfang April
zwei Laichschnüre ab. Sie sind 3 m lang
und enthalten etwa 5000 Eier.
Erdkröten fressen Würmer, Insekten,
Nacktschnecken und Spinnen.

1.

■ = ■ · 1000   ■ = ■ · 500   ■ = ■ · 2500   ■ = ■ · 100

2.

3. a) 5000 : 5000 = ■   b) 5000 : 1000 = ■   c) 5000 : 500 = ■   d) 5000 : 100 = ■
      5000 : 2500 = ■   5000 :   10 = ■   5000 :   5 = ■   5000 :   1 = ■

4. a) 2000 + ■ = 5000   b) 3000 + ■ = 5000   c) 4000 + ■ = 5000   d) 1590 + ■ = 5000
      2500 + ■ = 5000   3200 + ■ = 5000   4800 + ■ = 5000   4150 + ■ = 5000
      3500 + ■ = 5000   3200 + ■ = 5000   2800 + ■ = 5000   3330 + ■ = 5000
      4500 + ■ = 5000   4200 + ■ = 5000   3800 + ■ = 5000   2450 + ■ = 5000

5. Schreibe selbst Aufgaben zu folgenden Ergebnissen.
   a) 5000   b) 10000   c) 2000

   (+) (−) (·) (:) (=)   5000 10000 2000

6. a) 806   b) 806   c) 806   d) 806   e) 806   f) 806   g) 806
      − 105   − 216   − 327   − 438   − 549   − 660   − 771

7. 897 678 900 706 623 (−) 650 677 686

1 12 20 28 29 56 211   4 Aufgaben
214 220 223 247 250   sind nicht lösbar

Rechnen bis 10 000 – Rechenbäume

1.

   3 · 500 = ▢
   3 · 5 H = ▢

   4 · 500 = ▢
   4 · 5 H = ▢

   4 · 5 = 20
   ↓ · 100 ↓ · 100
   4 · 500 = ▢

2. a) 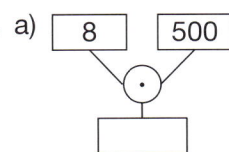 b) 800 5 c) 4 2 500 d) ▢ 5 000 → 15 000 e) ▢ 5 000 → 35 000

   (Rechenbäume mit ·)

3. Subtrahiere immer die gleiche Zahl bis zum Ergebnis 0.

   a) 2 000 500
   b) 10 000 2 000 ... 2 000
   c) 2 000 400 ... 400

   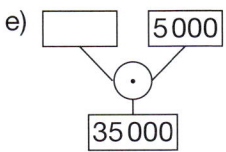

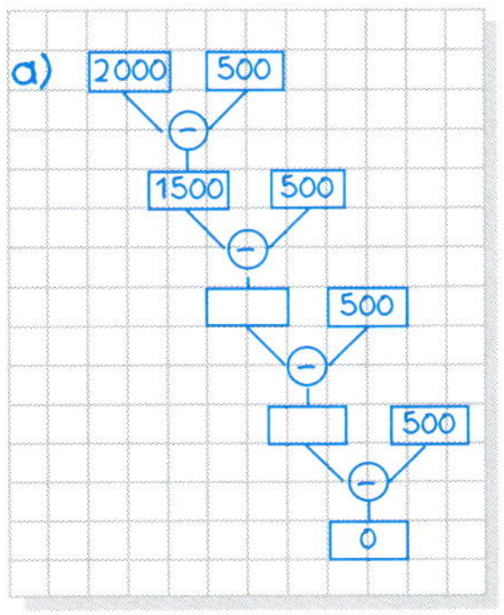

4. a) 2 000 500 b) 3 000 600 c) 8 000 4 000 d) 3 000 ▢ → 6 e) 10 000 ▢ → 5

   (Rechenbäume mit :)

5. Erfinde Rechenbäume zu diesen Zielzahlen. Gib sie zum Kontrollieren weiter.

   a) 10 000   b) 5 000   c) 2 000   d) 7 500   e) 2 500   f) 1 250

6. Addiere, subtrahiere oder ergänze.

   a) | 400 | 400 | 1200 |
   b) | 2 000 | 1 000 | 2 000 |
   c) | 7 500 | |
      | 5 000 | |

7. Dividiere.

   a) [9 000] (3 000 : 3)
      Der dritte Teil von 9 000 ist ▢.

   b) [5 000]
      Die Hälfte von 5 000 ist ▢.

   c) [2 000]
      Der vierte Teil von 2 000 ist ▢.

   d) [10 000]
      Der fünfte Teil von 10 000 ist ▢.

   e) [8 000]
      Der vierte Teil von 8 000 ist ▢.

   f) [6 000]
      Der dritte Teil von 6 000 ist ▢.

   g) [2 000]
      Der fünfte Teil von 2 000 ist ▢.

   h) [10 000]
      Der achte Teil von 10 000 ist ▢.

Zahlen bis 10 000

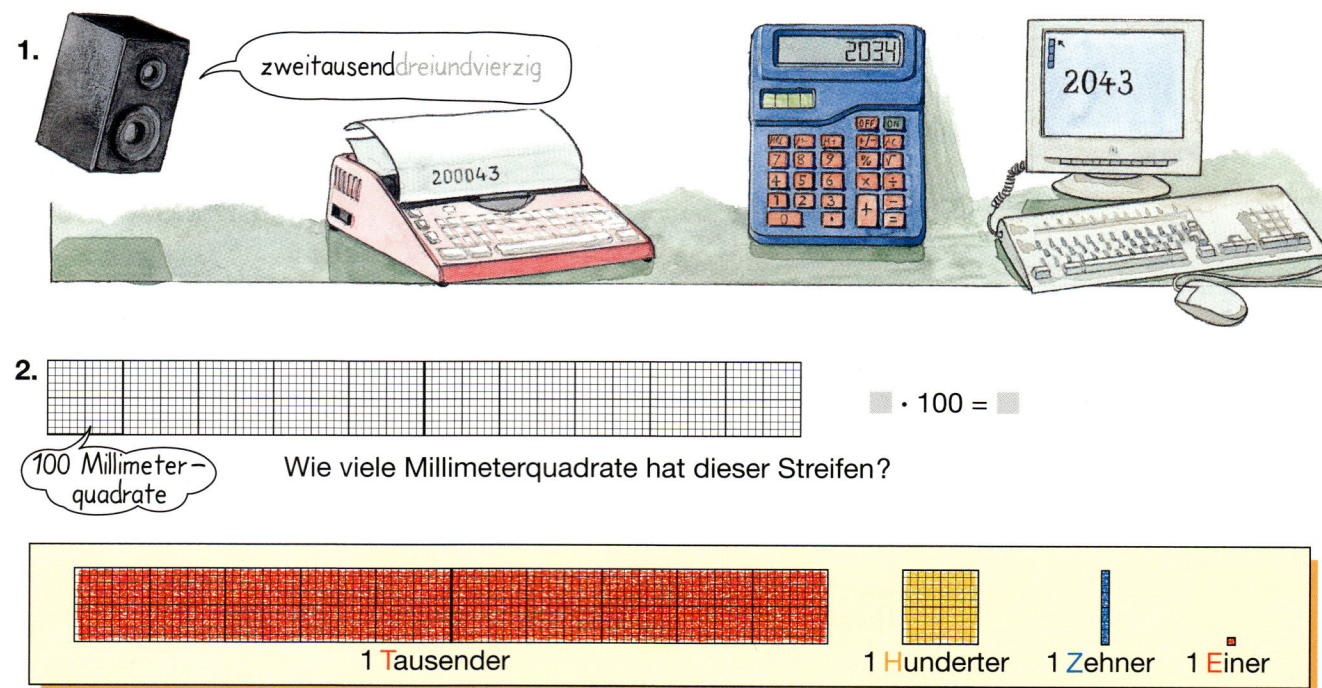

2. Wie viele Millimeterquadrate hat dieser Streifen?

100 Millimeterquadrate

■ · 100 = ■

1 Tausender   1 Hunderter   1 Zehner   1 Einer

3. Wie viele Tausender, Hunderter, Zehner und Einer sind es?
Schreibe in eine Stellentafel in der Reihenfolge T, H, Z, E.

a) 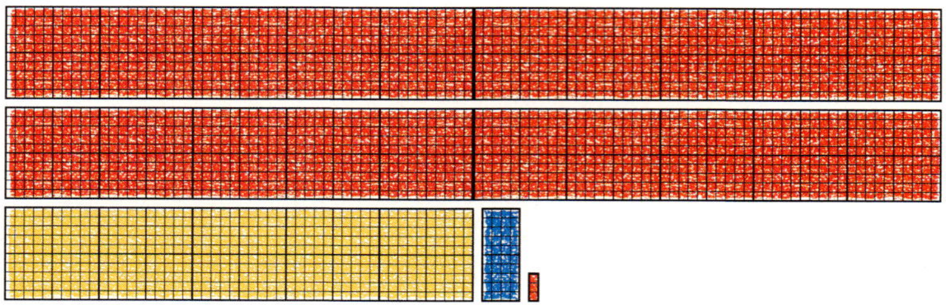
b) 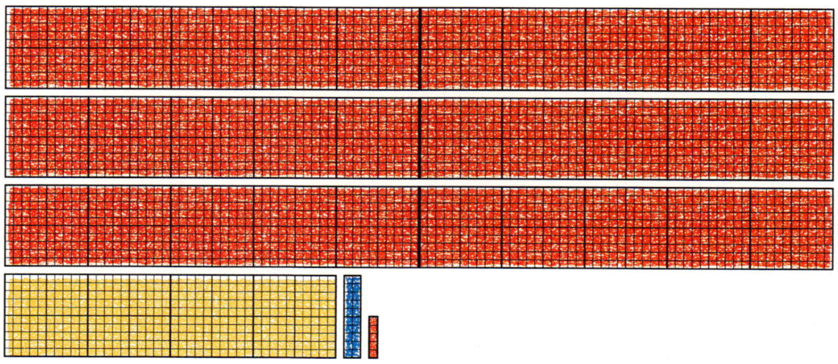
c) 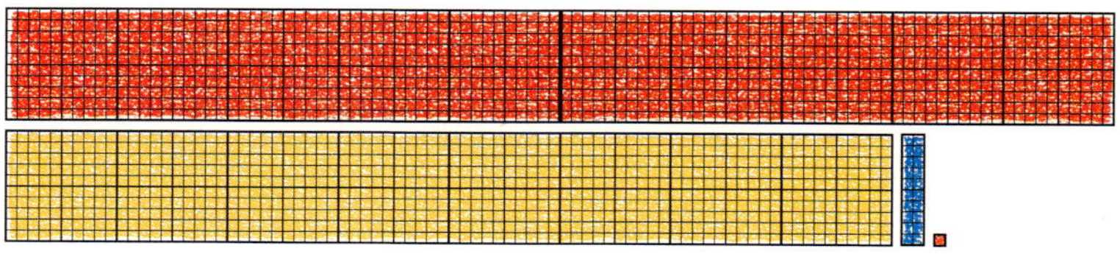
d) 
e)

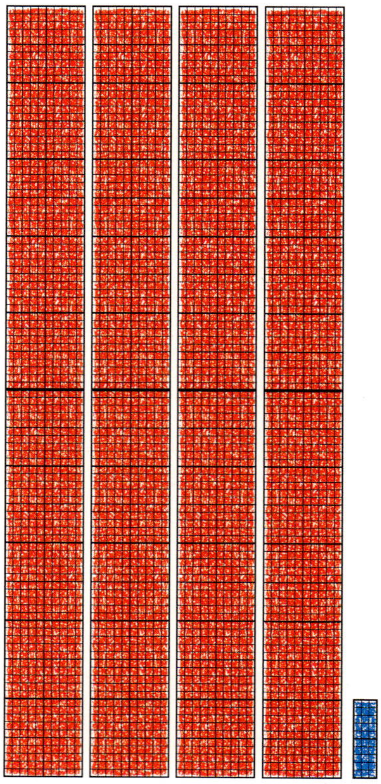

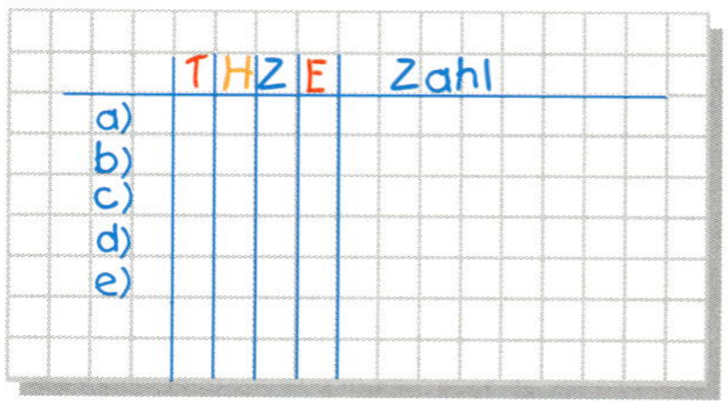

	T	H	Z	E	Zahl
a)					
b)					
c)					
d)					
e)					

Zahlen bis 10 000

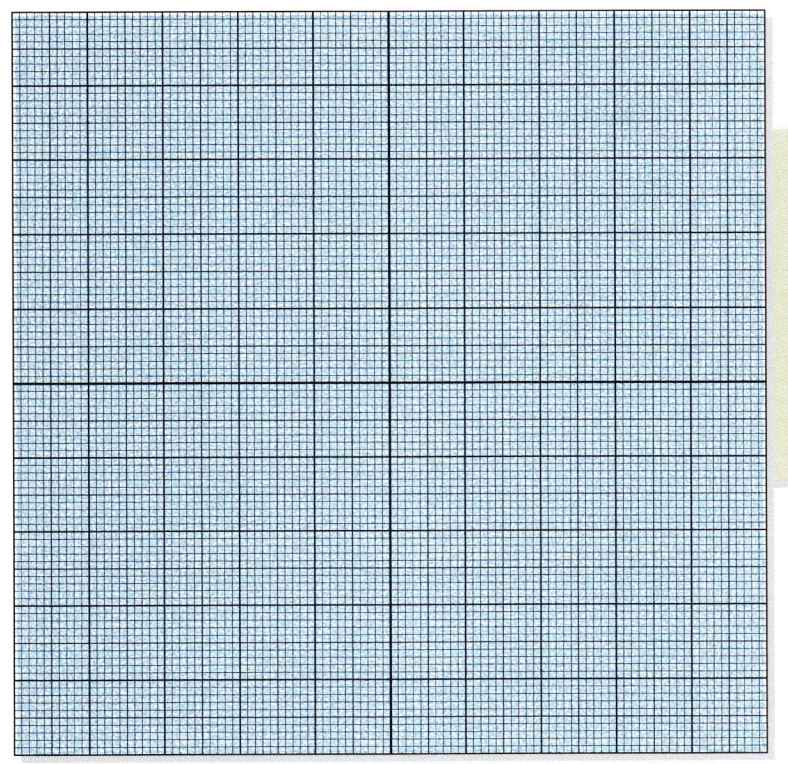

zehntausend Millimeterquadrate (ZT)

 1. Diktiert euch Zahlen. Zeigt dazu Millimeterquadrate, deckt die überzähligen Quadrate ab. Vergleicht.

2. Welche Zahlen sind dargestellt?
a)    b) 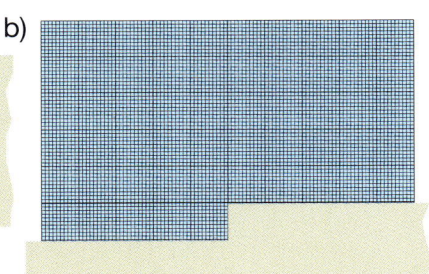   c)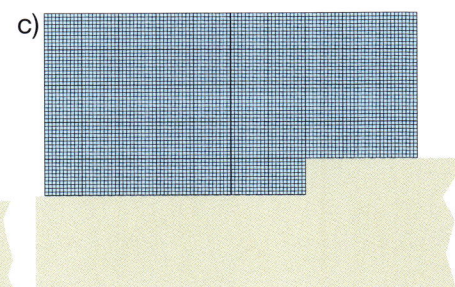

3. Welche Zahlen sind es? Zeige am Zehntausenderfeld.
Trage in eine Stellentafel ein.

a) 1 ZT
b) 3 T 5 H 1 Z
c) 5 T 9 H
d) 7 T 1 H 1 Z

e) 2 T 3 H
f) 4 T 9 Z
g) 1 T 5 H 2 Z
h) 5 T 9 H 1 Z

i) 1 ZT 4 T 3 H
j) 1 T 4 H 3 Z
k) 4 T 1 H 3 Z
l) 3 T 1 H 4 Z

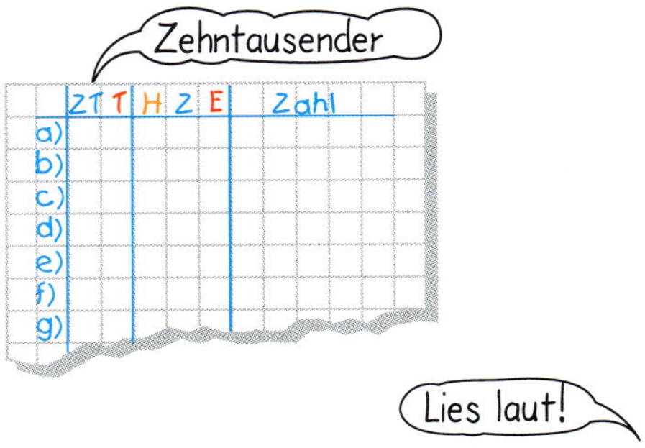

Zehntausender

	ZT	T	H	Z	E	Zahl
a)						
b)						
c)						
d)						
e)						
f)						
g)						

Lies laut!

4. Wie heißen die Zahlen?

a) 5 T + 4 H + 3 Z =
5 T + 4 H + 3 E =
5 T + 4 Z + 3 E =
4 H + 3 Z + 5 E =

b) 8 T + 7 H + 6 Z =
7 T + 6 H + 8 E =
6 T + 8 Z + 7 E =
8 H + 7 Z + 6 E =

c) 4 T + 5 H + 3 E =
4 T + 5 H + 2 Z + 3 E =
4 T + 5 H + 3 Z + 2 E =
5 T + 3 H + 2 Z + 4 E =

5.    Bildet aus diesen Ziffern zehn fünfstellige Zahlen.
Diktiert sie euch und kontrolliert gegenseitig.

23

Rechnen bis 10 000

1.

Wasserverbrauch in einem Jahr:

Birke   8 000 l
Fichte   2 000 l
Kiefer   1 500 l

Vergleiche die Zahlen. Suche Gründe für die Unterschiede.

2.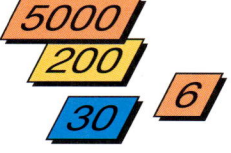

Legt Zahlenkarten.
Baut vierstellige Zahlen auf.
Vergleicht immer zwei Zahlen.

a) fünftausendvierhundertsechsunddreißig
   fünftausendsechsundvierzig

b) neuntausendfünfhunderteinundzwanzig
   achttausendneunhundertsiebzehn

c) eintausendeinhundertzweiundfünfzig
   eintausendeinhundertdreiundfünfzig

d) siebentausendvierhundertsechsundsechzig
   viertausendvierhundertsechsundsechzig

e) viertausendsiebenhundertsechsundsechzig
   viertausendsechshundertsechsundsechzig

f) dreitausendachthundertsiebzig
   dreitausendachthundertsieben

g) zweitausendfünfundneunzig
   neunhundertneunundneunzig

h) eintausendsechsundachtzig
   achthundertfünfundzwanzig

i) eintausendfünf
   eintausendfünfzig

Laut lesen ist wichtig!

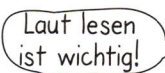

Lege Zahlenkarten.

3.
a) 2 000 + 900 + 50 + 5 =
   4 000 + 200 + 30 + 2 =
   3 000 + 500 + 80 + 7 =
   1 000 + 100 + 10 + 1 =

b) 6 000 + 30 + 7 =
   7 000 + 100 + 20 =
   9 000 + 800 + 40 =
   5 000 + 20 + 3 =

c) 400 + 2 000 + 20 + 1 =
   30 + 600 + 3 000 + 7 =
   60 + 5 000 + 100 + 6 =
   1 000 + 50 + 700 + 3 =

4.   viertausendsechshundertdreiundzwanzig

Diktiert euch gegenseitig Zahlen.
Schreibt beide und vergleicht.

5. Zerlege jede Zahl möglichst oft. Lege Zahlenkarten.

a) 5 630   c) 7 075   e) 983   g) 2 450
b) 5 360   d) 5 077   f) 1 038   h) 2 540

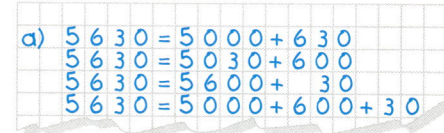

Wer erreicht die höhere Hausnummer?
Würfelspiel für 2 bis 4 Spielerinnen und Spieler
Jedes Kind darf viermal würfeln.
Nach jedem Wurf eintragen!

 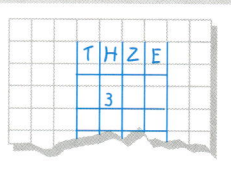

24

Sachaufgaben – Lösungsskizzen

STADTVERWALTUNG
Vorlage für den Stadtrat
Betrifft: Grabenräumung
Von rund 6000 m Entwässerungsgräben ist erst der dritte Teil geräumt. Die restliche Räumung sollte innerhalb der nächsten 10 Wochen erfolgen, da sonst

Hin und wieder müssen Gräben geräumt werden, damit das Regenwasser besser abfließen kann.

1. Wie viel Meter müssen noch geräumt werden?

   Skizze:
6000 m	
dritter Teil 2000 m	noch zu räumen

2. In Rott sollen 8 000 m Gräben geräumt werden.
   Der vierte Teil ist schon geschafft.
   Frage, zeichne, rechne, antworte.

3. In Rain müssen 9 000 m Kanäle geräumt werden.
   Der dritte Teil ist erst erledigt.
   Frage, zeichne, rechne, antworte.

4. Niederbruchdorf hat ungefähr 10 000 m Gräben.
   Die starke Strömung reinigt 4 000 m.
   Von den anderen Gräben wird noch in diesem Jahr die Hälfte geräumt, der Rest im nächsten Jahr.
   Wie viel Meter werden erst im nächsten Jahr geräumt?

   Skizze:
10 000 m		
4000 m sauber	in diesem Jahr	im nächsten Jahr

5. Schreibe zu jeder Lösungsskizze eine Rechengeschichte. Gib sie zum Ausrechnen weiter.

   a) | 7 000 | |
      |---|---|
      | 2 000 | |

   b) | 8 000 | | |
      |---|---|---|
      | | | |

   c) | | | | | |
      |---|---|---|---|---|
      | 2 000 | 2 000 | 2 000 | 2 000 | 2 000 |

6. a) **BAUHOF**   Arbeitsauftrag
   Gemeinde Manzel: 9230 m Bachläufe
   4750 m erledigt ✓
   2870 m nicht räumen (Naturschutz)!

   b) **BAUHOF**   Arbeitsauftrag
   In Oberau 3075 m / davon 2650 m erledigt ✓
   In Niederau 6480 m / davon 860 m erledigt ✓

7. Die Stadt Dürau hat 9 650 m Gräben, die etwa alle drei Jahre geräumt werden müssen.
   Im vorigen Jahr hat der Bagger 2 560 m geräumt, für dieses Jahr sind 3 680 m vorgesehen.
   Welche Strecke bleibt für das nächste Jahr?

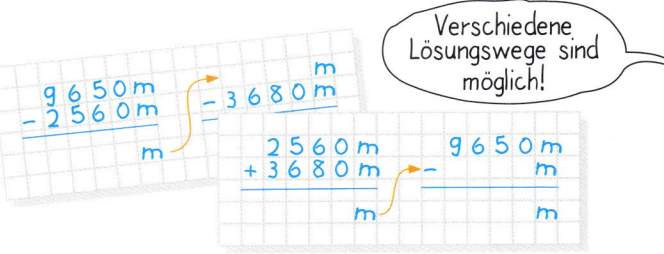

Verschiedene Lösungswege sind möglich!

Rechnen bis 10 000

1.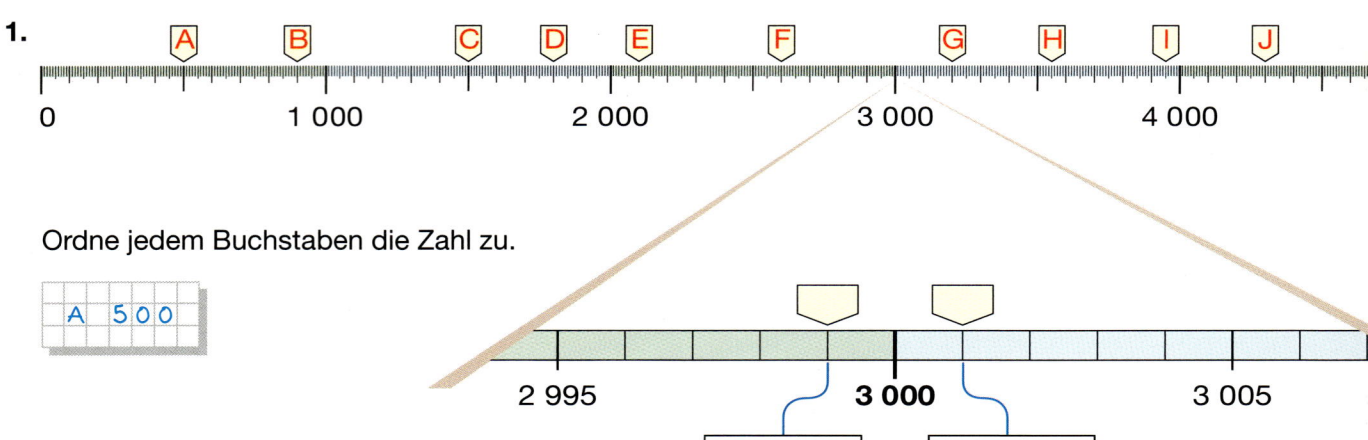

Ordne jedem Buchstaben die Zahl zu.

2. Wie heißen die Nachbarzahlen von 3 000?

3. Wo liegen die Zahlen am Zahlenstrahl?
Schreibe sie mit Vorgänger und Nachfolger auf.

a) 2 998　　c) 2 500　　e) 2 999　　g) 3 999　　i) 10 000
b) 3 004　　d) 4 500　　f) 4 001　　h) 4 005　　j) 8 000

4. Welche Zahl liegt jeweils in der Mitte? Zeige am Zahlenstrahl.

a) zwischen 0 und 1000
b) zwischen 0 und 10 000
c) zwischen 0 und 3 000
d) zwischen 1000 und 2 000
e) zwischen 1000 und 5 000
f) zwischen 9 000 und 10 000
g) zwischen 6 000 und 10 000
h) zwischen 5 000 und 10 000
i) zwischen 1000 und 10 000

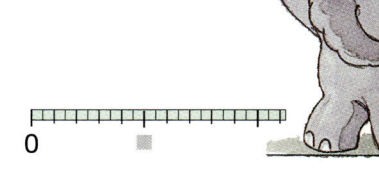

5.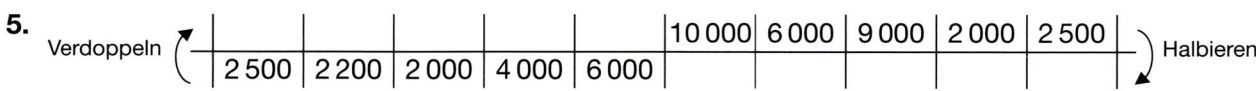

6. Ordne nach der Größe.

a)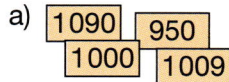
b)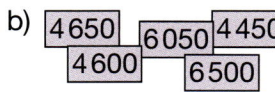
c)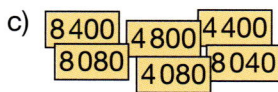
d)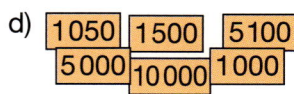

7. a) Auf dem Konto waren 10 000 €.
Gestern wurden 5 630 € abgehoben,
heute nochmals 3 075 €.

b) Gestern waren auf dem Konto 5 000 €.
Heute werden 2 518 € eingezahlt.
6 410 € werden morgen abgebucht.

8.
a) 10 000 − 7 836 − 2 045
b) 10 000 − 1 418 − 4 535
c) 10 000 −   845 −   936
d) 10 000 − 2 560 − 5 230
e) 9 013 − 5 255 − 1 048
f) 8 428 − 1 416 − 2 005
g) 6 876 −   878 − 3 988
h) 7 995 − 2 305 −   577
i) 4 013 + 5 246 − 5 042
j) 3 918 + 1 817 −   967
k) 6 730 + 3 270 − 8 922
l) 7 575 + 2 425 − 3 266

118　119　1078　2010　2210　2710　4047　4217　4768　5007　5113　6734　8219

Rechnen bis 10 000

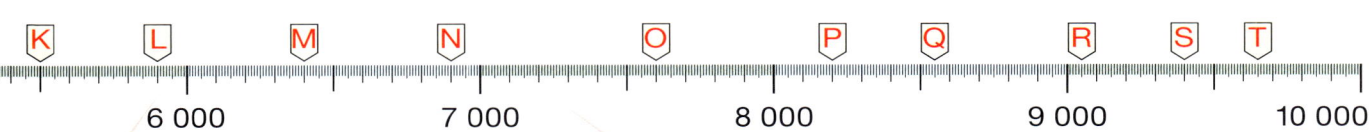

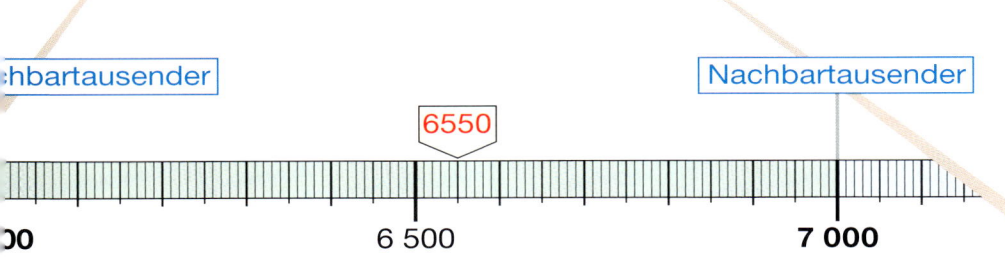

1. Wo liegen die Zahlen am Zahlenstrahl?
Schreibe sie mit den Nachbartausendern auf.
- a) 6 550
- b) 6 750
- c) 6 450
- d) 6 200
- e) 6 950
- f) 6 990
- g) 7 050
- h) 7 130
- i) 7 160
- j) 7 500
- k) 8 910
- l) 9 250
- m) 3 400
- n) 4 950
- o) 2 320

a) 6 000 < 6 550 < 7 000

2. Ergänze immer zum nächsten Tausender. Kontrolliere am Zahlenstrahl.

a)	b)	c)	d)	e)	f)
500	700	400	900	600	300
570	720	450	960	610	340
2 500	3 700	5 400	6 900	2 600	4 500
2 570	3 720	5 450	6 960	2 610	4 510

a) 5 0 0 +   = 1 0 0 0

3. Das Eisstadion hat 10 000 Plätze.

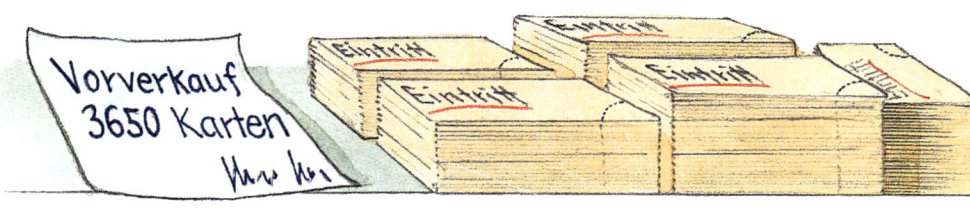

4. Ergänze zu 10 000.

a)	b)	c)	d)	e)	f)	g)
4 000	5 000	1 000	6 000	2 000	8 000	9 500
4 600	5 200	1 100	6 300	2 200	8 510	6 420
4 650	5 250	1 110	6 320	2 220	7 000	5 390
4 620	5 240	2 110	7 320	5 220	7 320	4 260

5. Rechne nur die lösbaren Aufgaben.

a) 9 867 8 970 10 000 ⊖ 6 524 907 8 971

896 1 029 2 446 3 343 3 476 4 476 8 063 8 960 9 093

b) 8 877 7 000 8 075 ⊖ 5 657 6 081 7 125

919 950 1 343 1 752 1 994 2 006 2 418 2 796 3 220

6. Mehrmals subtrahieren. Findest du verschiedene Lösungswege?

a)	b)	c)	d)	e)	f)
9 000	7 000	10 000	8 490	5 421	6 428
− 4 720	− 987	− 3 426	− 1 043	− 1 286	− 909
− 3 090	− 4 309	− 3 426	− 4 579	− 95	− 1 214
		− 3 426		− 466	− 2 043

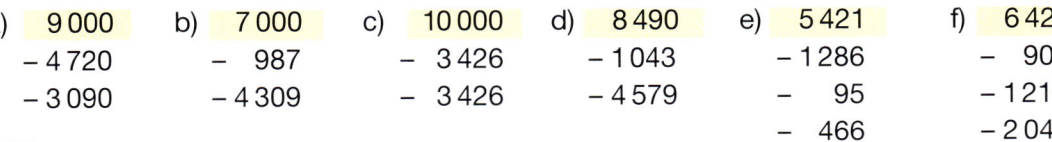

1 052 1 190 1 704 2 262 2 868 3 148 3 574

27

Zentimeter und Millimeter

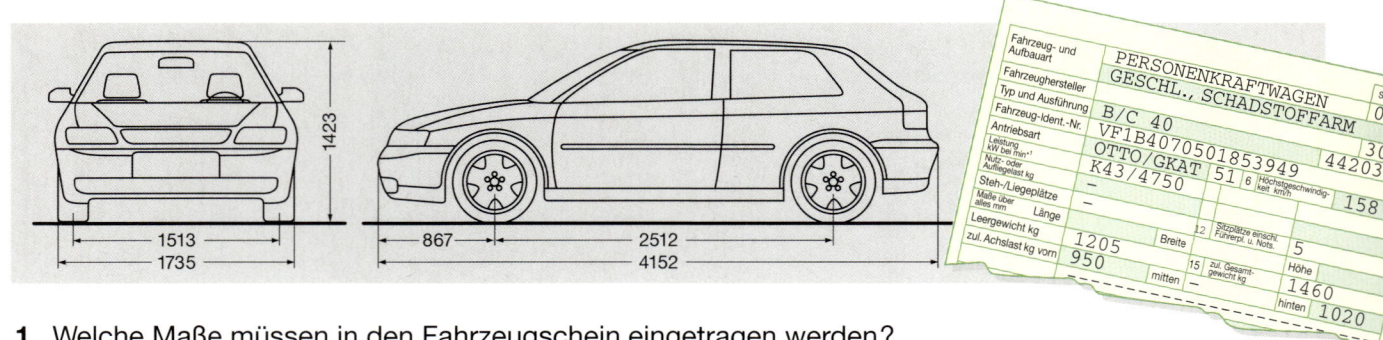

1. Welche Maße müssen in den Fahrzeugschein eingetragen werden?

2.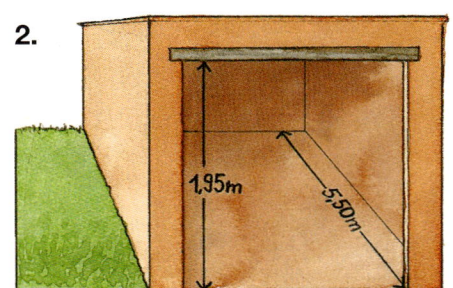

3. Rechne um in Millimeter.

a) 1 cm	b) 1 m	c) 1,50 m	d) 5 dm
10 cm	5 m	2,50 m	3 dm 5 cm
100 cm	10 m	8,50 m	9 dm 9 cm

a) 1 cm = 10 mm
10 cm =

Welche Strecken kannst du in dein Heft zeichnen? Zeichne sie.

4. Rechne um. Suche viele Möglichkeiten.

a) 1000 mm	b) 10 000 mm	c) 15 mm	d) 150 mm
100 mm	5 000 mm	105 mm	1050 mm
10 mm	4 500 mm	1005 mm	10 050 mm

a) 1000 mm = 100 cm
1000 mm = 1 m
1000 mm = 10

5. Zeichne Strecken und halbiere sie.

a) 100 mm	b) $\frac{1}{2}$ dm	c) 6 cm	d) 50 mm	e) 4 cm 8 mm
120 mm	2 dm	9 cm	70 mm	14 cm 8 mm
150 mm	1 dm 4 cm	12 cm	90 mm	13 cm 8 mm
180 mm	1 dm 3 cm	17 cm	80 mm	19 cm 8 mm

6. **Geld & Längen**

① Lege fünf 1-€-Stücke nebeneinander. Wie lang wird die Reihe? Lege und miss fünf andere Geldstücke!

② Wie viele 1-€-Stücke passen auf eine 240 mm lange Strecke?

③ Wie lang ist eine Reihe aus zwanzig 1-ct-Stücken?

④ Stelle dir eine 15 m lange Reihe von gleichen Geldstücken vor. Wie viel Geld wäre das?

⑤ Wie lang ist eine Geldrolle mit 2-€-Stücken?

⑥ Lege 1-ct-Stücke übereinander. Wie viele sind so hoch wie ein senkrecht gestelltes 1-ct-Stück?

Millimeter, Zentimeter, Dezimeter, Meter

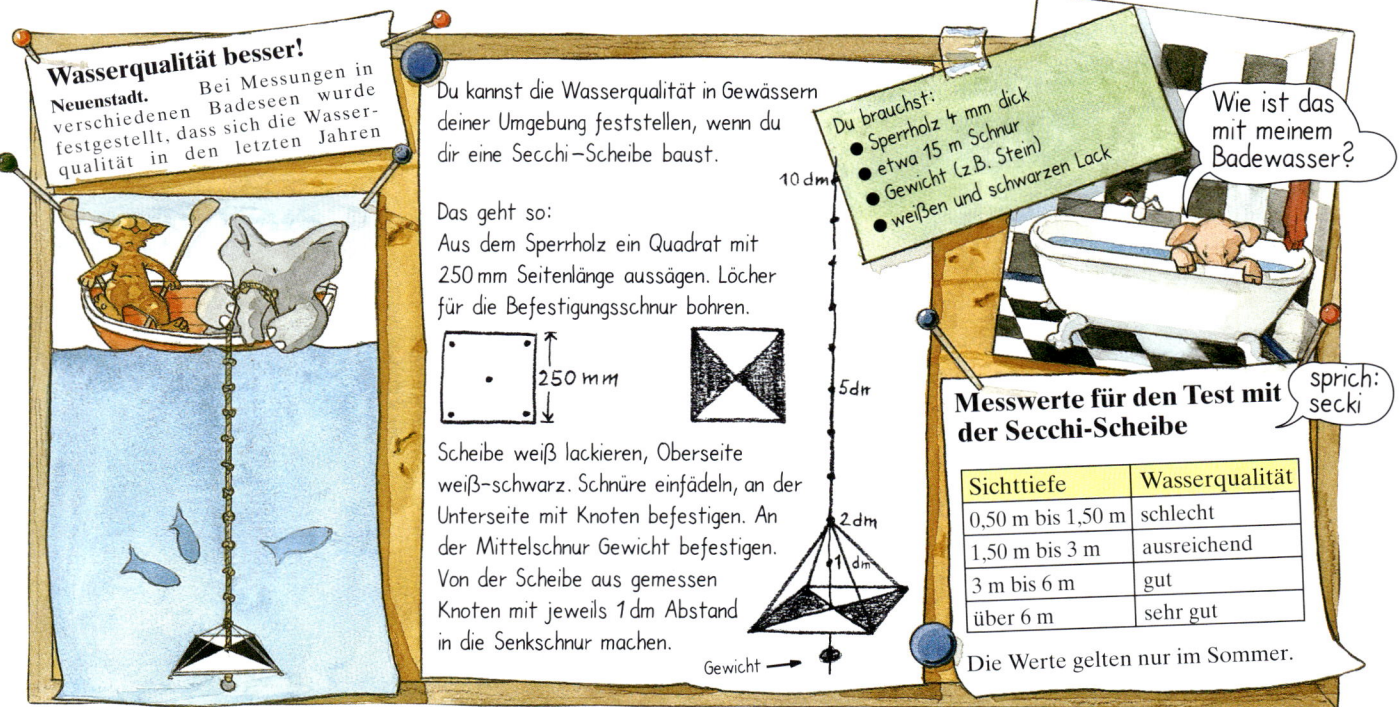

1. Wie tief hängt die Scheibe im Wasser? Wie ist die Wasserqualität?

   Manchmal ist auch klares Wasser nicht in Ordnung!
   Untersucht Gewässer in eurer Umgebung!

2. Wie gut ist die Wasserqualität? Schnurlänge im Wasser:
   a) bis zum 7. Knoten
   b) bis zum 18. Knoten
   c) bis zum 39. Knoten
   d) bis zum 10. Knoten
   e) bis zum 54. Knoten
   f) bis zum 15. Knoten

3. Rechne um.

a)	b)	c)	d)
4 dm	2 m	8 cm	5 mm
4 dm 4 cm	2 m 2 cm	80 cm	5 cm
44 dm	2 m 20 cm	808 cm	5 dm
14 dm	2 m 22 cm	888 cm	5 m

   a) 4 dm = 40 cm
      4 dm = 0,4

4. Trage in eine Tabelle möglichst viele Umrechnungen ein.

m	1,73	2	10						$\frac{1}{2}$
dm	–			4				$1\frac{1}{2}$	
cm	173				255	480			
mm	1730						500	1500	

5. a) 80 cm + ▢ = 1 m   b) 5 dm + ▢ = 1 m   c) 700 mm + ▢ = 1 m   d) 14 cm 2 mm + ▢ = 1 m
      90 cm + ▢ = 1 m   8 dm + ▢ = 1 m   750 mm + ▢ = 1 m   50 cm 5 mm + ▢ = 1 m
      75 cm + ▢ = 1 m   2 dm + ▢ = 1 m   755 mm + ▢ = 1 m   1 cm 1 mm + ▢ = 1 m

6.
   a) Seit gestern ist das Wasser um 45 cm gestiegen.
   b) Der höchste Wasserstand in diesem Jahr war 5 m.
   c) Bis zum Abend soll das Wasser um 3 dm fallen.
   d) Für den nächsten Tag wird mit einem Wasserstand von 3,40 m gerechnet.

Die Kohlmeise
(Parus major)

Die Kohlmeise lebt in Wäldern und Gärten.
Sie ist die größte Meisenart Europas. Sie ist 14 cm lang (von der Schnabelspitze bis zur Schwanzspitze).
Im April baut das Weibchen in einer Höhle sein Nest aus Moos, Haaren und Halmen.

Die Kohlmeise wiegt 19 g.
Sie ist sehr nützlich.
Sie frisst täglich 17 g Raupen und andere Insekten, im Winter auch Samen.

Das Weibchen hat viel zu tun:

- 4 Tage Nest bauen
- 14 Tage brüten
- 4 Tage die nackten Jungen wärmen
- 14 Tage füttern (in der Höhle)
- 8 Tage füttern (im Freien)

Nachts sitzt das Weibchen auf den Jungen und wärmt sie.
Das Weibchen arbeitet in der Höhle,
das Männchen schafft Futter herbei.

So fleißig sind die Meisen-Eltern
Ungefähr 5000-mal kommen die Meisen mit Futter zur Höhle, bis die Jungen das Nest verlassen, jedes Mal mit etwa 1 g.

Den Nistkasten sollte man schon im Herbst aufhängen. In kalten Nächten dient er den Meisen als Schlafplatz.

Einflugloch:
für Kohlmeisen 30 mm
für Blaumeisen 28 mm

Preisliste
1 Schalbrett 20 mm dick
  nicht gehobelt, nicht imprägniert   3 €
• 15 cm breit, 300 cm lang   4 €
• 18 cm breit, 300 cm lang   23 €
100 Schraubhaken 80 mm lang   8 €
400 Drahtstifte (Nägel) 2 mm × 40 mm

Schraubhaken	Preis
100	23,00 €
10	
1	

Nägel	Preis
400	8,00 €
100	
10	
1	

Brett	Preis
300 cm	3,00 €
cm	

Brett	Preis
300 cm	4,00 €
cm	
cm	

Kilometer, Meter

Entfernungen	Schöntal	Großbergen	Weitenberg
Freizeitanlage	–	4 km 500 m	1 km 700 m
Weitenberg	3 km	3 km 500 m	
Wilhelmshöhle	4 km 800 m	3 km 700 m	

1. Zeichne eine Wegeskizze und trage die Entfernungen ein.

   „Welchen Weg willst du wandern?"

2.

   Tour 1
   - Großbergen
   - Weitenberg
   - Freizeitanlage
   - Großbergen

   Familie Gärtner wanderte von Großbergen aus die Tour 1:

   a) Wie weit ist Familie Gärtner gewandert?
   b) Sie schaffte etwa 5 km in einer Stunde. Wie lange ist die Familie gewandert?
   c) Berechne die Ankunftszeit.

   Zeitplan Tour 1
   Abmarsch: 09:00 Uhr
   Pause Weitenberg 30 min
   Aufenthalt Freizeitanlage 2 h 30 min
   Ankunft:

3. Die Klasse 4c möchte am Schulwandertag von Schöntal aus wandern. Die Wanderstrecke soll insgesamt nicht länger als 15 km sein.

4. Trage alle Entfernungen in eine Stellentafel ein.

	km	m
Großbergen – Freizeitanlage	4	5 0 0
Schöntal – Weitenberg	3	0 0 0

   Das Komma trennt km und m.
   4 500 m = 4 km 500 m = 4,500 km

   Sprich: vier Komma fünf null null Kilometer oder vier Kilometer fünfhundert Meter

5. Rechne um.
   a) 2,500 km
      2,050 km
      2,005 km
   b) 1,520 km
      1,052 km
      10,052 km
   c) 3,5 km
      3,05 km
      3,005 km

6. Welche Touren auf der Karte sind es?
   a) 7,200 km
   b) 5,200 km
   c) 9,200 km
   d) 9,700 km
   e) 4,700 km
   f) 8,200 km

7. Schreibe mit Komma.
   a) 10 km 100 m
      10 km 10 m
      10 km   1 m
   b) 200 m
      20 m
      2 m
   c) $\frac{1}{2}$ km
      $3\frac{1}{2}$ km
      $3\frac{1}{4}$ km

8. a) 3,850 km + 2,500 km =
      7,200 km + 1,750 km =
      2,405 km + 3,100 km =
      5,005 km + 0,550 km =
      1,450 km + 4,550 km =
   b) 2 km + 480 m + 1,500 km =
      3,400 km + 50 m + $4\frac{1}{2}$ km =
      1 km 5 m + 5 km + 700 m =
      10 m + 1,020 km + 5 km =
      2 km + 400 m + $\frac{1}{2}$ km =

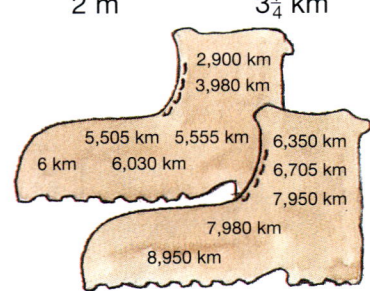

2,900 km
3,980 km
5,505 km 5,555 km 6,350 km
6 km   6,030 km   6,705 km
7,950 km
7,980 km
8,950 km

Die Zahl 100 000

1.

"100 000 kleine Würfel!"

Das ist eine Hunderttausenderplatte

Wie viele Zehntausenderstangen sind es?
Wie viele Tausenderwürfel sind es?
Wie viele Hunderterplatten sind enthalten?

100 000 = ☐ · 10 000
100 000 = ☐ · 1 000
100 000 = ☐ · 100

2. Zerlege 100 000.
Schreibe möglichst viele Aufgaben.

2. 100 000 = 50 000 +
100 000 = 2 ·
100 000 =

3.

4. In gleichen Schritten bis 100 000.

Kannst du die Zahlen laut lesen?

a) 0, 10 000, 20 000, …
b) 0, 20 000, 40 000, …
c) 0, 50 000, …
d) 0, 25 000, …
e) 0, 12 500, 25 000, …
f) 0, 5 000, 10 000, …

5.
a) 100 000 = ☐ · 50 000
100 000 = ☐ · 25 000
100 000 = ☐ · 12 500

b) 100 000 = ☐ · 100
100 000 = ☐ · 10
100 000 = ☐ · 1

c) 100 000 = ☐ · 20 000
100 000 = ☐ · 10 000
100 000 = ☐ · 5 000

6. Ergänze immer zu 100 000.

a)	b)	c)	d)	e)	f)
30 000	70 000	20 000	90 000	80 000	60 000
40 000	71 000	28 000	92 000	79 000	58 000
50 000	81 000	48 000	92 500	75 000	57 900
60 000	81 500	49 000	92 800	74 500	54 900

7.

"Ich fahre im Jahr 100 000 km."

a) Wie oft hätte Fernfahrer Scholz um die Erde fahren können?

b) Wie viel Kilometer kann er in 10 Jahren schaffen?

Zahlen bis zur Million

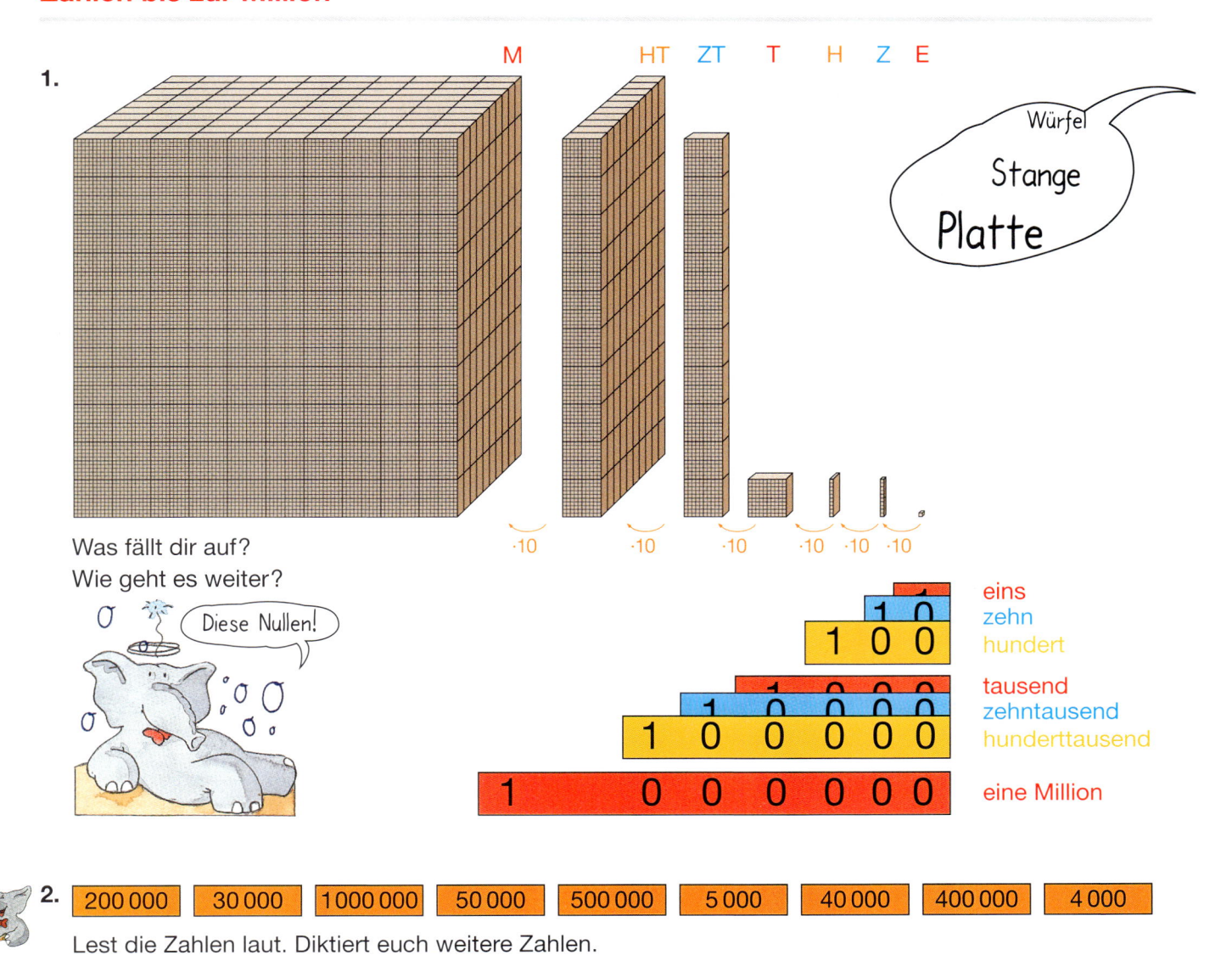

1. M HT ZT T H Z E

Würfel
Stange
Platte

Was fällt dir auf?
Wie geht es weiter?

Diese Nullen!

						1 — eins
					1	0 — zehn
				1	0	0 — hundert
			1	0	0	0 — tausend
		1	0	0	0	0 — zehntausend
	1	0	0	0	0	0 — hunderttausend
1	0	0	0	0	0	0 — eine Million

2. 200 000 30 000 1 000 000 50 000 500 000 5 000 40 000 400 000 4 000

Lest die Zahlen laut. Diktiert euch weitere Zahlen.

3. Schreibt und lest
a) die kleinste Zahl mit drei Nullen
b) die kleinste Zahl mit fünf Nullen
c) die kleinste fünfstellige Zahl
d) die kleinste siebenstellige Zahl

4. Zähle in gleichen Schritten bis zur Million.
a) 0, 100 000, 200 000, …
b) 0, 200 000, 400 000, …
c) 0, 250 000, 500 000, …
d) 0, 125 000, 250 000, 375 000, …

5. Baut die Zahlen mit Zahlenkarten auf. Schreibt dazu Aufgaben.
a) dreihunderttausendfünfzig
b) dreihundertfünfzigtausend
c) einhundertelftausend
d) fünfzigtausendeinhundertzwölf
e) eine Million dreißigtausendsieben
f) eine Million zweihunderttausendvierhundertsechzig

a) 300 000 + 50 =

Ich rechne wie mit Hundertern. wie mit Einern.

6.
a) 100 000 + 100 000 =
   500 000 + 500 000 =
   400 000 + 300 000 =
   700 000 + 300 000 =

b) 1 000 000 − 200 000 =
   1 000 000 − 500 000 =
   800 000 − 300 000 =
   100 000 − 100 000 =

c) 3 · 200 000 =
   4 · 200 000 =
   5 · 200 000 =
   6 · 200 000 =

d) 1 000 000 : 2 =
   1 000 000 : 4 =
   500 000 : 2 =
   800 000 : 4 =

Erfinde auch selbst Aufgaben.

Zahlen bis zur Million

1. Alle Großstädte **Nordrhein-Westfalens** sind in die Karte eingetragen. Wie viele sind es?

Die Großstädte in Nordrhein-Westfalen			
	Einwohner		Einwohner
Aachen	247 792	Essen	611 827
B. Gladbach	105 901	Gelsenkirchen	289 023
Bielefeld	324 132	Hagen	210 950
Bochum	398 467	Hamm	182 213
Bonn	302 873	Herne	178 718
Bottrop	121 051	Köln	964 346
Dortmund	597 024	Krefeld	247 772
Düsseldorf	571 475	Leverkusen	162 977
Duisburg	532 701	M. gladbach	266 873

Großstädte haben mindestens 100 000 Einwohner.

2. Trage die Einwohnerzahlen aus der Tabelle in eine Stellentafel ein. Ordne sie dabei nach der Größe.

3. Trage in eine Stellentafel ein. Übe das Lesen.
   a) 1 HT 5 ZT 3 T
   b) 1 HT 5 ZT 3 H
   c) 1 ZT 5 T 3 H
   d) 1 M 4 HT 3 ZT
   e) 1 M 4 HT 3 H
   f) 1 M 4 HT 3 Z
   g) 6 HT 4 T 2 Z
   h) 6 ZT 4 H 2 Z
   i) 7 HT 2 T 5 H
   j) 19 HT 9 ZT 3 T 5 H
   k) 1 M 12 ZT 4 T
   l) 18 HT 5 ZT 20 H

4. Was fällt dir auf?
   a) 240 : 80 =
      24 000 : 8 000 =
      240 000 : 80 000 =
      320 000 : 80 000 =
   b) 160 : 40 =
      16 000 : 4 000 =
      160 000 : 40 000 =
      240 000 : 40 000 =
   c) 210 : 70 =
      2 100 : 700 =
      21 000 : 7 000 =
      49 000 : 7 000 =
   d) 180 : 30 =
      1 800 : 300 =
      18 000 : 3 000 =
      180 000 : 30 000 =

   *Ich rechne wie mit Einern. **18** ZT : **3** ZT*

5. a) 25 + 6 =
      250 + 60 =
      250 000 + 60 000 =
      25 000 + 6 000 =
   b) 75 + 4 =
      750 + 40 =
      750 000 + 40 000 =
      75 000 + 4 000 =
   c) 36 + 7 =
      360 + 70 =
      3 600 + 700 =
      36 000 + 7 000 =
   d) 32 + 18 =
      320 + 180 =
      3 200 + 1 800 =
      32 000 + 18 000 =

6.
Essen Ende 1994	619 648 Einwohner
Abnahme 1995 um	4 787 Einwohner
Abnahme 1996 um	3 034 Einwohner

Bonn Ende 1994	295 326 Einwohner
Abnahme 1995 um	3 895 Einwohner
Zunahme 1996 um	11 442 Einwohner

7. a) 100 000 − 86 390 − 11 083
   b) 1 000 000 − 4 382 − 11 416
   c) 100 000 − 45 225 − 1 209
   d) 46 318 + 34 265 − 11 437
   e) 17 503 + 22 560 − 948
   f) 65 428 − 7 107 + 23 516
   g) 14 623 − 15 419 + 27 070
   h) 8 309 − 23 500 + 31 426
   i) 27 088 − 31 439 + 42 405

2 527 3 482 16 235 26 274 38 054 39 115 53 566 69 146 81 837 984 202

Geht das überhaupt?

Zahlen bis zur Million – Runden

1.
```
|--------|--------|--------|--------|--------|--------|--------|--------|--------|--------|
0   100000  200000  300000  400000  500000  600000  700000  800000  900000  1000000
```
Lest die Zahlen und zeigt sie am Zahlenstrahl.

a) 30 000   c) 250 000   e) 450 000   g) 610 000   i) 890 000   k) 750 000
b) 50 000   d) 260 000   f) 490 000   h) 660 000   j) 990 000   l) 320 000

2. Welche Zahl liegt jeweils in der Mitte?

a) zwischen 0 und 500 000
b) zwischen 0 und 700 000
c) zwischen 500 000 und 700 000
d) zwischen 500 000 und 1 000 000
e) zwischen 60 000 und 100 000
f) zwischen 600 000 und 1 000 000
g) zwischen 250 000 und 300 000
h) zwischen 0 und 250 000

3. Die fünf größten Städte Deutschlands

Hamburg 1 707 986   Frankfurt 647 304   Berlin 3 458 763   München 1 225 809   Köln 964 346

Schreibe die Einwohnerzahlen nach der Größe geordnet.

Stimmen die Zahlen noch?

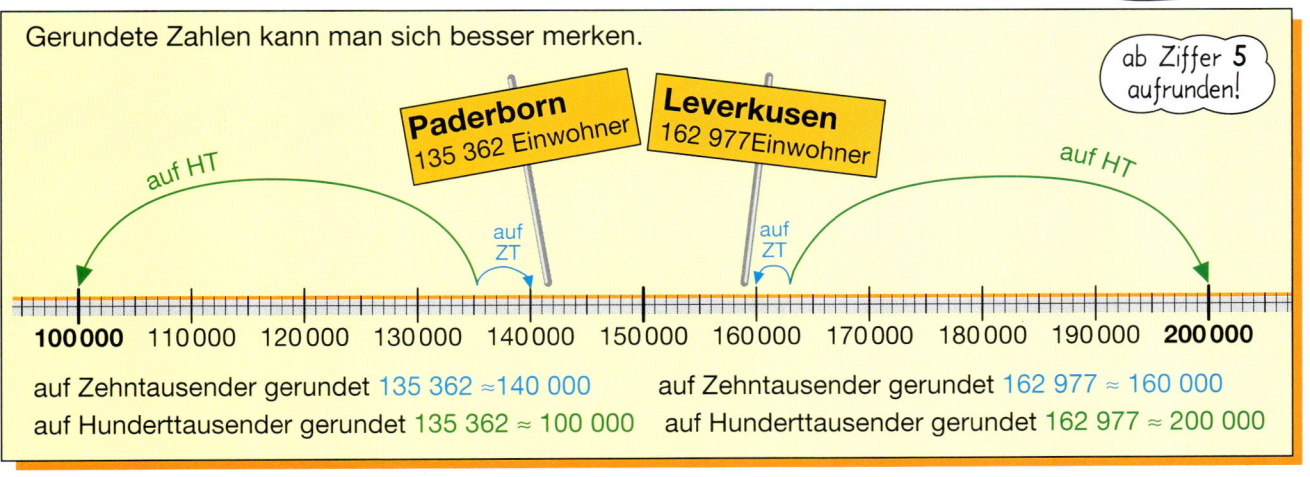

Gerundete Zahlen kann man sich besser merken.

ab Ziffer 5 aufrunden!

Paderborn 135 362 Einwohner
Leverkusen 162 977 Einwohner

auf Zehntausender gerundet 135 362 ≈ 140 000   auf Zehntausender gerundet 162 977 ≈ 160 000
auf Hunderttausender gerundet 135 362 ≈ 100 000   auf Hunderttausender gerundet 162 977 ≈ 200 000

4. Runde die Einwohnerzahlen von Großstädten
a) auf Zehntausender   b) auf Hunderttausender

a) Köln 964 346 ≈ 960 000

5. Runde die Einwohnerzahlen
a) auf Zehntausender
b) auf Hunderttausender

Kreis Borken 336 423
Kreis Steinfurt 408 418
Kreis Gütersloh 322 244
Kreis Lippe 354 760
Kreis Goslar 162 517
Kreis Diepholz 201 055
Kreis Uelzen 95 557
Kreis Plön 123 670
Kreis Gießen 249 070
Kreis Fulda 207 766
Kreis Neuwied 173 910
Kreis Pirmasens 104 523

Zahlen bis zur Million – Schaubilder

1.

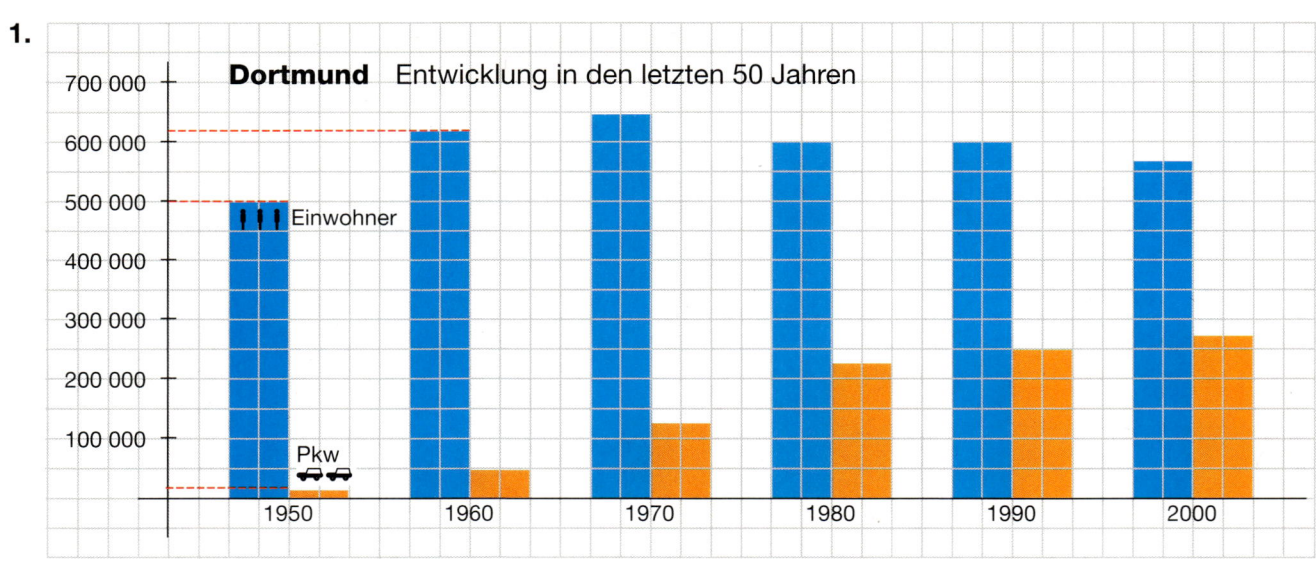

a) Beschreibe das Schaubild. Vergleiche.
b) Lies die gerundeten Einwohnerzahlen ab. Schreibe sie auf.
c) Schreibe die Pkw-Zahlen auf.

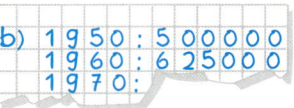

2. Fahrräder in Dortmund
im Jahre 1950: 278 390   1960: 389 470   1970: 374 290
       1980: 391 580   1990: 453 410   2000: 462 730
Runde die Zahlen und zeichne ein Schaubild.

3. Runde die Zahlen und zeichne Schaubilder.
   a) Durchfahrende **Schiffe** auf dem Nord-Ostsee-Kanal bei Brunsbüttel
      1950: 56 267   1960: 77 729   1970: 75 241
      1980: 56 677   1990: 47 810   2000: 40 000

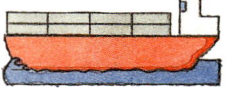

   b) Landungen von **Flugzeugen** auf dem Rhein-Main-Flughafen Frankfurt
      1950: 6 538   1960: 42 629   1970: 97 901
      1980: 111 147   1990: 162 194   2000: 200 000

4. Runde zum Hunderttausender.

	a)	b)	c)
	5**4**1 780	9**3**8 400	2**6**3 000
	5**4**9 780	9**5**8 400	86 000
	5**5**0 780	58 400	4**0**9 536
	5**5**9 780	148 700	3**3**7 205

Achte nur auf die folgende Ziffer!

5. Runde zum Zehntausender.

a)	b)	c)
13**7** 400	2**4**8 320	1**6**6 500
13**6** 400	48 320	5**6**6 500
13**5** 400	5**1**4 715	23 000
13**4** 400	9**2**3 800	4**0**5 200

6. Setze Rechenzeichen ein.
   a) 500 000 ○ 2 = 250 000   b) 40 000 ○ 5 = 40 005   c) 200 000 ○ 4 = 800 000
      500 000 ○ 2 = 1 000 000   40 000 ○ 5 = 200 000   200 000 ○ 4 = 50 000
      500 000 ○ 2 = 500 002   40 000 ○ 5 =   8 000   200 000 ○ 4 = 199 996
      500 000 ○ 2 = 499 998   40 000 ○ 5 = 39 995   200 000 ○ 4 = 200 004

7. Berechne den dritten Teil von 180 90 240 600 270 33 120 1200 300 3000

Eine Million

1.

Ich wäre so gerne Millionärin!

Meine Spar-Rechnungen

Wann will ich Millionärin sein?	Wie viel muss ich dann **jedes** Jahr sparen?
in einem Jahr	1 000 000 €
in 10 Jahren	€
in 100 Jahren	€
in 1000 Jahren	€

Meine Spar-Rechnungen

Wann will ich Millionärin sein?	Wie viel muss ich dann jedes Jahr sparen?
in einem Jahr	1 000 000 €
in 2 Jahren	500 000 €
in 4 Jahren	€
in 8 Jahren	€

Meine Spar-Rechnungen

Wann will ich Millionärin sein?	Wie viel muss ich dann **jedes** Jahr sparen?
in einem Jahr	1 000 000 €
in 5 Jahren	€
in 10 Jahren	€
in 50 Jahren	
in 100 Jahren	

Je mehr Zeit ich habe, desto....

2. Ergänze zur Million.

a) 200 000
   250 000

b) 100 000
   110 000

c) 500 000
   520 000

d) 10 000
   11 000

e) 1000
   5 000

f) 50 000
   55 000

3. Testament 1 000 000 € Verteile die Erbschaft gleichmäßig
a) an 2 Erben   b) an 4 Erben   c) an 8 Erben   d) an 5 Erben

4. Zerlege eine Million immer in gleich große Zahlen.

a) 1 000 000 = 500 000 + ■
   1 000 000 = 250 000 + ■ + ■
   1 000 000 = 125 000 + 125 000 + ■ + ■ + ■

b) 1 000 000 = 200 000 + 200 000 + ■ + ■
   1 000 000 = 100 000 + 100 000 + ■ + ■ + ■ + ■
   1 000 000 = 50 000 + 50 000 + 50 000 + ■ + ■

5.
a) 2 · ■ = 1 000 000
   20 · ■ = 1 000 000
   200 · ■ = 1 000 000

b) 2 · ■ = 1 000 000
   4 · ■ = 1 000 000
   8 · ■ = 1 000 000

c) 5 · ■ = 1 000 000
   10 · ■ = 1 000 000
   50 · ■ = 1 000 000

d) 10 · ■ = 1 000 000
   100 · ■ = 1 000 000
   1000 · ■ = 1 000 000

6. Addiere weiter, bis du eine Million erreicht hast.

a) 400 000 + 300 000 + 200 000

b) 500 000 + 300 000 + 100 000

c) 300 000 + 250 000 + 200 000

d) 900 000 + 90 000 + 9 000

e) 300 000 + 300 000 + 300 000

7.
a) 1 000 000 ○ 2 = 500 000
   1 000 000 ○ 2 = 2 000 000
   1 000 000 ○ 2 = 1 000 002
   1 000 000 ○ 2 = 999 998

b) 1 000 000 ○ 4 = 999 996
   1 000 000 ○ 4 = 250 000
   1 000 000 ○ 4 = 4 000 000
   1 000 000 ○ 4 = 1 000 004

c) 1 000 000 ○ 10 = 100 000
   1 000 000 ○ 10 = 1 000 010
   1 000 000 ○ 10 = 999 990
   1 000 000 ○ 10 = 10 000 000

8. Berechne den vierten Teil von | 80 | 100 | 160 | 320 | 800 | 1000 | 240 | 2 400 |

Rechnen bis zur Million

1. Zerlege eine Million.

1 000 000   1 000 000

2. Achte auf die Stellen.

a)	b)	c)	d)
423 000 + 6	615 000 + 3	135 000 + 5	277 000 + 4
423 000 + 60	615 000 + 30	135 000 + 50	277 000 + 40
423 000 + 600	615 000 + 300	135 000 + 500	277 000 + 400
423 000 + 6 000	615 000 + 3 000	135 000 + 5 000	277 000 + 4 000
423 000 + 60 000	615 000 + 30 000	135 000 + 50 000	277 000 + 40 000

3.

a)	b)	c)	d)
876 541 − 10 000	388 888 − 30 000	177 766 − 60 000	532 000 − 10 000
876 541 − 1 000	388 888 − 3 000	177 766 − 6 000	532 000 − 1 000
876 541 − 100	388 888 − 300	177 766 − 600	532 000 − 100
876 541 − 10	388 888 − 30	177 766 − 60	532 000 − 10
876 541 − 1	388 888 − 3	177 766 − 6	532 000 − 1

4. a) 20 000, 4, :   b) 100 000, 0, ·   c) 100 000, 5, :   d) 1 000 000, 4, : → 5 → 10 → 4 → 20 000

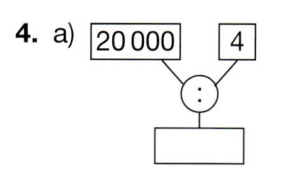

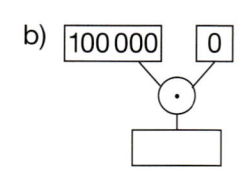

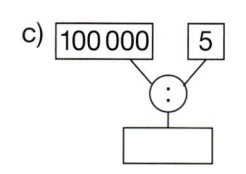

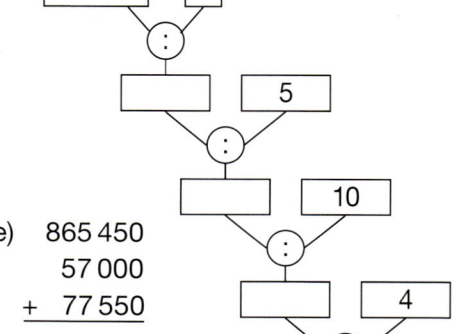

5. Überschlage zuerst, rechne dann genau.

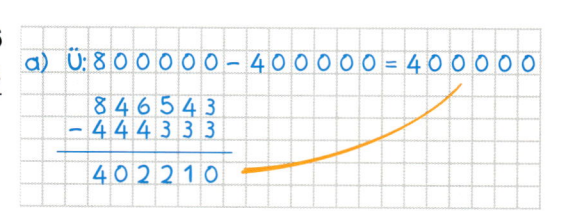

a)	b)	c)	d)	e)
443 210	676 543	145 676	515 344	865 450
12 345	85 678	87 668	333 434	57 000
+ 100 000	+ 3 211	+ 1 223	+ 151 222	+ 77 550

Auffällige Ergebnisse

6. Überschlage, rechne, vergleiche zur Kontrolle.

a)	b)	c)	d)
846 543	66 543	846 543	24 356
− 444 333	− 46 444	− 95 270	− 596

e)	f)	g)	h)
750 430	37 825	300 000	5 305
− 745 280	− 13 790	− 298 060	− 807

a) Ü: 800 000 − 400 000 = 400 000
    846 543
 − 444 333
    402 210

Zahlenjagd

- Ein Kind schreibt verdeckt eine Tausenderzahl auf, z. B. 28 000.
- Die anderen „erjagen" die Zahl mit Multiplikationsaufgaben.
- Das Kind sagt zu jedem Ergebnis „kleiner" oder „größer" oder „getroffen". Beispiel:

5 · 6000 = 30 000 „kleiner!"
5 · 5000 = 25 000 „größer!"
7 · 4000 = 28 000 „getroffen!"

Rechenwege, Überschlagsrechnungen

QUITTUNG
1 Kasten Mineralbrunnen
12 Flaschen
ohne Pfand 4,59

1 Kasten Apfelsaft
6 Flaschen
ohne Pfand 5,45

Getränkekasse 4 a
Bestand: 15,35 €

1. Die Klasse 4a braucht wieder einen Kasten Mineralwasser und einen Kasten Apfelsaft. Wie viel Geld bleibt in der Kasse, wenn sie zu den alten Preisen einkauft?

SONDERANGEBOT
12 Flaschen Sprudel
ohne Pfand **4,39**

6 Flaschen Apfelsaft
naturtrüb
ohne Pfand **5,20**

2. Wie viel Geld bleibt in der Getränkekasse, wenn die Klasse 4a das Sonderangebot nutzt?

RECHENKONFERENZ

- Wie rechnet man den neuen Kassenstand aus?
- Welcher Rechenweg macht wenig Arbeit?
- Ist ein Rechenweg sicherer?
- Wie weit ist der Laden weg?
- Wo schmeckt es besser?

```
 15,35 €              4,39 €    15,35 €        15,35 €
- 4,39 €  ]-5,20 €   -5,20 €  ]-    €        - 4,39 €
 _____€              _____€    _____€      - 5,20 €
                                               _____€
```

3.
a) 245,26 € − 38,40 € − 29,70 €
b) 500,60 € − 219,50 € − 82,30 €
c) 372,40 € − 107,90 € − 213,70 €
d) 870,50 € − 89,70 € − 466,50 €

e) 436,50 € + 305,20 € − 98,36 €
f) 200,00 € − 117,50 € + 225,50 €
g) 635,90 € − 243,70 € − 392,20 €
h) 727,65 € + 86,35 € − 283,40 €

Kontrolliere durch Überschlagen.

4. Der Förderverein der Schule hatte noch 431,99 €.
Er erhielt noch 295 € Spenden.
Jetzt wird ein neuer Projektor für 477 € gekauft.

432 €	295 €
477 €	Restbestand

5.
a) 35 420 + 18 215 − 9 570
b) 50 570 + 21 622 − 22 507
c) 86 305 + 4 650 − 3 580
d) 72 839 + 16 752 − 9 591

e) 100 000 − 42 300 − 4 907
f) 73 520 − 22 518 − 51 002
g) 82 470 − 34 520 − 31 830
h) 50 000 − 38 516 − 1 484

☀ i) 236 480 + 448 250 − 11 230
☀ j) 180 000 − 176 390 + 9 785
☀ k) 300 000 − 136 520 − 4 507
☀ l) 999 999 − 708 357 − 191 642

0 1 10 000 13 395 16 120 44 065 49 685 52 793 80 000 87 375 100 000 158 973 673 500

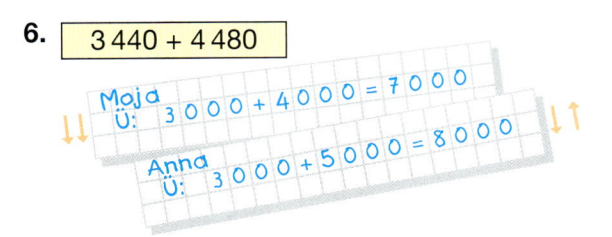

6. `3 440 + 4 480`

Moja Ü: 3 000 + 4 000 = 7 000
Anna Ü: 3 000 + 5 000 = 8 000

`4 530 − 2 490`

Kevin Ü: 5 000 − 2 000 = 3 000
Jens Ü: 4 000 − 2 000 = 2 000
Laura Ü: 5 000 − 3 000 = 2 000

Welcher Überschlag ist am günstigsten?

Wie haben die Kinder gerundet?

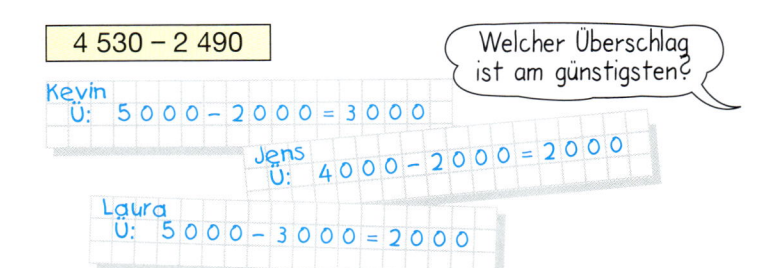

7. Kontrolliert durch Überschlagen. Vergleicht eure Überschläge.

a) 2 443 + 3 479
7 519 + 4 608
8 387 + 2 478
4 538 + 5 462

☀ b) 25 107 + 35 436
54 895 + 23 903
45 128 + 74 785
67 983 + 32 017

c) 4 510 − 2 448
7 468 − 3 487
9 387 − 5 519
8 258 − 4 925

☀ d) 12 720 − 7 413
44 636 − 24 983
55 248 − 35 346
87 037 − 42 593

Ein Bienenschwarm. Die alte Königin ist mit ihrem halben Volk ausgezogen.

In jedem Stock lebt ein Volk von 40 000 bis 60 000 Bienen. Ein halbes Volk bleibt mit einer neuen Königin in seinem Stock.

Die Männchen heißen **Drohnen**. Sie arbeiten nicht.

Nur die **Königin** legt Eier – jedes Jahr etwa 120 000. Die Königin wird etwa 4 Jahre alt.

Lebenslauf einer **Arbeiterin** im Sommer

3 Wochen in der Zelle

3 Tage als Ei
6 Tage als Larve
12 Tage als Puppe

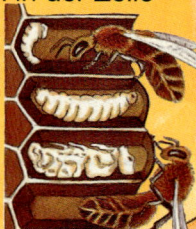

3 Wochen Innendienst im Stock

als „Putzbiene" sauber machen
als „Fütterbiene" Larven füttern
als „Baubiene" Zellen bauen
als „Wächterbiene" den Eingang bewachen

3 Wochen Sammeldienst

als „Sammelbiene" Nektar und Blütenstaub holen – höchstens 3 km entfernt

Das halbe Volk arbeitet im Sammeldienst. Davon sammelt die Hälfte Nektar und macht daraus Honig. Die anderen sammeln Wasser, Blütenstaub und Harz.

Eine Biene saugt in 6 Sekunden eine Blüte leer. Sie arbeitet etwa 4 Stunden am Tag.

Herbst-Arbeitsbienen leben länger. Sie überwintern im Stock und sammeln im Frühjahr den ersten Nektar.

Ein Bienenvolk hat etwa 20 Waben, jede Wabe fast 6 000 Zellen. In den Zellen wachsen neue Bienen heran oder es wird Honig für den Winter gespeichert. Die Wände werden aus Wachs gebaut.

Bei gutem Wetter sammeln 50 Bienen 1 g Honig am Tag.

10 g Honig

Goldhahn
Echter Bienenhonig
Auslese
500 g

Wiederholung

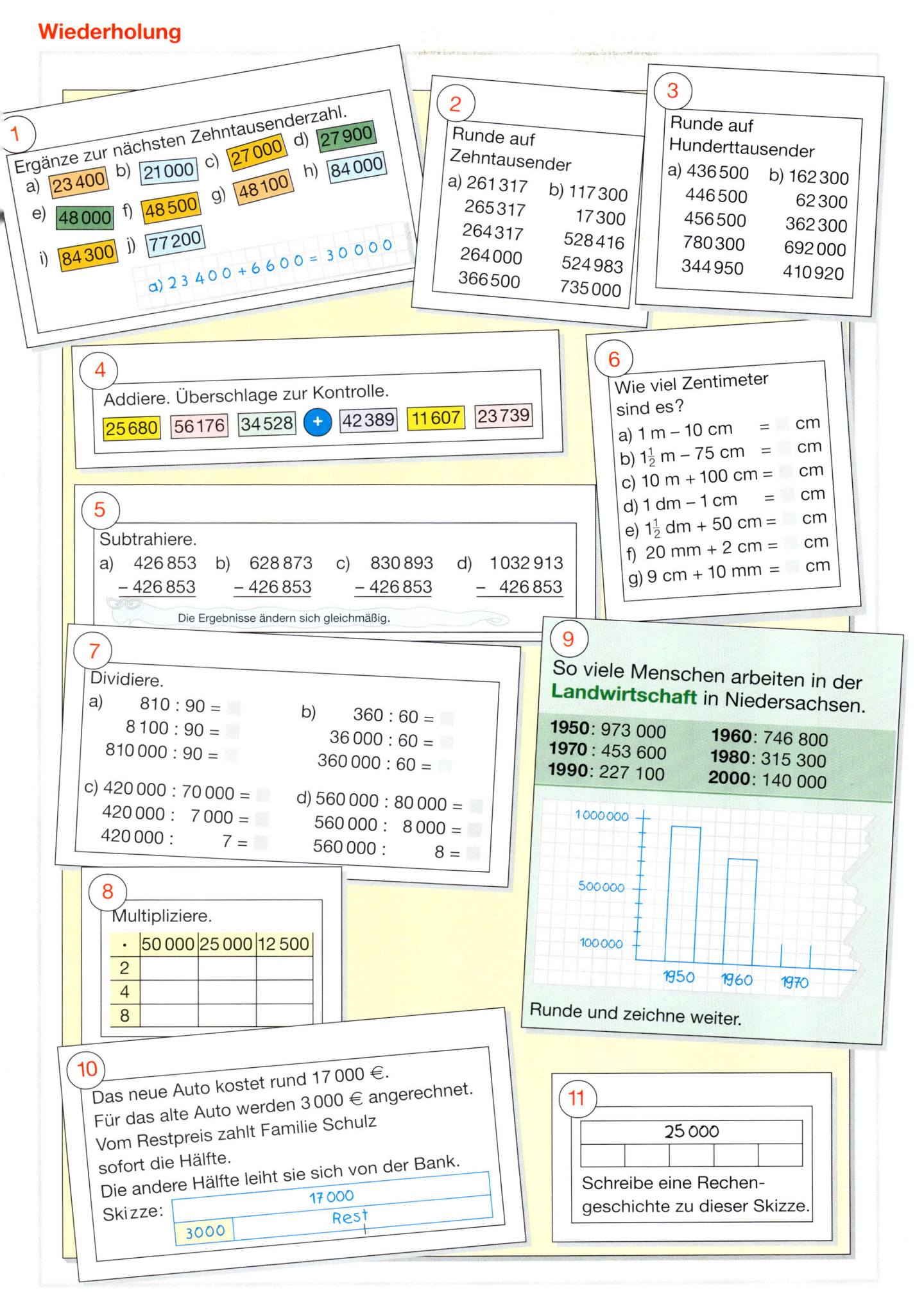

1 Ergänze zur nächsten Zehntausenderzahl.
a) 23 400 b) 21 000 c) 27 000 d) 27 900 h) 84 000
e) 48 000 f) 48 500 g) 48 100
i) 84 300 j) 77 200

a) 23 400 + 6 600 = 30 000

2 Runde auf Zehntausender
a) 261 317   b) 117 300
   265 317   17 300
   264 317   528 416
   264 000   524 983
   366 500   735 000

3 Runde auf Hunderttausender
a) 436 500   b) 162 300
   446 500   62 300
   456 500   362 300
   780 300   692 000
   344 950   410 920

4 Addiere. Überschlage zur Kontrolle.
25 680   56 176   34 528   +   42 389   11 607   23 739

5 Subtrahiere.
a) 426 853   b) 628 873   c) 830 893   d) 1 032 913
  − 426 853   − 426 853   − 426 853   − 426 853

Die Ergebnisse ändern sich gleichmäßig.

6 Wie viel Zentimeter sind es?
a) 1 m − 10 cm = ▯ cm
b) $1\frac{1}{2}$ m − 75 cm = ▯ cm
c) 10 m + 100 cm = ▯ cm
d) 1 dm − 1 cm = ▯ cm
e) $1\frac{1}{2}$ dm + 50 cm = ▯ cm
f) 20 mm + 2 cm = ▯ cm
g) 9 cm + 10 mm = ▯ cm

7 Dividiere.
a) 810 : 90 =
   8 100 : 90 =
   810 000 : 90 =

b) 360 : 60 =
   36 000 : 60 =
   360 000 : 60 =

c) 420 000 : 70 000 =
   420 000 : 7 000 =
   420 000 : 7 =

d) 560 000 : 80 000 =
   560 000 : 8 000 =
   560 000 : 8 =

8 Multipliziere.

·	50 000	25 000	12 500
2			
4			
8			

9 So viele Menschen arbeiten in der **Landwirtschaft** in Niedersachsen.

1950: 973 000   **1960**: 746 800
1970: 453 600   **1980**: 315 300
1990: 227 100   **2000**: 140 000

Runde und zeichne weiter.

10 Das neue Auto kostet rund 17 000 €. Für das alte Auto werden 3 000 € angerechnet. Vom Restpreis zahlt Familie Schulz sofort die Hälfte. Die andere Hälfte leiht sie sich von der Bank.

Skizze: 17 000 / 3 000 / Rest

11 25 000

Schreibe eine Rechengeschichte zu dieser Skizze.

Tonne

1. Ein Viertklässler wiegt etwa 40 kg.

   Ein Schwein wiegt etwa 200 kg.

   Ein Pkw wiegt etwa 1 000 kg.

   Was ist auf allen Bildern gleich?

   1000 Kilogramm = 1 Tonne
   1000 kg = 1 t

   Wie viele Kinder deiner Klasse wiegen zusammen ungefähr 1000 kg?

2. Welche Dinge und Lebewesen wiegt man in Tonnen?

3. | Gewichte einiger Säugetiere |
   |---|
   | Indischer Elefant .. 5 000 kg |
   | Blauwal .... 170 000 kg |
   | Rothirsch .... 270 kg |
   | Flusspferd ...... 2 500 kg |
   | Kaltblutpferd .... 1000 kg |
   | Nashorn .... 2 000 kg |

   Bildbuchstaben: E, Ä, B, I, R, S

   a) Ordne die Tiere nach dem Gewicht.
      Die Buchstaben ergeben ein Lösungswort.
   b) Welche Tiere wiegen mehr als eine Tonne?
      Aus den Buchstaben kannst du ein neues Lösungswort bilden.

4. Wie viel t und kg sind es?
   a) 2 000 kg
      2 050 kg
      2 404 kg
   b) 10 005 kg
      10 050 kg
      10 500 kg
   c) 6 000 kg
      6 003 kg
      6 300 kg
   d) 20 040 kg
      24 000 kg
      20 400 kg
   e) 4 500 kg
      40 500 kg
      400 500 kg
   f) 170 000 kg
      107 000 kg
      100 700 kg

5. Wie viel kg sind es?
   a) 4 t
      4 t 500 kg
      4 t 50 kg
   b) 1 t 11 kg
      1 t 101 kg
      10 t 10 kg
   c) 8 t
      8 t 404 kg
      8 t 44 kg
   d) 15 t 10 kg
      10 t 15 kg
      15 t 100 kg

Tonne und Kilogramm

1D BIG TRUCKS
Geschwindigkeit in km/h: 100
Leistung in kW: 320
Hubraum in ccm: 14.600
Umdrehungen je Min.: 1.900
Leergewicht in kg: 11.500
Zuladung in kg: 15.800

5A BIG TRUCKS
Geschwindigkeit in km/h: 110
Leistung in kW: 160
Hubraum in ccm: 8.900
Umdrehungen je Min.: 2.300
Leergewicht in kg: 9.300
Zuladung in kg: 10.500

5C BIG TRUCKS
Geschwindigkeit in km/h: 80
Leistung in kW: 200
Hubraum in ccm: 9.700
Umdrehungen je Min.: 2.200
Leergewicht in kg: 10.200
Zuladung in kg: 12.400

7C BIG TRUCKS
Geschwindigkeit in km/h: 95
Leistung in kW: 393
Hubraum in ccm: 16.500
Umdrehungen je Min.: 2.000
Leergewicht in kg: 14.200
Zuladung in kg: 19.800

← Zuladung
← Leergewicht
Gesamtgewicht

1D: 11 500 kg + 15 800 kg =

1. Erzähle – frage – rechne – antworte.

2. Berechne von jedem Lkw das zulässige Gesamtgewicht.

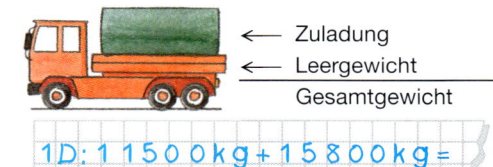

3. 7 t

a) Welcher Lkw darf durchfahren?

	Lkw 1	Lkw 2	Lkw 3	Lkw 4	Lkw 5
Leergewicht	2 700 kg	3 800 kg	1 080 kg	7 500 kg	5 100 kg
Zuladung	2 450 kg	3 690 kg	1 250 kg	4 900 kg	4 900 kg
Gesamtgewicht					

b) Schreibe jeweils das Gesamtgewicht in eine Tabelle.

	t	kg
LKW 1	5	150
LKW 2		

Das Komma trennt t und kg.
3 500 kg = 3 t 500 kg = 3,500 t

Sprich:
drei Komma fünf null null Tonnen
oder
drei Tonnen fünfhundert Kilogramm

4. Rechne um.

a) 4,250 t
4,000 t
4,050 t
4,005 t
4,500 t

b) 2,500 t
0,500 t
0,050 t
1,009 t
1,090 t

c) 12,085 t
0,007 t
4,950 t
2,740 t
6,037 t

5. Schreibe mit Komma.

a) 2 t
2 t 20 kg
2 t 2 kg
2 t 200 kg

b) 20 t
20 t 5 kg
20 t 500 kg
20 t 50 kg

c) 4 t 44 kg
4 t 444 kg
4 t 404 kg
4 t 4 kg

d) 10 t
10 t 500 kg
11 t 5 kg
12 t 15 kg

e) 55 t
550 kg
55 kg
5 kg

6.
Leergewicht: 3,800 t
zulässiges Gesamtgewicht: 9,500 t

Darf der Lkw so viel laden?

a) 1 Palette mit 4 t und 5 Kisten mit je 400 kg.
b) 2 Paletten mit je 2,200 t und 3 Behälter mit je 800 kg.
c) 3 Paletten mit je 1,5 t und 4 Kisten mit je 250 kg.

43

Kilogramm und Gramm

1. Was fällt dir auf?

Welche Packung soll ich kaufen?

10,99 €   10,99 €

2. Trage das Verpackungsgewicht in eine Tabelle ein.

a)
Originalpackung	Shampoo	Glasreiniger	Spülmittel	Allzweck-reiniger	Weichspüler
Gesamtgewicht	355 g	563 g	564 g	559 g	1079 g
Gewicht des Inhalts	310 g	495 g	520 g	515 g	1008 g
Verpackungsgewicht	45 g				

b)
Nachfüllpackung	Shampoo	Glasreiniger	Spülmittel	Allzweck-reiniger	Weichspüler
Gesamtgewicht	318 g	507 g	552 g	536 g	1022 g
Gewicht des Inhalts	310 g	495 g	520 g	515 g	1008 g
Verpackungsgewicht					

Vergleiche jeweils die Verpackungsgewichte von Originalpackung und Nachfüllpackung.

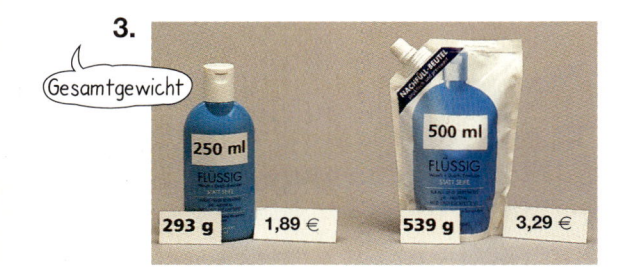

3. Gesamtgewicht

250 ml — 293 g — 1,89 €   500 ml — 539 g — 3,29 €

a) Wie oft kann die Flasche aus der Nachfüllpackung gefüllt werden?
b) Vergleiche den Preis.
c) Vergleiche die Verpackungsgewichte (1 ml entspricht etwa 1 g).

Welche Vorteile haben Nachfüllpackungen?

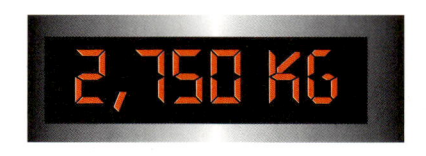

2,750 KG

Sprich:
zwei Komma sieben fünf null Kilogramm
oder
zwei Kilogramm siebenhundertfünfzig Gramm

Das Komma trennt kg und g.
2,750 kg = 2 kg 750 g = 2 750 g

4. Rechne um. Suche mehrere Möglichkeiten.

a) 4 200 g
   420 g
   42 g

b) 3 009 g
   30 009 g
   300 009 g

c) 50 kg
   5 kg
   0,500 kg

d) 2 kg 10 g
   20 kg 10 g
   20 kg 100 g

e) 150 g
   15 kg
   150 kg

5. a)
·	20	300	4000	50 000
4				
7				
9				

b)
·	80	40	600	300	2000	1000
20						
50						
80						

Müllmengen

1.

pro Tag in Kassel: 176 t Abfall

15 m
10 m
5 m

Heute, wie an jedem anderen Tag werden in Kassel 22 Ladungen Hausmüll mit Müllautos beseitigt.
Das ergibt täglich einen 17 Meter hohen Abfallberg.

Die Hälfte davon sind Verpackungen.
Das muss nicht sein!

Erkundet die tägliche Müllmenge in eurem Ort.
Vergleicht!

Was könntet ihr tun?

2. Die Hälfte des Mülls sind Verpackungen. Trage in eine Tabelle ein.

Hausmüll	10 kg	20 kg	50 kg	100 kg	400 kg	10 t	40 t	50 t	60 t
Verpackungen	5 kg								

Bei Untersuchungen hat man die Zusammensetzung von Hausmüll festgestellt.

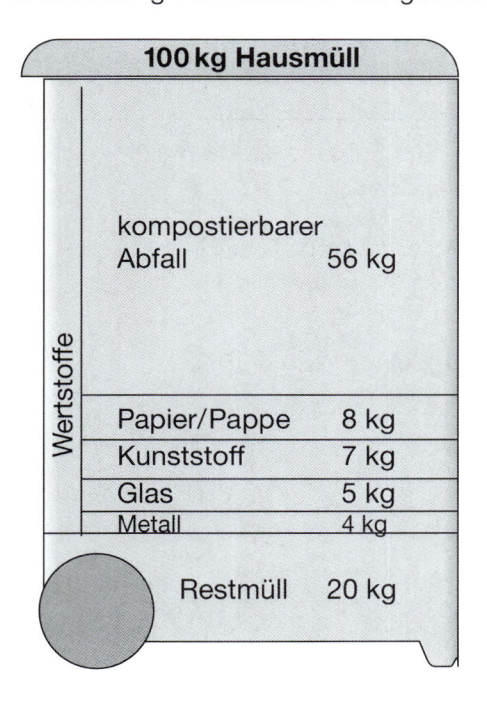

100 kg Hausmüll

Wertstoffe:
kompostierbarer Abfall   56 kg

Papier/Pappe   8 kg
Kunststoff   7 kg
Glas   5 kg
Metall   4 kg

Restmüll   20 kg

3. Wie viel von jeder Abfallsorte?

Hausmüll	kompostierbarer Abfall	Glas	Metall
100 kg	56 kg		
50 kg			
25 kg			
150 kg			
300 kg			
500 kg			

4. In der Bundesrepublik fallen in jedem Jahr pro Person durchschnittlich 300 kg Hausmüll an. Ein großer Teil davon wird wieder verwertet.

a) Wie viel davon sind Wertstoffe?
b) Wie viel davon ist Restmüll?
c) Wie viel Müll wäre das in deiner Familie?

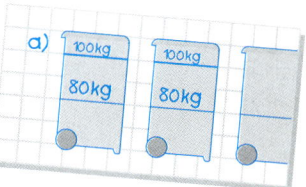

a) 100 kg 100 kg
   80 kg   80 kg

5. Trage in eine Tabelle ein.

Hausmüll	25 kg	50 kg	100 kg	150 kg	200 kg	300 kg	500 kg	1 t	5 t
Papier/Pappe			8 kg						
Restmüll			20 kg						

6.
a) 4 7 5 · 3 6 9
b) 8 3 9 · 4 40 20
c) 2 6 1 · 7 80 9
d) 6 7 8 · 6 70 80
e) 9 6 5 · 8 5 60
f) 4 9 0 · 40 8 30

45

Gewicht:
Pkw 1253 kg
Kombi 1350 kg

Tagesproduktion:
541 Pkws
159 Kombis

Wie viel kosten die wohl?

Wie viele Autos werden in einem Monat hergestellt?

Wie viel wiegen die zusammen?

RECHENKONFERENZ

1 Pkw wiegt 1253 kg.
Wie viel kg hat der Autotransporter geladen?

```
  1253
+ 1253
+ 1253
+ 1253
+ 1253
+ 1253
+ 1253
+ 1253
```

$8 \cdot 1253 =$
$8 \cdot 1000 = 8000$
$8 \cdot 200 =$

$1 \cdot 1253 = 1253$
$2 \cdot 1253 = 2506$
$4 \cdot 1253 =$

Schriftliches Multiplizieren

1.

SPORT MADER
Rechnung für Grundschule Neuberg
3 Tischtennis-Platten für Außenanlagen
Stückpreis 1 431,– €

T	H	Z	E		
1	4	3	1	·	3

T	H	Z	E
4	2	9	3

Beim schriftlichen Multiplizieren kommt die kleinere Zahl nach rechts.

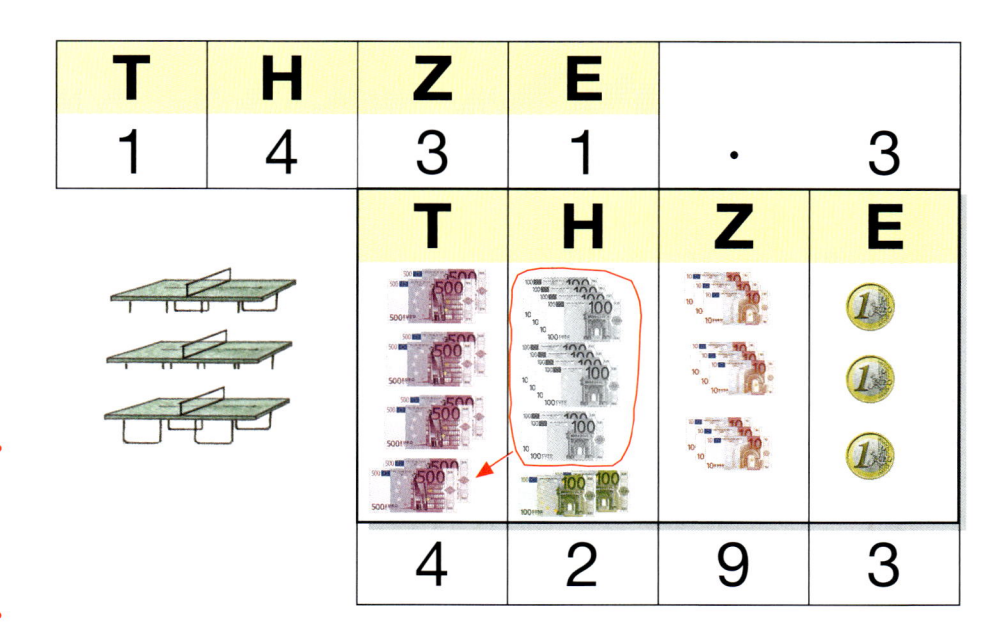

```
    4. 3. 2. 1.
    T H Z E              verkürzte Form        Endform
    1 4 3 1 · 3          T H Z E               1 4 3 1 · 3
        T H Z E          1 4 3 1 · 3           4 2 9 3
              3              T H Z E
            9 0          4 2 9 3
          1 2 0 0
          3 0 0 0
          4 2 9 3
```

Schriftliches Multiplizieren

2. a) Rechnung – 5 Tischtennis-Platten je 1 431,–
b) SONDERPREIS – Bei Kauf von 6 Tischtennis-Platten 1 026,– pro Stück

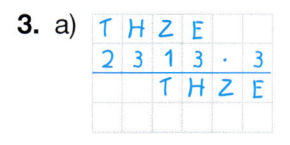

3.
a) T H Z E / 2 3 1 3 · 3
b) T H Z E / 2 3 3 1 · 3
c) T H Z E / 2 3 4 1 · 3
d) T H Z E / 2 0 4 1 · 3

e) T H Z E / 1 2 1 2 · 4
f) T H Z E / 6 2 1 2 · 4
g) T H Z E / 5 2 1 2 · 3
h) ZT T H Z E / 1 5 2 0 2 · 6

4 848
6 123
6 939
6 993
7 023
15 636
24 848
90 448
91 212

4.
a) 3 214 · 3
b) 903 · 4
c) 7 103 · 8
d) 8 071 · 5

e) 846 · 7
f) 2 117 · 4
g) 12 345 · 5
h) 6 789 · 6

3 612   5 922
8 468   9 642
      20 769
40 355   40 734
56 824   61 725

5. Multipliziere schriftlich. Addiere zur Kontrolle.
a) 2 304 · 3
   2 304 · 2
   2 304 · 4
b) 3 102 · 3
   2 103 · 3
   1 302 · 3
c) 713 · 3
   7 013 · 3
   7 130 · 3
d) 11 213 · 4
   11 213 · 3
   11 213 · 7
e) 41 212 · 4
   41 212 · 2
   41 212 · 0

```
  2 3 0 4
+ 2 3 0 4
+ 2 3 0 4
```

6. 103,75 € | 4,98 € | 295,50 € | 17,90 € | + | 84,98 € | 196,40 € | 1075,00 €

47

Schriftliches Multiplizieren

1. 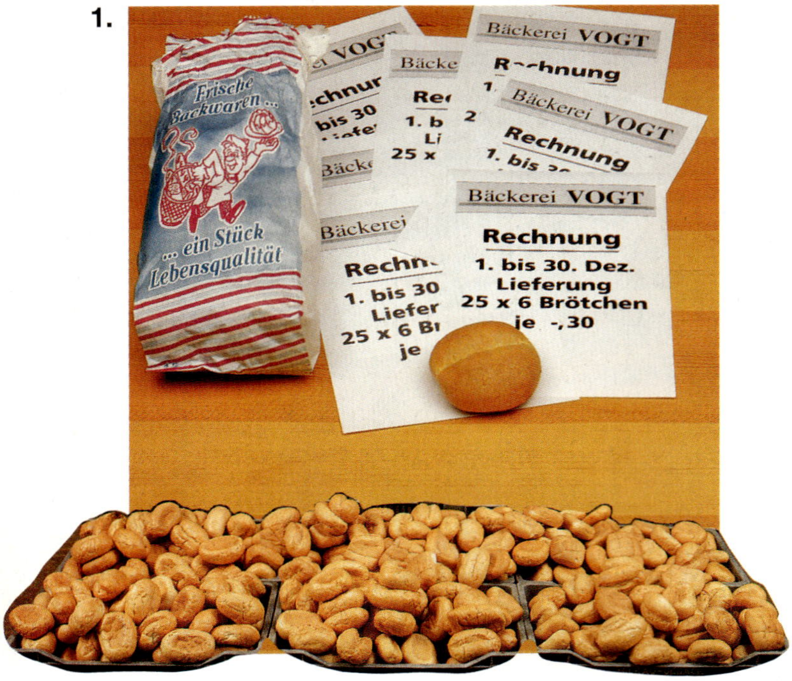 Bernds Familie bekam im letzten Jahr an 237 Tagen je 6 Brötchen.
a) Wie viele Brötchen waren das insgesamt?

237 · 6 =

Überschlag: 200 · 6 = 1200

2	3	7	·	6
				2

Ein Brötchen wiegt 50 g.

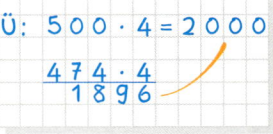

4Z merken

b) Wie viel kosten die Brötchen im Jahr?

2. An Familie Gerber wurden im vergangenen Jahr an 219 Tagen je 4 Brötchen geliefert.

3. Multipliziere schriftlich. Überschlage vorher und vergleiche.

a)	b)	c)	d)
474 · 4	8603 · 6	854 · 3	9512 · 3
3632 · 3	738 · 7	1159 · 2	7203 · 8
42038 · 2	21613 · 9	6974 · 8	917 · 4
479 · 5	21613 · 6	614 · 7	32614 · 5

Ü: 500 · 4 = 2000
474 · 4
1896

4. 187   409   2314   9687   24086   ·   3   8   7

561 1227 1309 1496 2863 3272 4712 6942 16 198 18 512 29 061 67 809 72 258 77 496 168 602 192 688

5. Kontrolliere durch Überschlagen.

a)	b)	c)	d)	e)	f)
327 · 3	4107 · 4	7008 · 5	624 · 4	2418 · 6	24 976 · 4
3270 · 3	4107 · 2	7008 · 6	312 · 8	4836 · 3	14 272 · 7

Vergleiche jeweils die beiden Ergebnisse.

6. Vier Aufgaben sind falsch. Prüfe nach und rechne richtig.

a) 231 · 3	b) 27001 · 6	c) 529 · 7	d) 1864 · 9	e) 32407 · 8
693	162006	3693	16776	249256

f) 907 · 8	g) 1496 · 8	h) 3844 · 7	i) 721 · 7	j) 6708 · 6
7265	11968	26908	5047	40448

7. Wähle 3 Aufgaben aus.
a) Die Ergebnisse sollen möglichst groß sein.   b) Die Ergebnisse sollen möglichst klein sein.

5916   6195   5619   5961   6951   ·   5   9   7   8

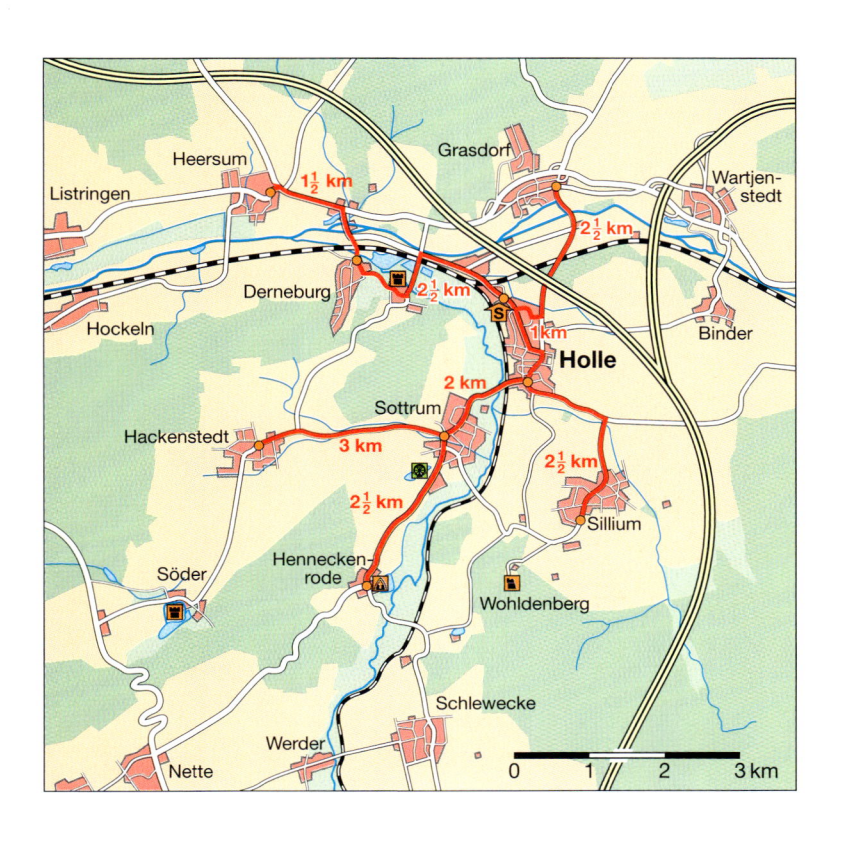

Schriftliches Multiplizieren

1. Viele Kinder fahren in die Grundschule nach Holle.
   Erzähle – frage – rechne – antworte.

2. Anne fährt mit dem Bus von Sillium zur Grundschule in Holle.
   Wie lang ist ihre Fahrstrecke in vier Schuljahren?

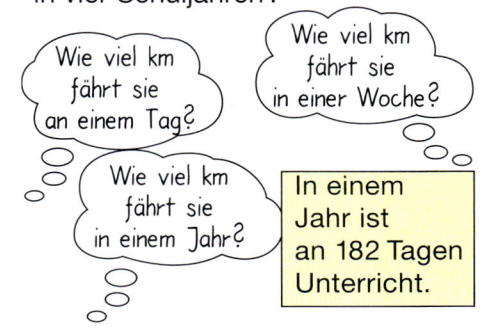

   - Wie viel km fährt sie an einem Tag?
   - Wie viel km fährt sie in einer Woche?
   - Wie viel km fährt sie in einem Jahr?

   In einem Jahr ist an 182 Tagen Unterricht.

3. Wie viel km Schulweg hast du in einem Jahr?

4.
   - Petra wohnt in Henneckenrode. Wie viel km Schulweg hat sie in einem Jahr?
   - Dennis aus Hackenstedt besucht 3 Jahre die Grundschule Holle.
   - Frau Breiter aus Heersum ist Lehrerin an der Schule in Holle. Sie ist im letzten Jahr 212-mal in die Schule gefahren.
   - Timo wohnt 1 km von der Schule weg. Wie viel km Schulweg ist er in vier Jahren gegangen?
   - Stefanie wohnte 2 Jahre in Grasdorf, dann 2 Jahre in Sillium. Wie viel km Schulweg hatte sie in 4 Jahren?

   Denkt euch selbst Rechengeschichten aus.

5. a) Frau Albes aus Derneburg arbeitet in Holle. Sie fährt zur Mittagspause nach Hause.
   Wie viel km fährt sie in einem Jahr mit 246 Arbeitstagen?
   b) Herr Athe wohnt in Sottrum. Er arbeitet in Derneburg.
   Wie viel km fährt er in einem Jahr mit 224 Arbeitstagen?

6. 1307   4 926   18 004   20 850   •   3   4   7

   3 921   5 228   9 149   14 778   19 704   34 482   36 270
   54 012   62 550   72 016   83 400   126 028   145 950

7. Punktrechnung vor Strichrechnung.

   a) $357 \cdot 6 + 20$
      $357 + 6 \cdot 20$
   b) $6\,193 \cdot 2 + 300$
      $6\,193 + 2 \cdot 300$
   c) $9\,034 \cdot 7 - 30$
      $9\,034 - 7 \cdot 30$
   d) $694 \cdot 9 + 900$
      $694 + 9 \cdot 900$
   e) $7\,000 + 5 \cdot 123$
      $7\,000 \cdot 5 + 123$
   f) $2\,731 \cdot 4 - 500$
      $2\,731 - 4 \cdot 500$
   g) $2\,071 \cdot 0 + 80$
      $2\,071 + 0 \cdot 80$
   h) $4\,816 \cdot 8 + 50$
      $4\,816 + 8 \cdot 50$

   80   477   731   2071   2162   5216   6793   7146   7615   8794   8824   10 424   12 686   35 123   38 578   63 208   241 200

Schriftliches Multiplizieren – Kommazahlen

1.

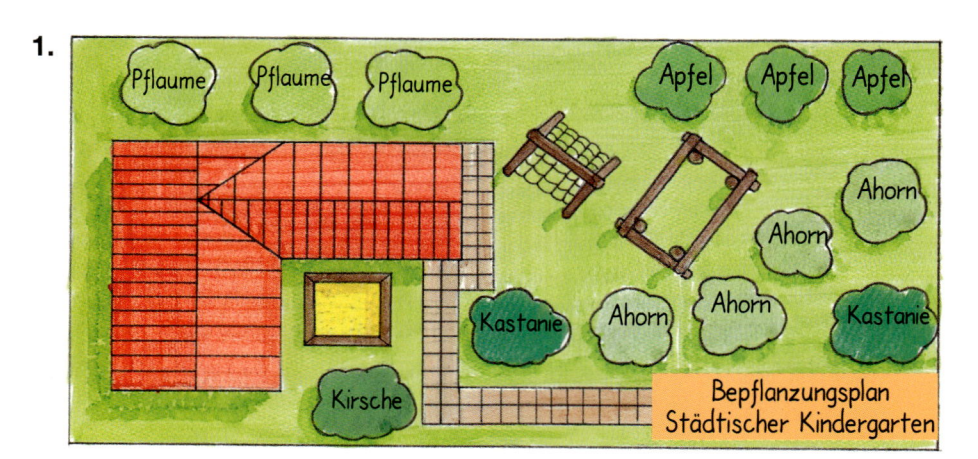

Gärtnerei GRUBER

Angebot

Apfelbaum	10,80 €
Kirschbaum	15,75 €
Kastanie	9,30 €
Ahorn	12,60 €
Pflaumenbaum	13,70 €

Bepflanzungsplan Städtischer Kindergarten

Wie viel kosten die drei Apfelbäume?

Ü: 3 · 10 € = 30 €
10,80 € = 1080 ct
1080 · 3 = 3240
3240 ct = 32,40 €
Die Apfelbäume kosten ☐ €.

Ü: 3 · 10 € = 30 €
10,80 € · 3 = 32,40 €

Rechne aus, wie viel die Bäume für den neuen Kindergarten kosten. Überschlage vorher.

Welche Bäume würdest du gern pflanzen?

Insgesamt kosten die Bäume 158,25 €.

2.

Gärtnerei GRUBER
Rechnung Nr. 47
3 Pflaumenbäume
8 Apfelbäume
6 Kirschbäume

Gärtnerei GRUBER
Angebot
5 Kirschbäume
3 Pflaumenbäume
Pfahl 5,30/Stück
Einpflanzen pro Baum 4,10 €

Gärtnerei GRUBER
Rechnung Nr.
4 Ahorn
4 Kastanien
4 Apfelbäume

Gärtnerei GRUBER
Rechnung Nr. 49
8 Ahorn
4 Stunden Arbeitszeit zu je 32,50 €
Mulch 28,– €

3. Überschlage vorher.

a)	b)	c)	d)
6 · 2,88 €	3,24 € · 6	3 · 56,16 €	13,92 € · 9
6 · 20,88 €	3,24 € · 7	2 · 9,72 €	2,88 € · 9
6 · 208,88 €	3,24 € · 8	4 · 5,67 €	313,32 € · 4
6 · 28,08 €	3,24 € · 9	3 · 5,76 €	9,72 € · 3

Vertausche die Zahlen, wenn nötig.

17,28 € 19,44 € 22,68 € 25,92 € 29,16 € 125,28 € 168,48 € 1253,28 € 1312,48 € Jedes Ergebnis kommt zweimal vor.

4. 21,06 €   83,37 €   175,68 €   376,08 €   ·   3   6

63,18 € 126,36 € 250,11 € 428,18 € 500,22 € 527,04 € 1054,08 € 1128,24 € 2256,48 €

5. Rechne nur die lösbaren Aufgaben.

a) 84 000 – 41 516 – 24 397
   46 200 – 24 936 – 27 604
   70 000 – 18 510 – 499

b) 69 001 – 3 074 – 10 009
   73 875 – 16 912 – 23 014
   9 751 – 4 912 – 9 412

16 412   18 087   33 949   50 991   55 918

Wiederholung

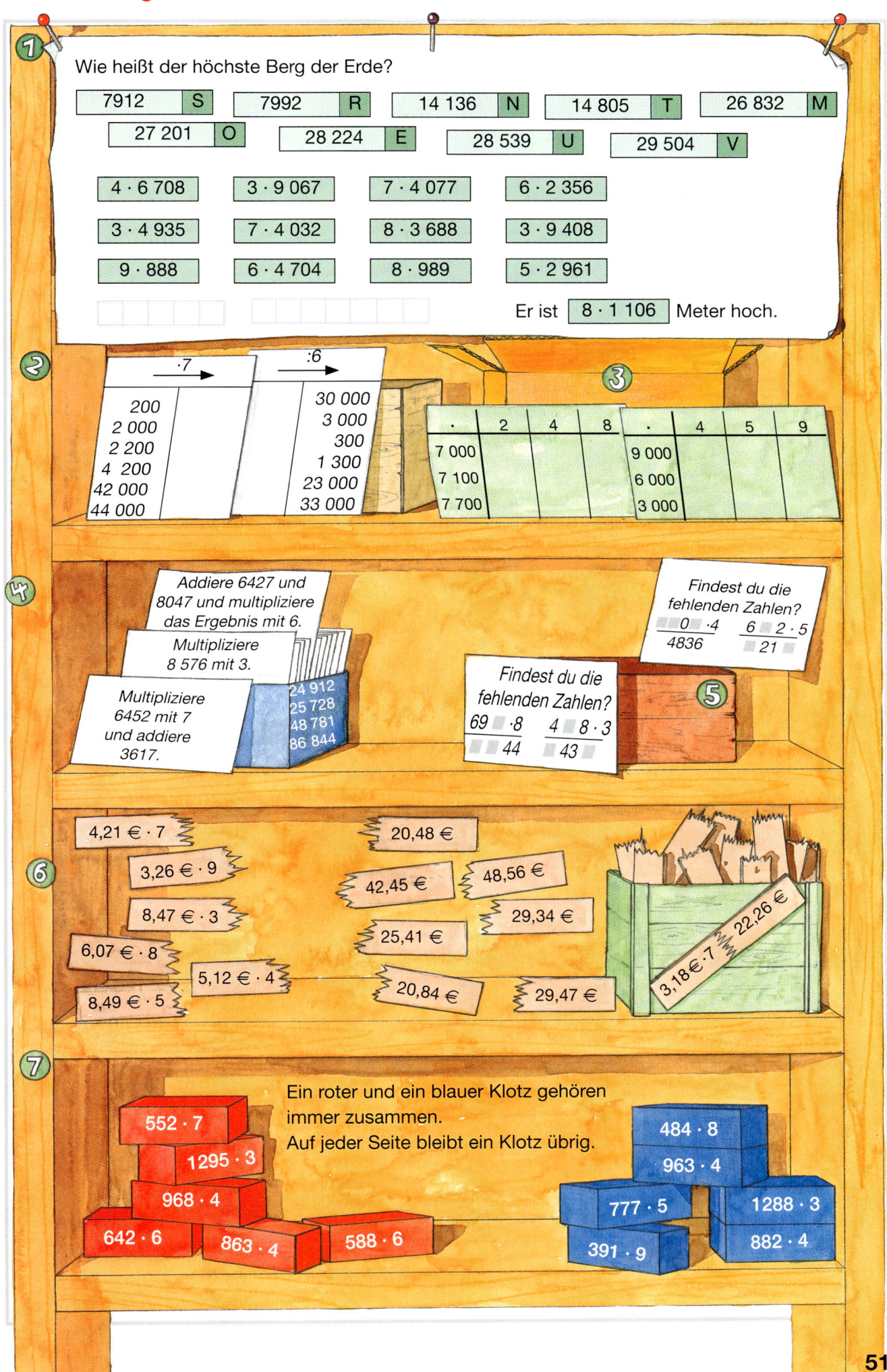

1 Wie heißt der höchste Berg der Erde?

| 7912 | S | 7992 | R | 14 136 | N | 14 805 | T | 26 832 | M |
| 27 201 | O | 28 224 | E | 28 539 | U | 29 504 | V |

4 · 6 708   3 · 9 067   7 · 4 077   6 · 2 356

3 · 4 935   7 · 4 032   8 · 3 688   3 · 9 408

9 · 888   6 · 4 704   8 · 989   5 · 2 961

Er ist 8 · 1 106 Meter hoch.

2

·7 →

| 200 |
| 2 000 |
| 2 200 |
| 4 200 |
| 42 000 |
| 44 000 |

:6 →

| 30 000 |
| 3 000 |
| 300 |
| 1 300 |
| 23 000 |
| 33 000 |

3

·	2	4	8
7 000			
7 100			
7 700			

·	4	5	9
9 000			
6 000			
3 000			

4
- Addiere 6427 und 8047 und multipliziere das Ergebnis mit 6.
- Multipliziere 8 576 mit 3.
- Multipliziere 6452 mit 7 und addiere 3617.

24 912
25 728
48 781
86 844

5 Findest du die fehlenden Zahlen?

■■0 ·4   6■ 2 ·5
―――   ―――
4836   ■ 21

Findest du die fehlenden Zahlen?

69■ ·8   4■ 8 ·3
―――   ―――
■ 44   43■

6

4,21 € · 7   20,48 €
3,26 € · 9   42,45 €   48,56 €
8,47 € · 3   29,34 €
6,07 € · 8   25,41 €
     5,12 € · 4
8,49 € · 5   20,84 €   29,47 €   3,18 € : 7   22,26 €

7 Ein roter und ein blauer Klotz gehören immer zusammen. Auf jeder Seite bleibt ein Klotz übrig.

552 · 7
1295 · 3
968 · 4
642 · 6   863 · 4   588 · 6

484 · 8
963 · 4
777 · 5   1288 · 3
391 · 9   882 · 4

Symmetrie

Überall kannst du Symmetrie finden.

1. a) Suche symmetrische Gegenstände und Abbildungen.
   b) Zeichne symmetrische Formen und Muster oder schneide sie aus.
   c) Zeichne die Symmetrieachsen ein.

2. Wie viele Symmetrieachsen hat jede Figur? Zeichne in dein Heft.

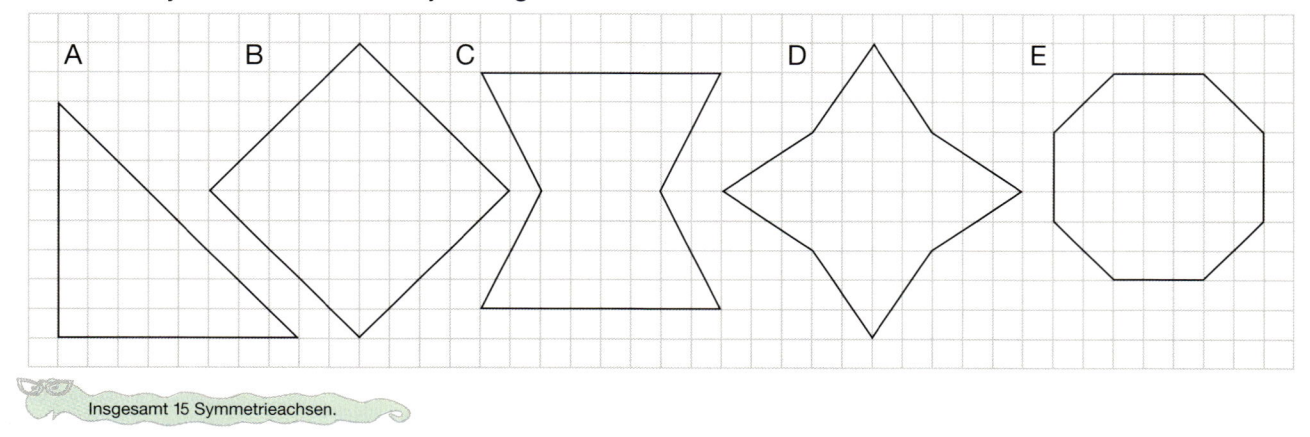

   A   B   C   D   E

   Insgesamt 15 Symmetrieachsen.

3. Zeichne Figuren mit mehreren Symmetrieachsen auf Kästchenpapier.

4. Falte ...

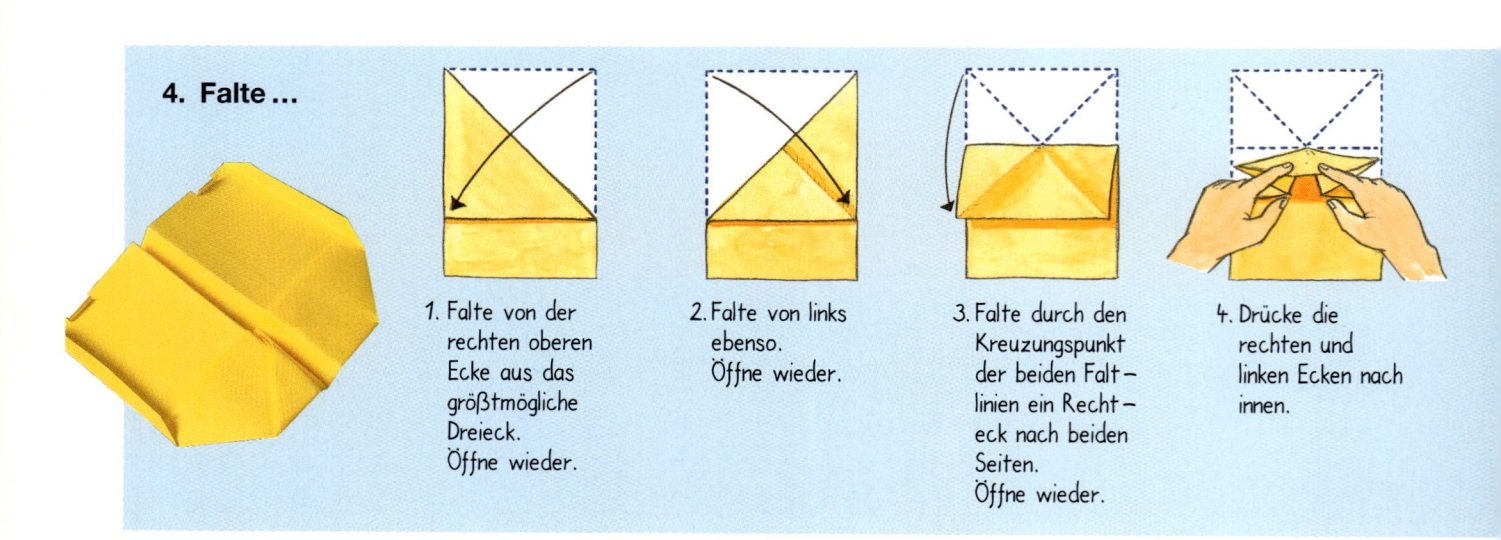

   1. Falte von der rechten oberen Ecke aus das größtmögliche Dreieck. Öffne wieder.
   2. Falte von links ebenso. Öffne wieder.
   3. Falte durch den Kreuzungspunkt der beiden Faltlinien ein Rechteck nach beiden Seiten. Öffne wieder.
   4. Drücke die rechten und linken Ecken nach innen.

Muster

Deko-Stickers
Ein neues Design für alte Kacheln-selbstklebende Fliesendekore für alle Kacheln der Größe 15 x 15 cm,
1 Quadrat, rot/schwarz € **6,45**

Symmetrische Muster sind schön!

1. Beschreibe das Fliesendekor.
   Wie viele Symmetrieachsen hat das Muster?

2. Entwirf Muster für Kacheln.
   a) mit einer Symmetrieachse
   b) mit zwei Symmetrieachsen
   c) ohne Symmetrieachse
   d) mit vier Symmetrieachsen

3. a) Zeichne die Muster und ergänze spiegelbildlich. Prüfe mit dem Spiegel.
   A   B 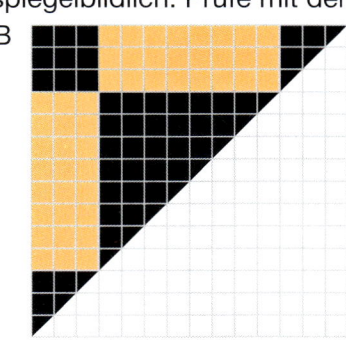   C

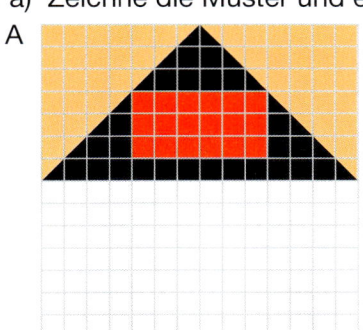

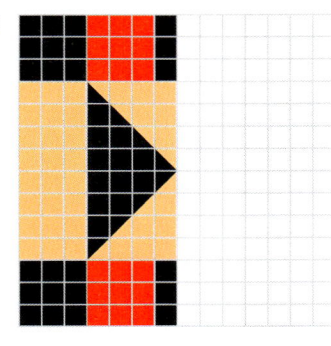

   b) Überwiegt jeweils die schwarze oder die farbige Fläche im Muster?

4. Zeichne die Muster. Spiegele zuerst an der roten Achse, dann an der blauen.
   Gibt es noch mehr Symmetrieachsen? Probiere mit dem Spiegel.
   A   B 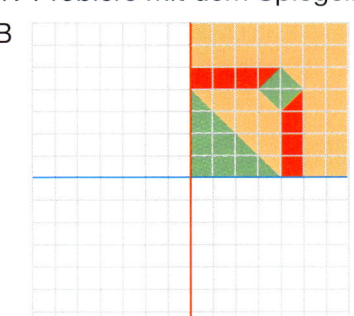   C

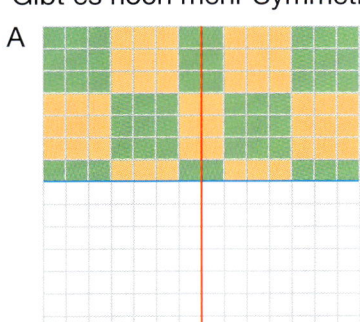

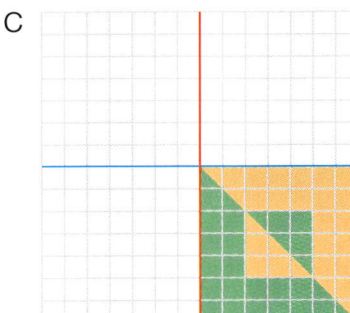

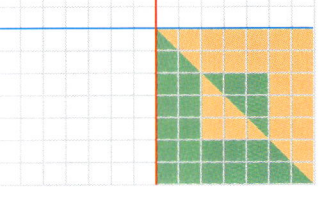

Warum musst du die Schwalbe immer symmetrisch falten?

... eine Schwalbe.

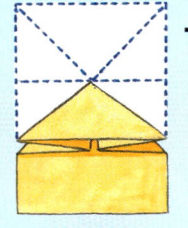

5. Es entsteht ein Dreieck.

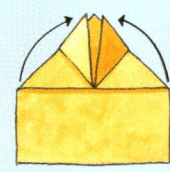

6. Nun falte die unteren offenen Spitzen nach oben.

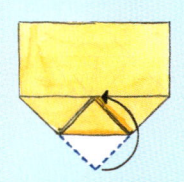

7. Drehe das Blatt so, dass die Spitze nach unten zeigt. Nun falte die Spitze nach oben.

8. Falte die mittlere Längsachse.

9. Schneide Steuerklappen ein und falte den Papierflieger dann an den gestrichelten Linien.

53

Waagerecht – lotrecht – senkrecht – rechter Winkel

"Das Regal steht schief."

"Waagerecht?"

1. a) Die Wasserwaage hilft beim Aufstellen und Aufhängen von Regalen. Erkläre.
   b) Die Pendelleuchte hängt lotrecht. Was bedeutet das?

2. Baut euch ein Lot. Damit könnt ihr prüfen, ob Gegenstände lotrecht hängen oder stehen.

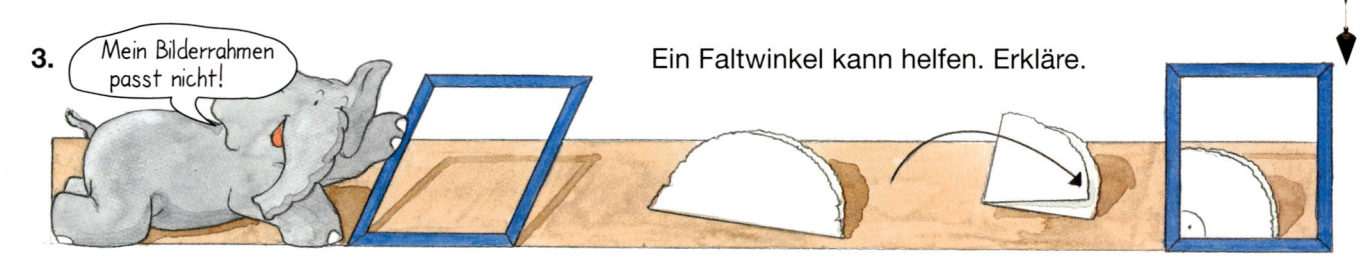

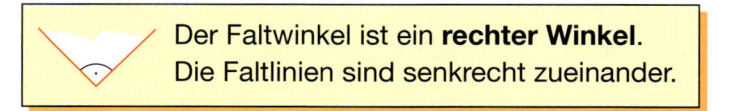

3. "Mein Bilderrahmen passt nicht!"

   Ein Faltwinkel kann helfen. Erkläre.

   > Der Faltwinkel ist ein **rechter Winkel**.
   > Die Faltlinien sind senkrecht zueinander.

4. Welche Gegenstände haben rechte Winkel? Prüfe.

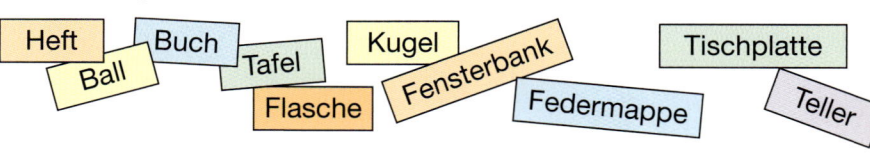

   Heft · Buch · Ball · Tafel · Kugel · Flasche · Fensterbank · Federmappe · Tischplatte · Teller

   Der schiefe Turm von Pisa

5. Sucht in eurer Umgebung rechte Winkel.

6. Zeichne die Leiter. Wie viele rechte Winkel hat sie?

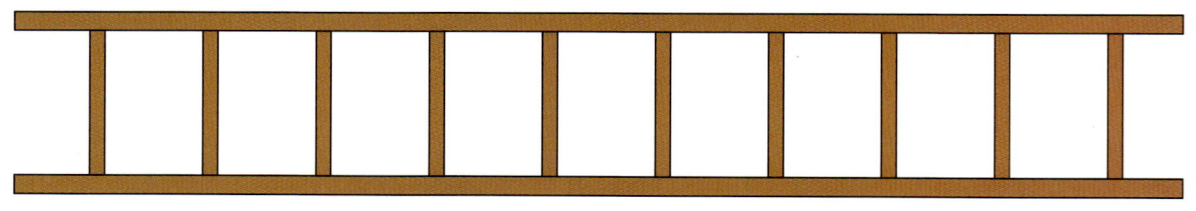

54

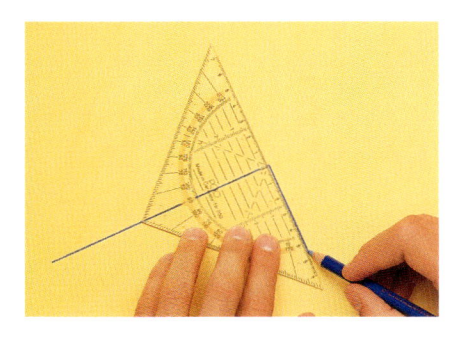

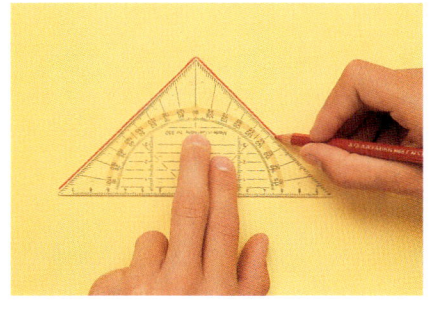

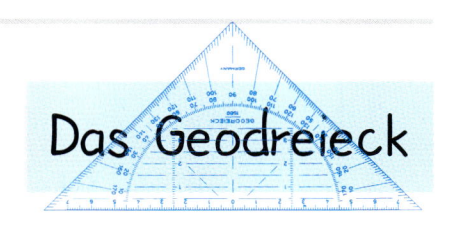

Rechter Winkel

Das Geodreieck

1. Zeichne mit dem Geodreieck rechte Winkel auf beide Arten.
Vergleiche.

2. Legt mehrere Geodreiecke zusammen. Beschreibt die Figuren.

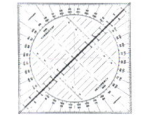

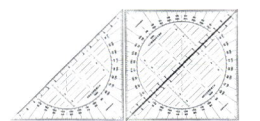

3. Zeichne ein Rechteck von 7 cm Länge und 4 cm Breite.

1. Schritt   2. Schritt 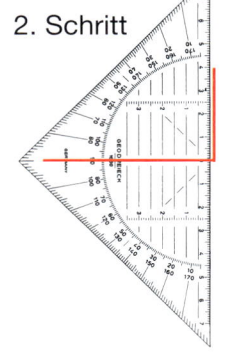   3. Schritt

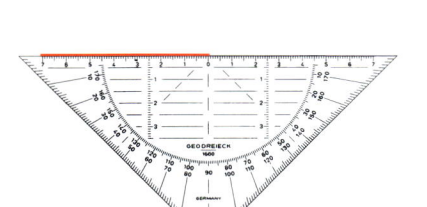

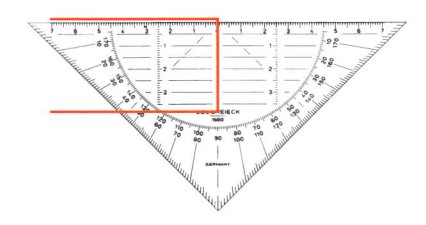

Wie geht es weiter?

4. Zeichnet Rechtecke mit dem Geodreieck.

	A	B	C	D	E	F	G	H	I
Länge	5 cm	6 cm	12 cm	14 cm	45 mm	75 mm	100 mm	140 mm	68 mm
Breite	4 cm	6 cm	7 cm	14 cm	30 mm	15 mm	85 mm	115 mm	32 mm

5. a) Zeichne die Muster mit dem Geodreieck.

A B 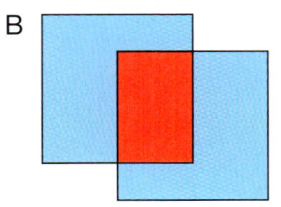 C  D

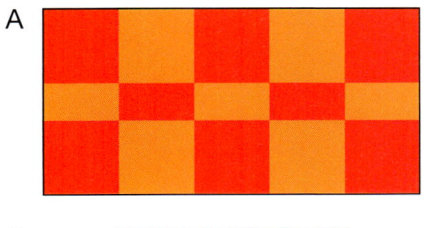

b) Entwirf eigene Muster.

6. Was wird daraus?

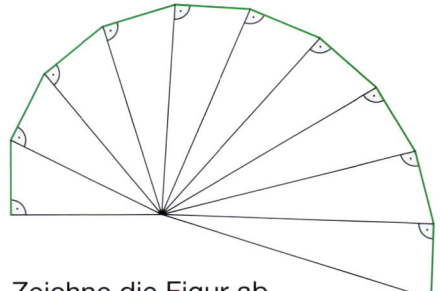

Zeichne die Figur ab.
Setze sie fort.
Achte auf die rechten Winkel.
Die grünen Strecken müssen immer 1 cm lang sein.

7. Zeichne die Strecken und schreibe die Längen in mm.

a) 3 cm   b) 11 cm   c) 17 cm   d) $2\frac{1}{2}$ cm   e) $9\frac{1}{2}$ cm   f) 10 cm 3 mm   g) 8 cm 8 mm

Parallele Linien

Überall kannst du parallele Linien finden

Wann treffen sich diese Linien?

1. Suche parallele Linien.
   Zeichne sie oder schneide Bilder aus.

2. Durch Falten kannst du einen Fächer mit parallelen Linien herstellen.

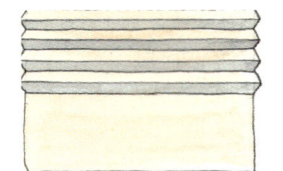

   Falte das Blatt in gleich breite Streifen.

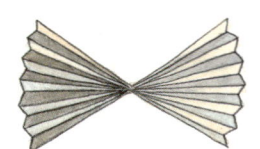

   Knicke den Fächer in der Mitte.

   Zeichne den Vogel auf farbigen Karton.

   Schneide aus und ritze ein.

   Stecke den Fächer durch die Öffnung.

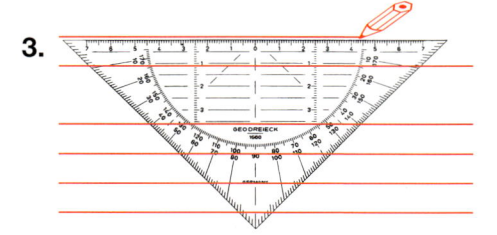

3. So kann man mit dem Geodreieck parallele Linien zeichnen und nachprüfen.

   Zeichne parallele Linien.

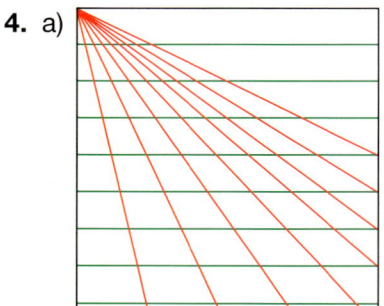

4. a) b)

   Welche Linien verlaufen parallel? Prüfe.
   Entwirf eigene Muster.

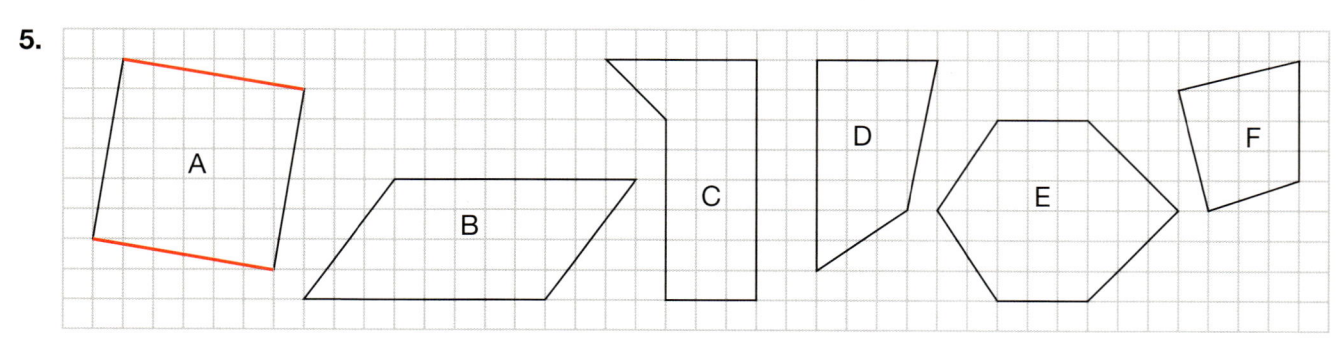

5.
   a) Zeichne die Figuren ab. Zeichne parallele Linien mit derselben Farbe nach.
   b) Wie viele rechte Winkel hat jede Figur?

   Insgesamt 10 rechte Winkel

56

Fadenbilder der Klasse 4a

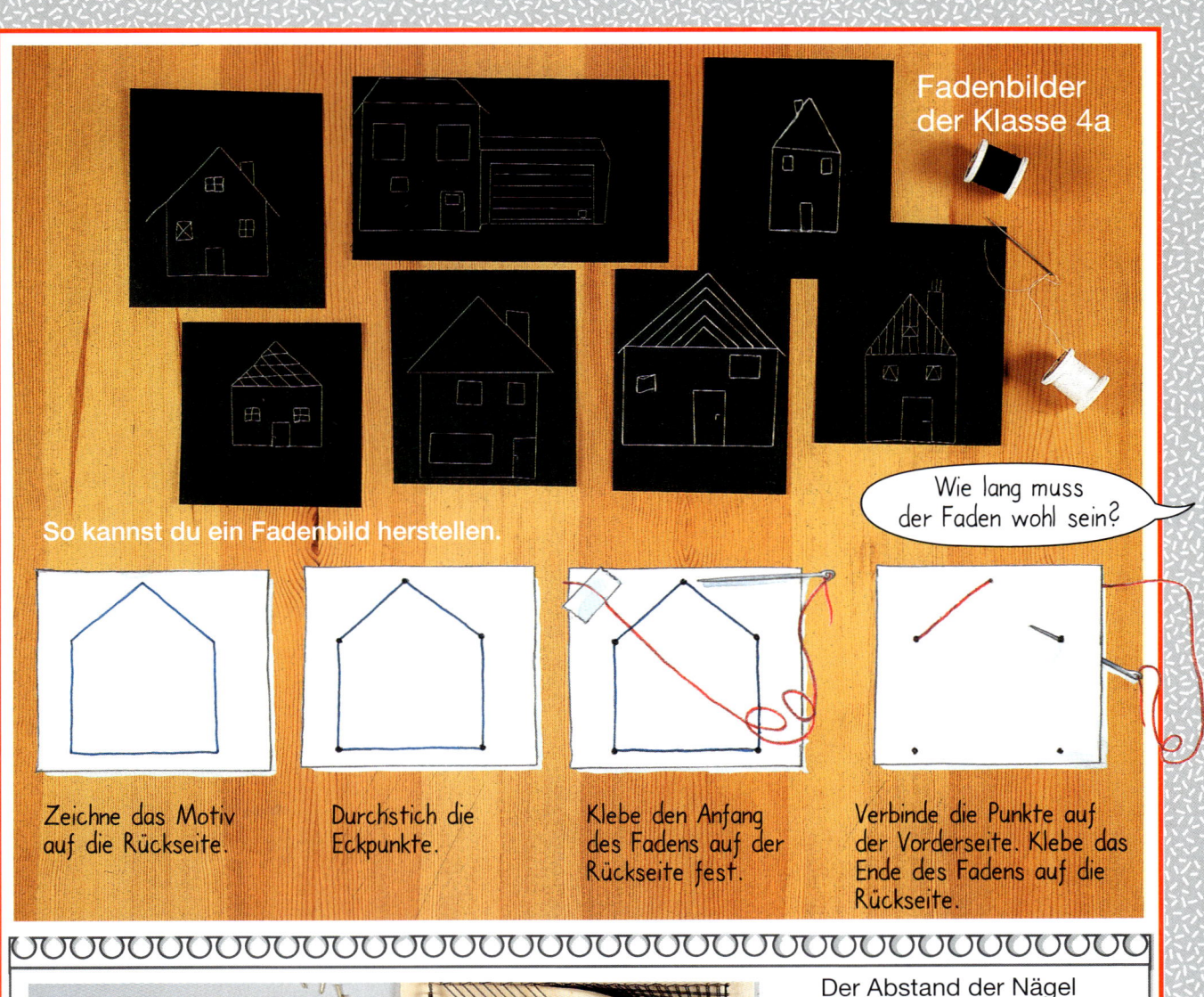

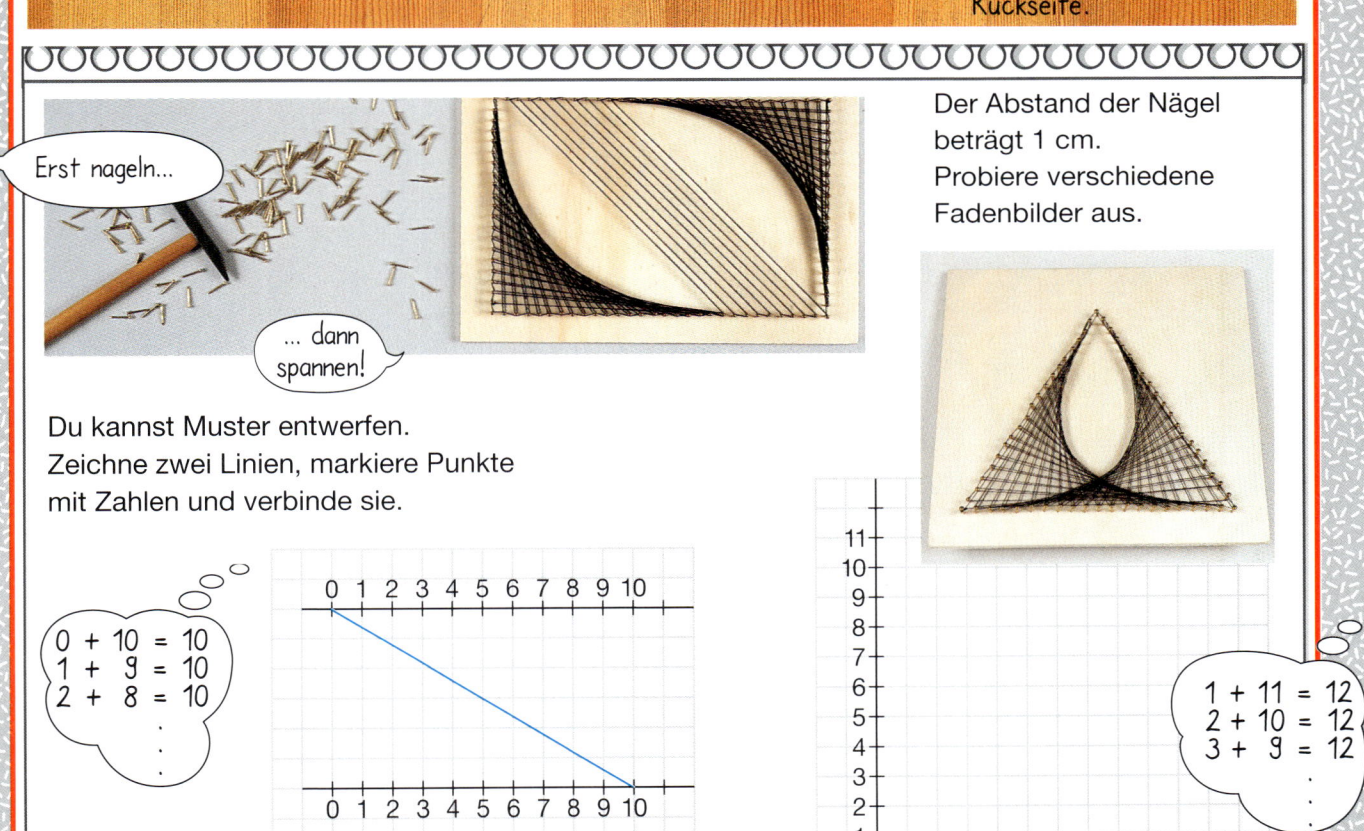

So kannst du ein Fadenbild herstellen.

Wie lang muss der Faden wohl sein?

Zeichne das Motiv auf die Rückseite.

Durchstich die Eckpunkte.

Klebe den Anfang des Fadens auf der Rückseite fest.

Verbinde die Punkte auf der Vorderseite. Klebe das Ende des Fadens auf die Rückseite.

Erst nageln...

...dann spannen!

Der Abstand der Nägel beträgt 1 cm.
Probiere verschiedene Fadenbilder aus.

Du kannst Muster entwerfen.
Zeichne zwei Linien, markiere Punkte mit Zahlen und verbinde sie.

0 + 10 = 10
1 + 9 = 10
2 + 8 = 10
.
.

1 + 11 = 12
2 + 10 = 12
3 + 9 = 12
.
.

Zeichne auch Rechtecke oder Dreiecke.
Lege Punkte fest und verbinde auf verschiedene Arten.

Multiplizieren mit 10, 100, 1000

1.

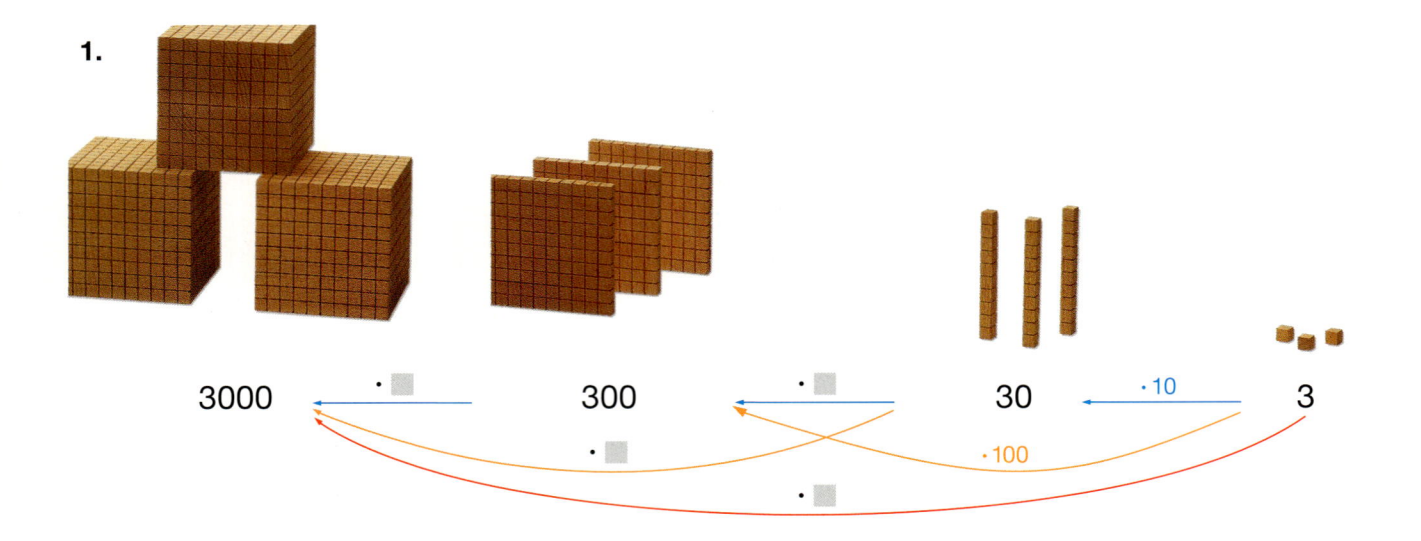

3000 ← ·☐ — 300 ← ·☐ — 30 ← ·10 — 3
(·100, ·☐ Verbindungen)

2.

a) ·10
7	
17	
217	
4 217	

b) ·100
4	
24	
204	
2 004	

c) ·100
371	
40	
9	
3 600	

d) ·1000
12	
120	
142	
2 420	

e) ·1000
47	
407	
470	
700	

Multiplizieren mit 10
10 · 624 = ☐

T H Z E
6 2 4
·10 ·10 ·10
6 2 4 0

Multiplizieren mit 100
100 · 728 = ☐

ZT T H Z E
   7 2 8
·100 ·100 ·100
7 2 8 0 0

Multiplizieren mit 1000
1000 · 491 = ☐

HT ZT T H Z E
      4 9 1
·1000 ·1000 ·1000
4 9 1 0 0 0

3.
a) 10 · 763 = ☐
   10 · 63 = ☐
   10 ·   3 = ☐
   10 · 1763 = ☐

b) 100 · 2 546 = ☐
   100 · 412 = ☐
   100 ·   38 = ☐
   100 · 630 = ☐

c) 1000 · 58 = ☐
   1000 · 301 = ☐
   1000 · 400 = ☐
   1000 ·   6 = ☐

d) 1000 · 701 = ☐
   100 · 701 = ☐
   10 · 701 = ☐
   100 · 710 = ☐

4.
a) ☐ · 64 = 6 400
   ☐ · 64 = 64 000
   ☐ · 64 = 640
   ☐ · 640 = 6 400

b) ☐ · 369 = 36 900
   ☐ · 369 = 3 690
   ☐ · 369 = 369 000
   ☐ · 369 = 0

c) ☐ · 608 = 60 800
   ☐ ·   4 = 4 000
   ☐ · 930 = 9 300
   ☐ · 59 = 59 000

d) ☐ · 3 291 = 32 910
   ☐ · 807 = 807 000
   ☐ · 6 070 = 60 700
   ☐ · 48 = 4 800

5. Immer das Zehnfache. Setze die Zahlenfolgen fort.

3, 30, 300,   24, 240,   401, 4010,   72, 720,   1, 10,

Wie weit kommst du?

6.
a) Im April hat Herr Schneider 65 kg Kartoffeln gelegt. Im Juli hat er 10-mal so viel geerntet.
b) Auf einem großen Feld werden 950 kg Kartoffeln gelegt. Wie viel wird geerntet?
c) 80 kg Gerste wurden gesät. 780 kg wurden geerntet. Wievielmal so viel ist das etwa?

Dividieren durch 10, 100, 1000

1.

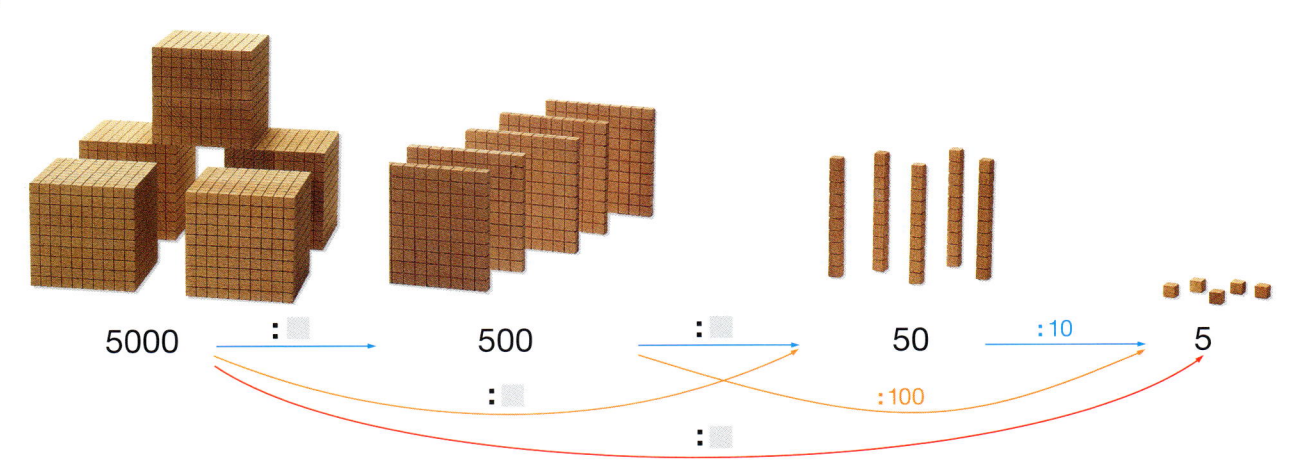

5000 :☐ → 500 :☐ → 50 :10 → 5
:☐ :100
:☐

2.

a) :10
| 80 |
| 800 |
| 8 000 |
| 80 000 |

b) :100
| 900 |
| 2 900 |
| 29 000 |
| 90 000 |

c) :100
| 1 300 |
| 41 600 |
| 600 000 |
| 47 000 |

d) :1000
| 300 000 |
| 33 000 |
| 3 000 |
| 303 000 |

Dividieren durch 10
6 490 : 10 = ☐

T H Z E
6 4 9 0
 :10 :10 :10
 6 4 9

Dividieren durch 100
80 700 : 100 = ☐

ZT T H Z E
8 0 7 0 0
 :100 :100 :100
 8 0 7

Dividieren durch 1000
419 000 : 1000 = ☐

HT ZT T H Z E
4 1 9 0 0 0
 :1000 :1000 :1000
 4 1 9

3.
a) 390 : 10 =
3 900 : 10 =
39 000 : 10 =
30 900 : 10 =

b) 56 900 : 100 =
324 600 : 100 =
900 000 : 100 =
800 : 100 =

c) 9 000 : 1000 =
29 000 : 1000 =
451 000 : 1000 =
1 000 000 : 1000 =

d) 70 000 : 1000 =
7 000 : 100 =
700 : 10 =
700 000 : 100 =

4.
a) ☐ : 100 = 29
☐ : 100 = 290
☐ : 100 = 209
☐ : 100 = 2 900

b) ☐ : 10 = 618
☐ : 10 = 7
☐ : 10 = 9 019
☐ : 10 = 12 345

c) ☐ : 1000 = 999
☐ : 1000 = 99
☐ : 1000 = 9
☐ : 1000 = 909

d) ☐ : 1000 = 480
☐ : 100 = 480
☐ : 100 = 4 800
☐ : 10 = 4 080

5. Immer der zehnte Teil. Setze fort.

900 000, 90 000 | 847 000, 84 700 | 1 000 000, 100 000, | 80 000, 8 000, | 70 700,

6.
a) Bauer Jansen hat 740 kg Kartoffeln geerntet. Den zehnten Teil behielt er für seine Familie.
b) Die Genossenschaft hat 246 000 kg Kartoffeln eingelagert. Der zehnte Teil davon sind Saatkartoffeln.
c) 37 t Kartoffeln wurden eingelagert. 365 kg sind verdorben. Welcher Teil ist das etwa?

Multiplizieren und Dividieren mit Zehnerzahlen (Hunderterzahlen, Tausenderzahlen)

1.  Bei einem Waldbrand wird eine Leitung aus 160 Schläuchen verlegt. Jeder Schlauch ist 20 m lang. Wie weit wird das Wasser geleitet?

160 · 20 = ▢

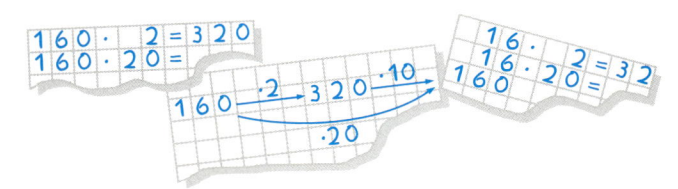

160 · 2 = 320
160 · 20 =

160 · 2 → 320 · 10
         · 20

16 · 2 = 32
16 · 20 =
160

Die Leitung ist ▢ m lang.

2.
a) 50 · 30 = ▢
60 · 30 = ▢
70 · 30 = ▢

b) 40 · 700 = ▢
40 · 800 = ▢
40 · 900 = ▢

c) 30 · 80 = ▢
30 · 800 = ▢
30 · 8 000 = ▢

d) 400 · 600 = ▢
700 · 30 = ▢
80 · 700 = ▢

e) 900 · 800 = ▢
90 · 2 000 = ▢
9 · 30 000 = ▢

3. 
- Auf meinem Schlauchwagen habe ich noch 1 800 m Druckschläuche.
- Unsere Pumpe schafft 400 Liter in der Minute. Sie läuft seit 14 Minuten.
- Im Teich sind noch etwa 240 000 Liter Wasser. Unsere Pumpe fördert 800 Liter pro Minute.

H 100
  | 3,2
1,4|

4.
a) 2 800 : 40 = ▢
28 000 : 40 = ▢
2 800 : 400 = ▢
5 600 : 400 = ▢

b) 3 500 : 7 = ▢
3 500 : 70 = ▢
3 500 : 700 = ▢
35 000 : 50 = ▢

c) 24 000 : 6 000 = ▢
64 000 : 800 = ▢
7 200 : 90 = ▢
360 000 : 400 = ▢

a) 2800 : 10 = 280
   280 : 4 =

a) 2800 : 4 =
   700 : 10 =

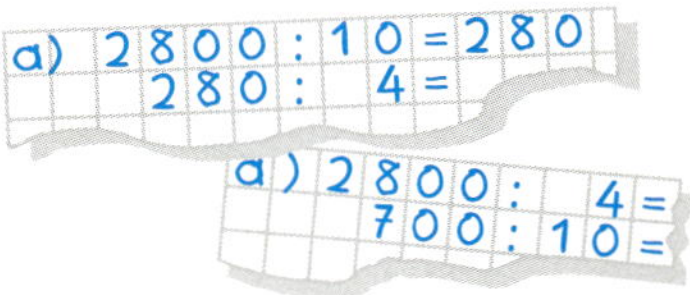

5. Ein Atemschutzgerät enthält 1600 Liter Atemluft. Bei leichter Arbeit benötigt man 20 Liter pro Minute, bei schwerer Arbeit bis zu 80 Liter.

6. a) [70] [60] [400] • [30] [600]
b) [18 000] [24 000] [36 000] : [600] [3 000]

7.  7 · 4 = ▢   48 : 6 = ▢
9 · 3 = ▢   72 : 9 = ▢

Rechne dazu Aufgaben mit Zehnerzahlen (Hunderter-, Tausenderzahlen).

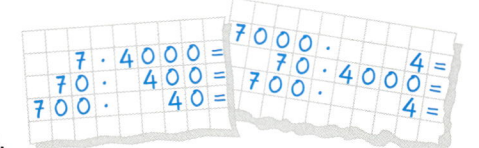

7 · 4000 =
70 · 400 =
700 · 40 =
7000 · 4 =
70 · 4000 =
700 · 400 =

8.
a) 600 · 70 = ▢
   ↓·10 ↓:10
   6 000 · 7 = ▢

b) 800 · 90 = ▢
   ↓   ↓
   ▢ · ▢ = ▢

c) 60 · 9 000 = ▢
   ↓   ↓
   ▢ · ▢ = ▢

d) 800 · 700 = ▢
   ↓   ↓
   ▢ · ▢ = ▢

e) 6 000 · 60 = ▢
   ↓   ↓
   ▢ · ▢ = ▢

f) 70 · 400 = ▢
   ↓   ↓
   ▢ · ▢ = ▢

Wenn du die Zahlen passend änderst, geht es leichter.

Sachrechnen – Rechenbäume

Computer-Eck

- Farbmonitor 14 Zoll 360,- €
- Betriebssystem 110,- €
- Maus 18,- €
- Farbmonitor groß 540,- €
- Mini-Tower 1 150,- €
- Spiele je 28,- €

Komplett-Paket 1 600,- €
Mini-Tower
Maus
Farbmonitor 14 Zoll
Betriebssystem

1. Erzähle – frage – rechne – antworte.

2. Vater kauft das Komplettpaket und dazu 4 Spiele.

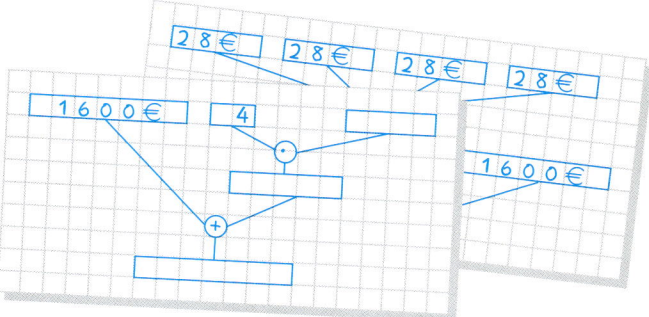

3. Vergleiche die Einzelpreise und das Komplettpaket. Zeichne einen Rechenbaum.

4. Berechne immer den Gesamtpreis.

a) Mini-Tower, 2 Spiele, Monitor 14 Zoll

b) Komplettpaket, 5 Spiele

c) Mini-Tower, großer Farbmonitor

d) Farbmonitor, Betriebssystem, Maus

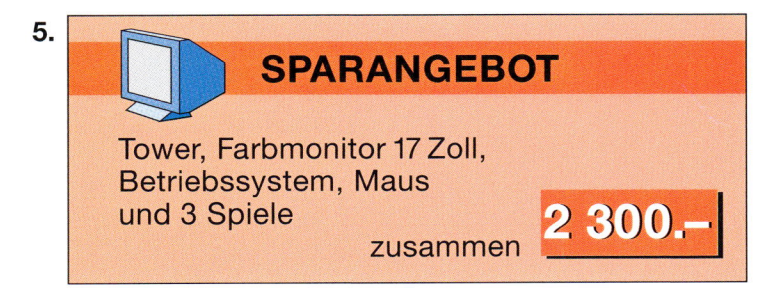

5. **SPARANGEBOT**
Tower, Farbmonitor 17 Zoll, Betriebssystem, Maus und 3 Spiele zusammen **2 300.-**

Deborah vergleicht das Sparangebot mit den Preisen im Computer-Eck.

6. Der Computermarkt „Bit" bietet an: Tower, Monitor, Betriebssystem.
Anzahlung 285 €, Rest in 9 Monatsraten zu je 170 €.
Zeichne den vollständigen Rechenbaum.

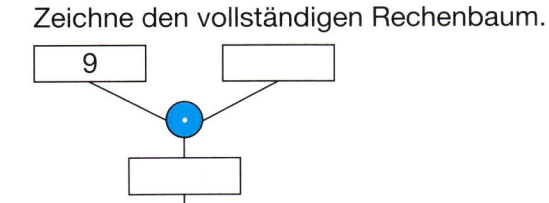

Ich habe den Rechenbaum anders begonnen.

7.
a) 40 000 : 2 =
40 000 : 20 =
40 000 : 200 =
40 000 : 2 000 =
40 000 : 20 000 =

b) 630 000 : 70 000 =
630 000 : 7 000 =
630 000 : 700 =
630 000 : 70 =
630 000 : 7 =

c) 240 000 : 8 000 =
240 000 : 300 =
240 000 : 40 =
240 000 : 600 =
240 000 : 1 200 =

Addieren und Subtrahieren

1.

Verkehrszählung 20. Februar

Zeit / Fahrzeuge	9.00 bis 10.00	10.00 bis 11.00	Gesamt
Pkws	256	287	543
Lkws/Busse	48	54	
Krafträder	2		9
Gesamt		348	

Verkehrszählung 27. März

Zeit / Fahrzeuge	9.00 bis 10.00	10.00 bis 11.00	11.00 bis 12.00	Gesamt
Pkws	291	314		943
Lkws/Busse	27		49	119
Krafträder		5	3	
Gesamt	320	362	390	

Berechne die fehlenden Zahlen.

2. 943 – 291 – 314 =

Ines: 943 – 291 = 652; 652 – 314

Adrian: 291 + 314 = 605; 943 – 605

Lena: 943 – 291 – 314 = 338

Lena: „Ich spreche 4, 5 plus 8 gleich 13; 2, 11 plus 3 gleich 14; 4, 6 plus 3 gleich 9."

Vergleiche die Rechenwege.

3. Subtrahiere schriftlich. Wähle selbst den Rechenweg.
- a) 714 – 412 – 109
- b) 1 200 – 198 – 86
- c) 1 403 – 216 – 307
- d) 2 120 – 977 – 582
- e) 17 205 – 12 109 – 395
- f) 25 300 – 10 417 – 4 290
- g) 69 117 – 8 507 – 30 260
- h) 95 697 – 18 479 – 9 839
- i) 100 000 – 17 407 – 509
- j) 263 215 – 216 – 50 398
- k) 73 403 – 7 303 – 17 403
- l) 555 555 – 88 888 – 7 777

193   561   880   916   4 701   10 593   30 350   48 697   67 379   82 084   120 601   212 601   458 890

4. Subtrahiere. Was fällt dir auf?
- a) 76 500 – 3 812 – 6 188
- b) 43 128 – 1 111 – 8 889
- c) 61 519 – 4 295 – 5 705
- d) 368 215 – 127 350 – 72 650
- e) 417 562 – 55 555 – 144 445
- f) 784 093 – 191 783 – 8 217
- g) 400 000 – 17 318 – 282 681
- h) 485 716 – 172 909 – 127 090
- i) 582 314 – 290 358 – 9 641

33 128   51 519   66 500   100 001   168 215   185 717   217 562   282 315   582 315   584 093

5.
- a) 1 150 + 17 350 + 21 500
- b) 1 261 + 18 461 + 20 278
- c) 1 372 + 19 572 + 19 056
- d) 73 418 + 121 329 + 105 253
- e) 71 296 + 309 107 + 119 597
- f) 69 074 + 87 985 + 142 941
- g) 128 217 + 109 428 + 262 355
- h) 139 328 + 10 539 + 150 133
- i) 250 439 + 221 650 + 27 911

40 000   300 000   400 000   500 000   Jedes Ergebnis kommt dreimal vor.

6.

| 51 290 | 128 370 | 190 418 | 43 118 | 175 386 | 134 217 | 89 795 | 93 520 | 62 784 |

a) Wähle 3 Zahlen aus und addiere sie. Das Ergebnis soll möglichst nahe bei 200 000 liegen.
b) Wähle 4 Zahlen aus und addiere sie. Das Ergebnis soll möglichst nahe bei 600 000 liegen.

7.
a) Bei einer Verkehrskontrolle wurden 217 Fahrzeuge kontrolliert. Darunter waren 142 Pkws und 35 Motorräder. Der Rest waren Lkws.

b) Von 718 kontrollierten Fahrzeugen wiesen 193 leichte Mängel auf, 42 hatten schwere Mängel.

c) Die Verkehrswacht verkaufte im Februar 143 Fahrradhelme, im März 298 und im April 89.

Addieren und Subtrahieren von Kommazahlen

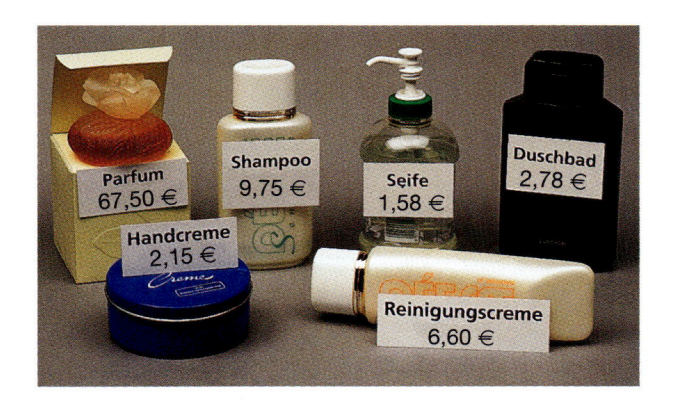

1. Wie viel kostet es zusammen?
  a) Handcreme, Reinigungscreme
  b) Shampoo, Seife, Handcreme
  c) Parfum, Reinigungscreme, Duschbad
  d) Seife, Reinigungscreme, Shampoo
  e) 2 Flaschen Duschbad, Handcreme, Seife
  f) 2 Dosen Handcreme, 2 Flaschen Shampoo, Seife und Parfum
  g) 2 Flaschen Duschbad, Parfum, Shampoo und Seife

Parfum 67,50 €
Shampoo 9,75 €
Seife 1,58 €
Duschbad 2,78 €
Handcreme 2,15 €
Reinigungscreme 6,60 €

2.
  a) 3,28 € + 0,98 € + 5,98 €
  b) 17,09 € + 104,98 € + 2,10 €
  c) 104,50 € + 45,07 € + 25,95 €
  d) 0,95 € + 14,50 € + 198,00 €
  e) 255,80 € – 43,81 € – 106,90 €
  f) 109,50 € – 59,45 € – 49,95 €
  g) 145,30 € – 48,90 € – 83,85 €
  h) 300,00 € – 195,80 € – 18,98 €

0,10 € 10,24 € 12,55 € 85,22 € 105,09 € 115,22 € 124,17 € 175,52 € 213,45 €

3.
  a) 17,300 km + 0,450 km + 3,750 km
  b) 104,750 km + 17,750 km + 1,750 km
  c) 99,900 km + 9,090 km + 0,909 km
  d) 0,800 km + 105,100 km + 10,510 km
  e) 10,000 km – 3,700 km – 0,370 km
  f) 150,000 km – 15,000 km – 1,500 km
  g) 35,800 km – 3,580 km – 0,580 km
  h) 155,500 km – 15,550 km – 1,555 km

5,930 km 21,500 km 31,640 km 109,899 km 116,410 km 123,395 km 124,250 km 133,500 km 138,395 km

4.
  a) 4,350 kg + 2,450 kg + 3,200 kg
  b) 2,090 kg + 1,875 kg + 6,035 kg
  c) 5,210 kg + 3,680 kg + 11,110 kg
  d) 0,890 kg + 4,990 kg + 2,048 kg
  e) 5,320 kg – 1,490 kg – 1,830 kg
  f) 8,250 kg – 4,900 kg – 1,350 kg
  g) 7,490 kg – 0,500 kg – 6,890 kg
  h) 10,000 kg – 2,980 kg – 6,950 kg

0,070 kg 0,100 kg 2 kg 2 kg 7,928 kg 10 kg 10 kg 15,100 kg 20 kg

5. a) 2 t | 850 kg | 2,500 t **+** $1\frac{1}{2}$ t | 1 t 900 kg
   b) 5 t | 7 t 500 kg | 3 t 900 kg **–** 900 kg | 3 t

6. Rechne um und addiere dann.
  a) 2 € / 45 ct / 3,90 €
  b) $\frac{1}{2}$ kg / 300 g / 4 kg
  c) 980 kg / 5 t / $\frac{1}{4}$ t
  d) 4 dm / 17 cm / $\frac{1}{2}$ m
  e) 15 mm / 2 cm / 1 dm
  f) 5 km / 1,500 km / 800 m / $\frac{1}{2}$ km
  g) 150 ct / 3,90 € / $\frac{1}{4}$ € / 2 €
  h) 4 kg / $\frac{3}{4}$ kg / 250 g / 1,750 kg
  i) $\frac{3}{4}$ km / 10 km / 900 m / 5,350 km
  j) $\frac{1}{2}$ dm / 2 m / 0,30 m / 2 cm

7. a) Frau Elmer hat 200 €. Sie kauft Parfum für 95 € und ein Deo für 32,90 €.
  b) Herr Berner hat 120 €. Er kauft Rasierwasser für 22,50 € und Seife für 4,90 €.

63

Von Bonn nach Bingen

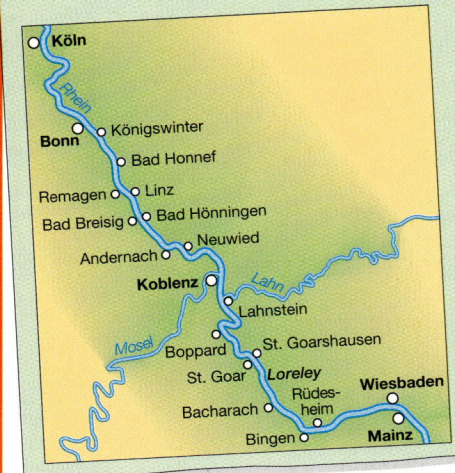

Schifffahrtsgesellschaft Rhein – Mosel

Fahrpreis:
Bonn – Bingen   55,- €
Bonn – Bingen
mit Rückfahrt   70,- €
Zuschlag für Tragflügelboot
für jede Strecke   19,- €

Neu!

Kinder täglich für nur € 1,10

Für jedes Kind von 4 bis einschl. 13 Jahren in Familienbegleitung (ausg. Tragflügelboot). Die Fahrt geht so lange und so weit wie die Kinder wollen. Gratis-Fahrt für Kinder unter 4 Jahren.

Am Geburtstag zum Nulltarif

Alle Geburtstagskinder erhalten von uns einen Fahrschein für unsere Ausflugsschiffe (ausg. Tragflügelboot).

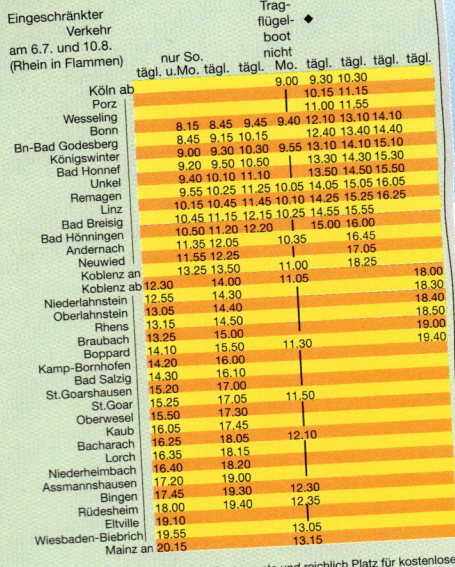

	Eingeschränkter Verkehr am 6.7. und 10.8. (Rhein in Flammen)	nur So. u.Mo. tägl.	tägl.	tägl.	Tragflügel-boot nicht tägl.	tägl.	tägl.	tägl.
Köln ab					9.00	9.30	10.30	
Porz						10.15	11.15	
Wesseling						11.00		
Bonn		8.15	8.45	9.45	9.40	12.10	13.10	14.10
Bn-Bad Godesberg		8.45	9.15	10.15		12.40	13.40	14.40
Königswinter		9.00	9.30	10.30	9.55	13.10	14.10	15.10
Bad Honnef		9.20	9.50	10.50		13.30	14.30	15.30
Unkel		9.40	10.10	11.10		13.50	14.50	15.50
Remagen		9.55	10.25	11.25	10.05	14.05	15.05	16.05
Linz		10.15	10.45	11.45	10.10	14.25	15.25	16.25
Bad Breisig		10.45	11.15	12.15	10.25	14.55	15.55	
Bad Hönningen		10.50	11.20	12.20		15.00	16.00	
Andernach		11.35	12.05		10.35	16.45		
Neuwied		11.55	12.25			17.05		
Koblenz an		13.25	13.45		11.00	18.25		
Koblenz ab	12.30		14.00		11.05			18.00
Niederlahnstein	12.55		14.30					18.30
Oberlahnstein	13.05		14.40					18.40
Rhens	13.15		14.50					18.50
Braubach	13.25		15.00					19.00
Boppard	14.10		15.50		11.30			19.40
Kamp-Bornhofen	14.20		16.00					
Bad Salzig	14.30		16.10					
St.Goarshausen	15.20		17.00					
St.Goar	15.25		17.05		11.50			
Oberwesel	15.50		17.30					
Kaub	16.05		17.45					
Bacharach	16.25		18.05		12.10			
Lorch	16.35		18.15					
Niederheimbach	16.40		18.20					
Assmannshausen	17.20		19.00					
Bingen	17.45		19.30		12.30			
Rüdesheim	17.55		19.40		12.35			
Eltville	19.10							
Wiesbaden-Biebrich	19.55				13.05			
Mainz an	20.15				13.15			

* Großmotorschiff mit mehreren Restaurants und reichlich Platz für kostenlose Fahrrad-Mitnahme.

Reiseverbindungen — Deutsche Bahn DB

Wir wünschen Ihnen eine angenehme Reise und empfehlen Ihnen, sich vor Antritt einer Fernreise einen Platz reservieren zu lassen. Denken Sie bitte auch an den Abschluß Ihrer...
Hinweis: Die ausgedruckte Reiseverbindung der elektronischen F...
zeitschnellste Verbindung. In Ausnahmefällen kann diese Verbindung...
haltene Entfernung beinhalten.
Wir bitten Sie, beim Fahrscheinkauf und bei der Platzreservierung...
Ihre Reiseunterlagen dem Reiseweg entsprechend erstellt werden...

VON	Bonn Hbf	NACH	Bingen (Rhein) Hbf
BAHNHOF	AN	AB	ZUG
Bonn Hbf		08:20	EC 5
Koblenz Hbf	08:50	08:57	RB 6011
Bingen (Rhein) Hbf	09:51		

FAHRSCHEIN Bonn – Bingen

DB EINFACHE FAHRT
Gültig ab 17.01.99 Hinf. bis 20.01.99

Kind – halber Fahrpreis
über Ko

DB EINFACHE FAHRT
Gültig ab 17.01.99 Hinf. bis 20.01.99
über Ko

Preis € ***16,00

Bonn – Koblenz   70 km
Koblenz – Bingen   62 km

Mein Auto braucht für 100 km 7 l Benzin. Ich fahre in einer Stunde 60 km.

A Wie lange fährt man von Bonn nach Bingen mit dem Ausflugsschiff? Wie lange mit dem Tragflügelboot?

B Familie Kern mit Vater, Mutter und drei Kindern fährt mit dem Ausflugsschiff von Bonn nach Bingen. Zurück fahren sie mit der Bahn. Wie viel kostet das?

C Wie lange braucht man mit dem Pkw von Bonn nach Bingen? Wie lange mit der Bahn?

D Herr Manz fährt mit der Bahn von Bonn nach Bingen und zurück mit dem Tragflügelboot. Wie viel muss er bezahlen?

E Frau Hensel und ihre 10jährige Tochter haben am selben Tag Geburtstag. An diesem Tag fahren sie mit dem Ausflugsschiff von Bonn nach Bingen und mit der Bahn zurück. Was kostet der Ausflug?

Erfinde weitere Rechengeschichten.

Sachrechnen – Textverständnis

1. Überprüfe die folgenden Aussagen.

- Von Duisburg bis Münster sind es mit dem Schiff 102 km.
- Von Münster nach Meppen ist es mit dem Schiff weiter als von Münster nach Minden.
- Von Duisburg nach Magdeburg sind es 471 km.

2. Lies die Rechengeschichten und löse die Aufgaben.

- Schiffer Marx ist 48 Jahre alt. Seit 1985 fährt er wöchentlich zweimal von Duisburg nach Magdeburg und zurück. Wie viel Kilometer fährt er in einer Woche?
- Schiffer Marx kann in seinem 80 m langen Frachtschiff 1350 t Steinkohle transportieren. Wie viel Steinkohle kann er bei 5 Fahrten höchstens transportieren?
- Die Schiffsbesatzung besteht aus 3 Personen. In einer Stunde schafft das Schiff 20 km. Wie lange fährt es von Duisburg nach Magdeburg (ohne Aufenthalte)?

Welche Zahlenangaben hast du für das Rechnen nicht gebraucht?

3.

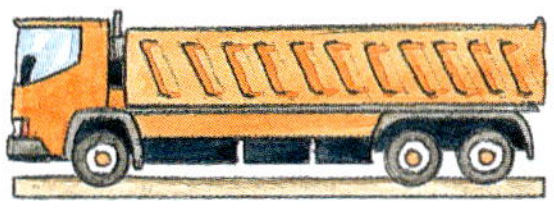

Lkw - 23 t Steinkohle    Güterzug - 15 Wagen mit je 28 t Steinkohle    Frachtschiff 1800 t Steinkohle

Welche Fragen kannst du beantworten?

- Wie viele Lkws transportieren die gleiche Menge Steinkohle wie ein Frachtschiff?
- Mit welchem Transportmittel wird die Steinkohle am schnellsten transportiert?
- Wie viel Steinkohle transportieren 5 Frachtschiffe?
- Welches Transportmittel ist am umweltfreundlichsten?
- Wie viel Steinkohle transportiert ein Güterzug?

4. $17300 \cdot 30 =$ Welche Rechengeschichte passt zu dieser Aufgabe? Rechne aus.

- 17 300 t Kohle werden auf 30 Schiffe geladen. Wie viel t sind das auf jedem Schiff?
- 17 300 Schiffe kommen im Jahr in Duisburg an. Letztes Jahr waren es 30 weniger.
- An einem Tag werden 17 300 t Kohle umgeschlagen. Wie viel t sind das etwa in einem Monat?
- 17 300 Schiffe kommen in einem Jahr in Duisburg an. Welcher Kapitän ist 30 Jahre alt?

Eine Lösung – mehrere Lösungen – keine Lösung

1. Entfernung Duisburg – Magdeburg

Schiff	Bahn	Straße
471 km	412 km	410 km

Welche Fragen kannst du beantworten?

a) Mit welchem Verkehrsmittel ist die Strecke am kürzesten?

b) Wie viel Stunden mehr braucht das Frachtschiff gegenüber der Bahn?

c) Wie groß ist der Entfernungsunterschied von Bahn und Schiff?

2. Welche Aufgabe kannst du lösen?

| In den Duisburger Häfen wurden 1905 täglich 37 500 t Güter umgeladen, 1913 waren es fast schon doppelt so viel. 1974 waren es nochmals 100 000 t mehr am Tag. Wie viel t Güter wurden 1940 verladen? | Eine Maschine mit 18 t Gewicht muss zum Hafen transportiert werden. Es stehen zwei Lkws mit je 12 t Zuladung zur Verfügung. Wie kann die Maschine verladen werden? | Ein Containerschiff kann 84 Container laden. Ein voller Container wiegt durchschnittlich 18 t. Wie viel t transportiert ein voll beladenes Schiff? |

3. An einer Hafenmauer von 200 m Länge wollen 5 Frachtschiffe mit je 50 m Länge anlegen.

4. Ein Kran kann ein Frachtschiff in 4 h 30 min beladen. Es werden zwei gleich starke Kräne eingesetzt.

5. Für die Fahrt von Duisburg nach Mannheim braucht ein Frachtschiff $1\frac{1}{2}$ Tage. Wie lange brauchen 3 Frachtschiffe?

6. Ein Güterzugwagen fasst 28 t Steinkohle. Die Ladung eines Frachtschiffes mit 840 t Tragkraft soll auf einen Güterzug verladen werden. Es stehen Züge mit 20, 30 und 35 Wagen zur Verfügung.

7. a) 250 000 – 125 000 – 124 995 = ▪
   427 291 – 180 005 – 190 378 = ▪
   500 000 – 390 500 – 110 000 = ▪

   b) 433 334 – 144 441 – 233 332 = ▪
   987 654 – 687 253 – 321 009 = ▪
   469 543 – 70 118 – 563 119 = ▪

8. a) Ich denke mir eine Zahl. Sie ist kleiner als 20 und durch 7 teilbar.

   b) Ich denke mir eine Zahl. Sie ist kleiner als 10 000 und Vielfaches von 3000.

   c) Ich denke mir eine Zahl. Sie ist größer als 100 000 und durch 2 teilbar.

   d) Ich denke mir eine Zahl. Sie ist größer als 1500 und kleiner als 1200.

   e) Ich denke mir eine Zahl. Sie ist kleiner als 10 000 und teilbar durch 8000.

   f) Meine Zahl ist kleiner als 10 und Vielfaches von 12.

Ungleichungen und Gleichungen

Tragfähigkeit 40 Personen oder 3200 kg

1. Wie hoch ist bei der Seilbahn das vorgesehene Gewicht für eine Person?

2. Bei der ersten Fahrt am Morgen werden 1400 kg Ware für den Berggasthof befördert. Es wollen noch 20 Personen mitfahren.

   Können noch 20 Personen mitfahren?
   $1400 + 20 \cdot 80 < 3200$

3. Bei der zweiten Fahrt werden Rettungsmaterialien der Bergwacht mit 1000 kg Gewicht befördert. Es wollen noch 30 Personen mitfahren. <, = oder >? Schafft die Seilbahn das?

4. Bei der Fahrt um 12 Uhr werden 2 800 kg Baumaterial zum Berggasthof befördert. Wie viele Personen können noch einsteigen?

   $10 \cdot 80 = 800$
   $2000 + 800$

Baumaterial	2 800 kg
mit 1 Person	2 880 kg
mit 2 Personen	

5. Setze <, =, > ein.
   a) 2 000 + 10 · 80 ⬤ 3 200
      2 000 + 20 · 80 ⬤ 3 200
      2 000 + 20 · 80 ⬤ 3 600
   b) 1 000 + 5 · 40 ⬤ 2 000
      1 000 + 20 · 40 ⬤ 2 000
      1 000 + 30 · 40 ⬤ 2 000
   c) 3 000 + 50 · 20 ⬤ 3 500
      3 000 + 20 · 20 ⬤ 3 500
      3 000 + 10 · 50 ⬤ 3 500

6. Eine Lösung, keine Lösung, mehrere Lösungen?
   a) 20 + ▨ · 5 = 50
      20 + ▨ · 5 < 50
   b) 80 + ▨ · 3 = 100
      80 + ▨ · 3 > 100
   c) 100 − ▨ · 4 = 80
      100 − ▨ · 4 > 80
   d) 90 − ▨ · 6 = 72
      90 − ▨ · 6 < 72

7. Schreibe immer alle richtigen Ungleichungen.
   a) 400 + ▨ · 60 < 600
   b) 850 + ▨ · 30 < 1000
   c) 300 + ▨ · 80 < 400
   d) 900 − ▨ · 50 > 700
   e) 100 − ▨ · 30 > 20
   f) 450 − ▨ · 40 > 450
   g) 800 − ▨ · 70 < 300
   h) 400 − ▨ · 90 < 200
   i) 100 − ▨ · 70 > 120

   a) $400 + 0 \cdot 60 < 600$
   $400 + 1 \cdot 60 < 600$
   $400 +$

8. Suche alle passenden Zahlen.
   a) 1 500 + ▨ · 30 < 1 700
   b) 4 000 + ▨ · 50 < 4 500
   c) 2 500 + ▨ · 80 < 3 000
   d) 7 000 − ▨ · 40 > 6 500
   e) 5 000 − ▨ · 80 > 4 000
   f) 10 000 − ▨ · 60 > 9 900
   g) 9 000 − ▨ · 50 < 100
   h) 9 000 − ▨ · 50 < 50
   i) 5 000 − ▨ · 50 < 100

   a) 0, 1, 2,

250 − ☐ > 180

Spiele mit drei Würfeln.
Multipliziere die gewürfelten Zahlen miteinander.
Prüfe, ob die Ergebniszahl in die Ungleichung passt.
Wenn du sie einsetzen kannst, erhältst du einen Punkt.

Das große DURCH-3-SPIEL

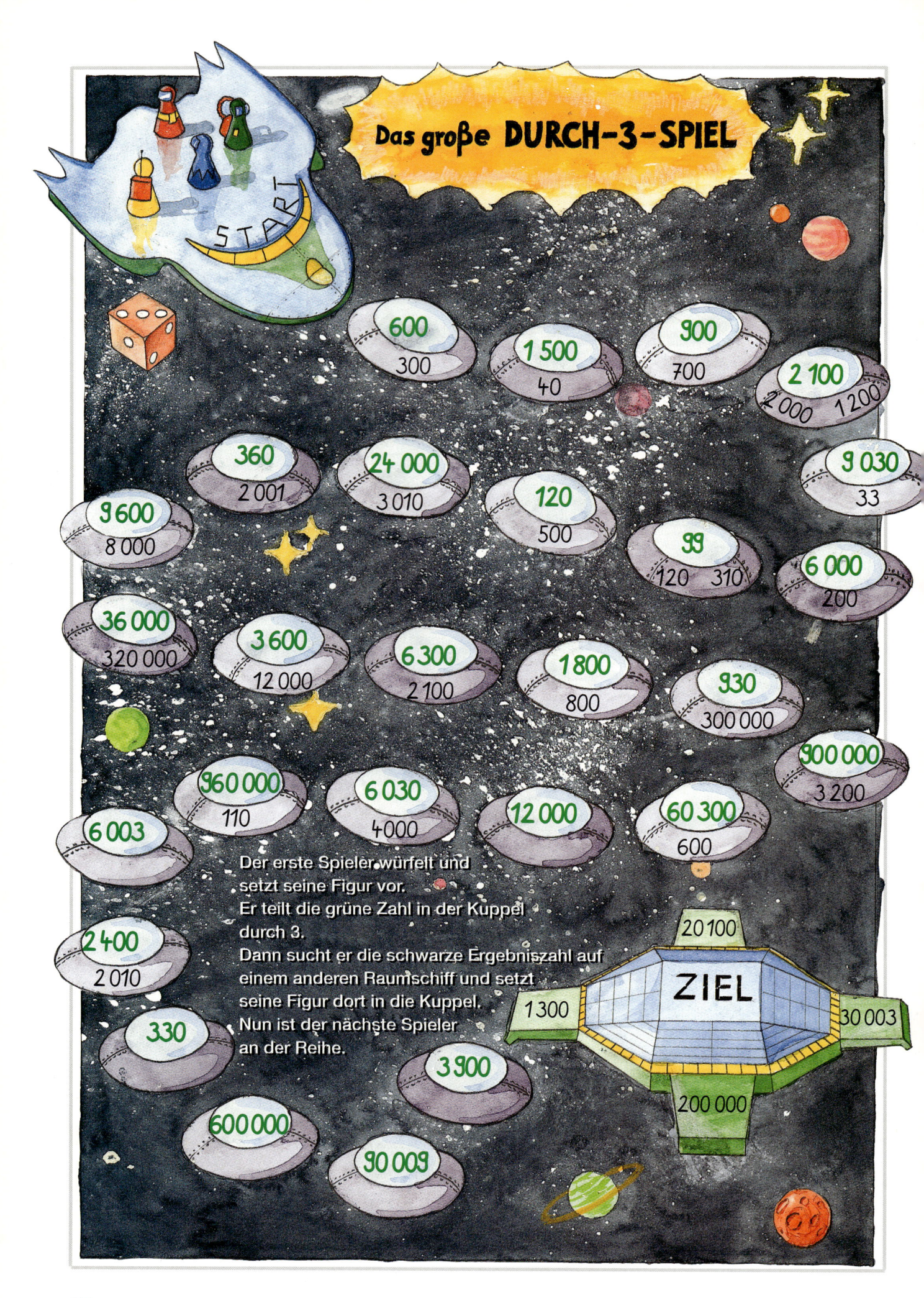

Raumschiffe (grüne Zahl / schwarze Zahl):

- 600 / 300
- 1 500 / 40
- 900 / 700
- 2 100 / 2 000 / 1 200
- 360 / 2 001
- 24 000 / 3 010
- 120 / 500
- 9 030 / 33
- 9 600 / 8 000
- 99 / 120 / 310
- 6 000 / 200
- 36 000 / 320 000
- 3 600 / 12 000
- 6 300 / 2 100
- 1 800 / 800
- 930 / 300 000
- 900 000 / 3 200
- 6 003
- 960 000 / 110
- 6 030 / 4 000
- 12 000
- 60 300 / 600
- 2 400 / 2 010
- 20 100
- 1 300 / ZIEL / 30 003
- 330
- 200 000
- 3 900
- 600 000
- 90 009

Der erste Spieler würfelt und setzt seine Figur vor.
Er teilt die grüne Zahl in der Kuppel durch 3.
Dann sucht er die schwarze Ergebniszahl auf einem anderen Raumschiff und setzt seine Figur dort in die Kuppel.
Nun ist der nächste Spieler an der Reihe.

68

Dividieren

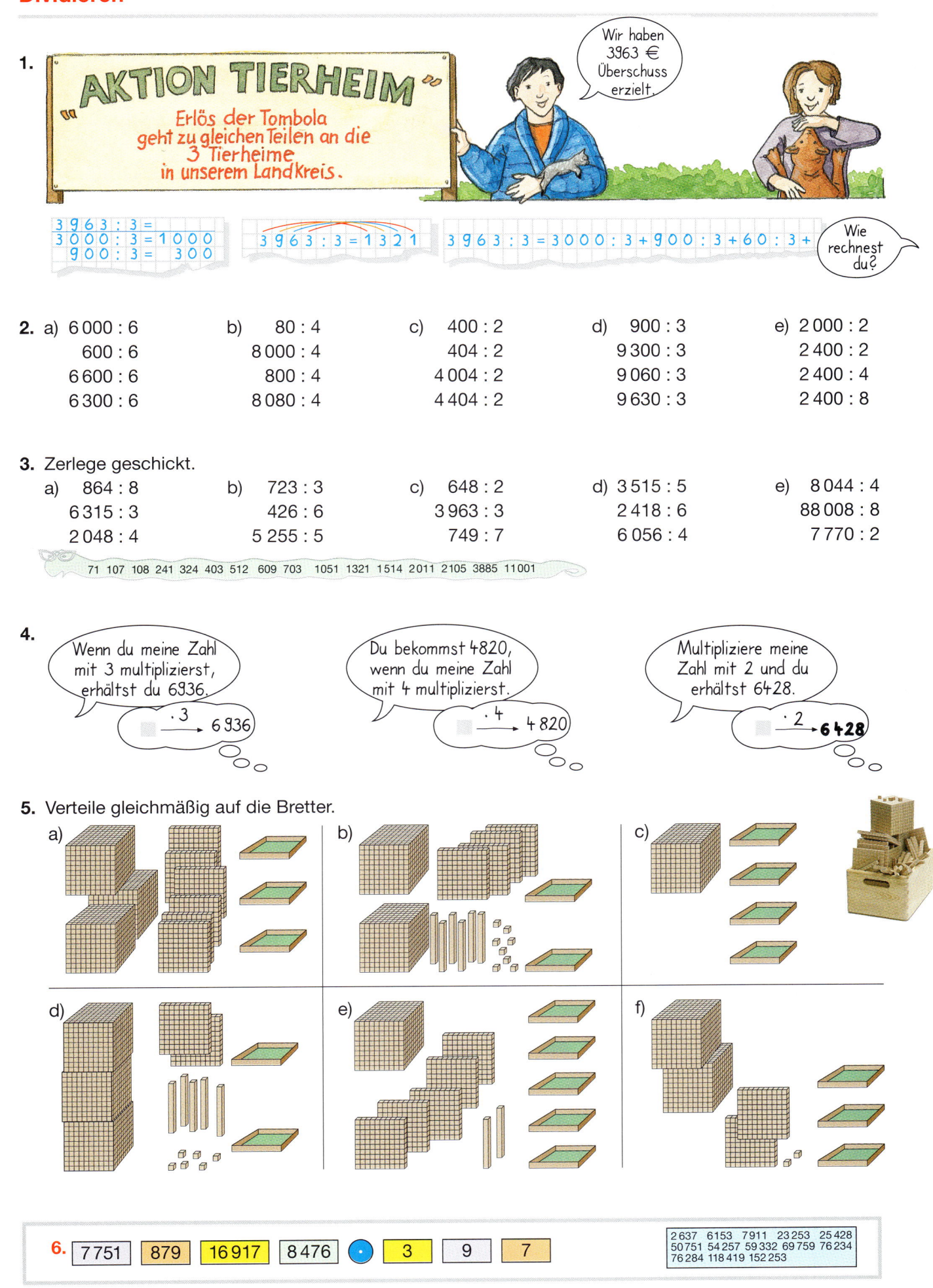

1.

"AKTION TIERHEIM"
Erlös der Tombola geht zu gleichen Teilen an die 3 Tierheime in unserem Landkreis.

Wir haben 3963 € Überschuss erzielt.

Wie rechnest du?

```
3963 : 3 =
3000 : 3 = 1000
 900 : 3 =  300
```

3963 : 3 = 1321

3963 : 3 = 3000 : 3 + 900 : 3 + 60 : 3 +

2.
a)	b)	c)	d)	e)
6 000 : 6	80 : 4	400 : 2	900 : 3	2 000 : 2
600 : 6	8 000 : 4	404 : 2	9 300 : 3	2 400 : 2
6 600 : 6	800 : 4	4 004 : 2	9 060 : 3	2 400 : 4
6 300 : 6	8 080 : 4	4 404 : 2	9 630 : 3	2 400 : 8

3. Zerlege geschickt.
a)	b)	c)	d)	e)
864 : 8	723 : 3	648 : 2	3 515 : 5	8 044 : 4
6 315 : 3	426 : 6	3 963 : 3	2 418 : 6	88 008 : 8
2 048 : 4	5 255 : 5	749 : 7	6 056 : 4	7 770 : 2

71 107 108 241 324 403 512 609 703 1051 1321 1514 2011 2105 3885 11001

4.

Wenn du meine Zahl mit 3 multiplizierst, erhältst du 6936.
☐ · 3 → 6936

Du bekommst 4820, wenn du meine Zahl mit 4 multiplizierst.
☐ · 4 → 4820

Multipliziere meine Zahl mit 2 und du erhältst 6428.
☐ · 2 → 6428

5. Verteile gleichmäßig auf die Bretter.

a) b) c) d) e) f)

6. 7751 879 16917 8476 ● 3 9 7

2637 6153 7911 23253 25428
50751 54257 59332 69759 76234
76284 118419 152253

Schriftliches Dividieren

1.

T	H	Z	E		T	H	Z	E
4	5	7	8	: 3 =	1	5	2	6

4 578 : 3 = 1 526

2. Lege Rechengeld und verteile. Wechsle um, wenn es nötig wird.

a) 9 756 : 3	b) 9 448 : 8	c) 7 692 : 6	d) 7 824 : 4	e) 6 085 : 5
9 756 : 6	9 448 : 4	7 692 : 3	7 284 : 4	685 : 5
9 756 : 2	9 448 : 2	7 692 : 2	4 728 : 4	6 855 : 5

137 1106 1181 1182 1217 1282 1371 1626 1821 1956 2362 2564 3252 3846 4724 4878

3.

a) 6 789 : 3	b) 6 475 : 5	c) 868 : 7	d) 3 486 : 2
3 741 : 3	428 : 2	9 136 : 8	724 : 4
714 : 3	7 524 : 6	8 464 : 4	9 448 : 8

4.

a) 6 822 : 6	b) 7 686 : 6	c) 7 545 : 3	d) 6 170 : 5	e) 7 544 : 4
42 549 : 3	64 845 : 5	7 284 : 4	918 : 6	4 773 : 3
9 575 : 5	648 : 2	9 762 : 6	9 205 : 7	846 : 6

141 153 324 1 137 1 234 1 281 1 295 1 315 1 591 1 627 1 821 1 886 1 915 2 515 12 969 14 183

5. Wie viel Geld bekommt jeder?
  a) Drei Freunde haben im Lotto zusammen 5 115 € gewonnen.
  b) Im Mittwochs-Lotto haben sechs Arbeitskolleginnen 834 € gewonnen.
  c) Fünf Geschwister haben gemeinsam 8 365 € geerbt.

6. Stefans Vater hat sieben Jahre lang Lotto gespielt.
Jede Woche hat er dafür 9 € ausgegeben.
Am letzten Samstag hat er zum ersten Mal gewonnen: 1024 €.

Soll ich Lotto spielen?

7. Rechne nur die lösbaren Aufgaben. Mache eine Probe.

6 789   3 456   12 345   45 678   987 654   ⊖   5 678   2 345   34 567   45 678

Schriftliches Dividieren

1. Aus 2 kg Roten Johannisbeeren wird 1 Flasche Saft gepresst. 1734 kg Johannisbeeren werden angeliefert. Wie viele Flaschen Saft können gefüllt werden?

1734 : 2 =

Ü: 1800 : 2 = 900

```
T H Z E        T H Z E
1 7 3 4 : 2 =  8 6
-1 6
   1 3
```

1 T ist nicht durch 2 teilbar, deshalb 17 H : 2.

▮ Flaschen Johannisbeersaft werden abgefüllt.

2. Heute wurden angeliefert:
364 kg, 976 kg, 427 kg Rote Johannisbeeren.
Wie viele Flaschen Saft können gefüllt werden?

3.
a)	b)	c)	d)	e)	f)
2 346 : 3	6 728 : 8	6 924 : 6	11 774 : 7	3 364 : 4	2 346 : 3
23 466 : 3	13 456 : 4	5 474 : 7	4 205 : 5	23 548 : 7	10 092 : 6
3 462 : 3	13 456 : 8	30 276 : 9	15 644 : 2	5 770 : 5	62 576 : 8

782 841 1154 1682 3364 7822 Jedes Ergebnis kommt dreimal vor.

4. Suche den günstigsten Überschlag. Rechne aus und vergleiche.

a) 5178 : 6	b) 8811 : 9	c) 12 579 : 3	d) 35 656 : 4	e) 74 296 : 8
6 000 : 6	10 000 : 9	12 000 : 3	36 000 : 4	80 000 : 8
5 400 : 6	8 100 : 9	15 000 : 3	32 000 : 4	70 000 : 8
5 000 : 6	9 000 : 9	13 000 : 3	40 000 : 4	72 000 : 8

5. Überschlage vorher.

a)	b)	c)	d)
6 811 : 7	74 205 : 9	6 440 : 8	2 541 : 3
35 565 : 5	3 705 : 3	26 154 : 6	17 356 : 2
7 308 : 4	22 518 : 2	36 995 : 7	738 : 6
e) 3 475 : 5	f) 61 144 : 4	g) 21 693 : 3	h) 42 365 : 5
13 176 : 2	7 029 : 9	32 515 : 7	6 909 : 7
384 : 4	12 245 : 5	3 132 : 9	2 188 : 4

a) Ü: 7000 : 7 = 1000

```
  6 8 1 1 : 7 = 9 7 3
- 6 3
    5 1
    4 9
      2 1
      2 1
        0
```

6. Immer 6 Flaschen in eine Kiste. Wie viele Kisten werden jeweils voll?

1068 Flaschen   12 858 Flaschen   8 478 Flaschen   4 062 Flaschen

Insgesamt 4411 Kisten.

7. a) 4 700   15 000   120 000   490 000   ⊕   20 000   200 000   510 000

b) 1 000 000   500 000   450 000   620 000   ⊖   450 000   40 000   4 000

Schriftliches Dividieren

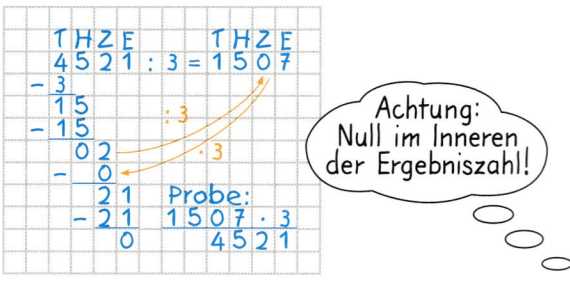

1. Überschlage vorher. Mache auch die Probe.

a)	b)	c)	d)	e)
2 128 : 4	29 040 : 8	2 106 : 2	18 256 : 7	23 040 : 3
21 228 : 4	29 040 : 4	3 159 : 3	18 956 : 7	24 030 : 5
30 028 : 4	29 040 : 2	6 318 : 6	18 970 : 7	43 020 : 2
1 220 : 4	29 040 : 6	9 486 : 9	19 670 : 7	32 400 : 6

2. Wenn man eine vierstellige Zahl durch eine einstellige Zahl teilt, hat das Ergebnis **vier** Stellen.

7 864 : 4   4 228 : 7
2 465 : 5   8 217 : 3

Wer hat Recht?

Wenn man eine vierstellige Zahl durch eine einstellige Zahl teilt, hat das Ergebnis **drei** Stellen.

3. Überlege vorher, wie viele Stellen das Ergebnis hat.

a)	b)	c)	d)	e)
6 279 : 7	1 834 : 2	62 328 : 7	3 668 : 4	6 391 : 7
2 739 : 3	7 304 : 8	8 073 : 9	44 715 : 5	4 485 : 5
35 616 : 4	35 772 : 4	26 829 : 3	7 336 : 8	53 424 : 6
44 715 : 5	2 691 : 3	5 502 : 6	62 328 : 7	1 826 : 2

897   913   917   8 904   8 943   Jedes Ergebnis kommt viermal vor.

4. Bilde je 4 Aufgaben.
a) Das Ergebnis soll fünfstellig sein.   b) Das Ergebnis soll vierstellig sein.

10 164   27 972   82 908   47 712   65 268   :   4   7   6   3

5.   0   12   22   34   39   40   42   47   50   56   63   65

Dividiere jede Zahl   a) durch 6   b) durch 9   c) durch 7   d) durch 8

Schriftliches Dividieren mit Rest

1.

Die Sparkasse will die Spielgeräte gleichmäßig an die Grundschulen des Bezirks Mitte verteilen.

Springseile:
Überschlag:
280 : 7 = 40

300 : 7 = 42 + 6 : 7
28
 20
 14
  6

300 : 7 = 42 Rest 6
-28
 20
-14
  6

Probe:

42 · 7
294
+ 6
 300

42 · 7
294

294 + 6 = 300

Was geschieht mit dem Rest?

2. Überschlage vorher. Mache auch die Probe.
- a) 4 310 : 3
  4 310 : 4
  4 310 : 5
- b) 8 627 : 6
  8 627 : 7
  8 627 : 8
- c) 9 542 : 5
  9 541 : 5
  7 541 : 5
- d) 6 090 : 8
  6 900 : 8
  6 009 : 8
- e) 10 854 : 3
  14 472 : 4
  18 090 : 5

3. Überlege vorher, wie viele Stellen das Ergebnis hat.
- a) 6 667 : 6
  41 111 : 9
  7 404 : 6
- b) 53 581 : 7
  3 996 : 4
  22 224 : 5
- c) 6 124 : 8
  33 335 : 6
  13 086 : 2
- d) 80 000 : 9
  46 668 : 7
  9 877 : 8
- e) 24 192 : 7
  3 273 : 5
  13 335 : 4

Besondere Ergebnisse.

4.
- a) 400 Frühstücksdosen sollen an 6 Grundschulen gleichmäßig verteilt werden.
- b) An 7 Grundschulen wurden Trinkbecher verteilt, 80 Stück an jede Schule.
- c) 200 Turnbeutel wurden verteilt, 40 Stück an jeden Kindergarten.

mal? geteilt?

5. Die Verkehrswacht hat an 8 Schulen je 275 Blinkis verteilt.

6. a) Multipliziere jede Zahl mit 2, mit 3, mit 5.

| 617 | 2 426 | 9 834 | 824 | 3 612 | 219 |

b) Addiere bei jeder Zahl die 3 Ergebnisse. Was fällt dir auf?

Teilbarkeit – Primzahlen

1. 17 320 : 5

Bleibt ein Rest?
Das wollen wir schon vor dem Ausrechnen wissen!
Das wäre schon eine erste Kontrolle.

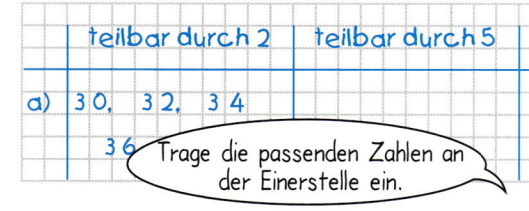

2. 200 : 5   210 : 5   215 : 5   10 000 : 5   11 000 : 5   11 111 : 5   425 : 5   20 000 : 5

Vermute, welche Zahlen ohne Rest teilbar sind. Rechne aus.

3. Schreibe die Zahlen auf, die ohne Rest teilbar sind
a) durch 10   b) durch 2

13 700   41 015   846   1 001   21 208
340   4 520   19 352   300 000   170 000

Woran erkennst du die Teilbarkeit durch 10, durch 2?

4. Bilde teilbare Zahlen. Schreibe sie in eine Tabelle.
a) 3☐   b) 7☐   c) 10☐
d) 1☐   e) 157☐   f) 23☐

teilbar durch 2	teilbar durch 5	teilbar durch 10
a) 30, 32, 34, 36		

Trage die passenden Zahlen an der Einerstelle ein.
Was fällt dir auf?

Teilbar durch 2
alle geraden Zahlen
0, 2, 4, …

Teilbar durch 5
5 oder 0 als letzte Ziffer

Teilbar durch 10
0 als letzte Ziffer

5. Untersuche alle Zahlen von 2 bis 20. Welche Zahlen kannst du nicht teilen (außer durch 1 und durch sich selbst)?

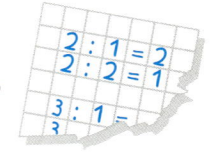

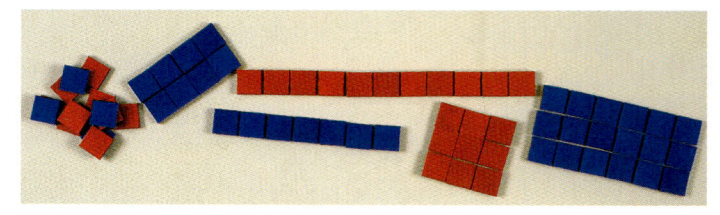

Manche Zahlen kann man nicht teilen (außer durch 1 und durch sich selbst). Solche Zahlen nennt man **Primzahlen**.

6. Welche Zahlen sind Primzahlen?
a) 21   23   31   33   37   38
3 Primzahlen.

b) 27   50   51   53   54   59
2 Primzahlen.

Findest du weitere Primzahlen?

7. Schreibe die Zahlen von 2 bis 50 auf. Streiche alle Zahlen durch, die keine Primzahlen sind.
Es bleiben 15 Primzahlen übrig.

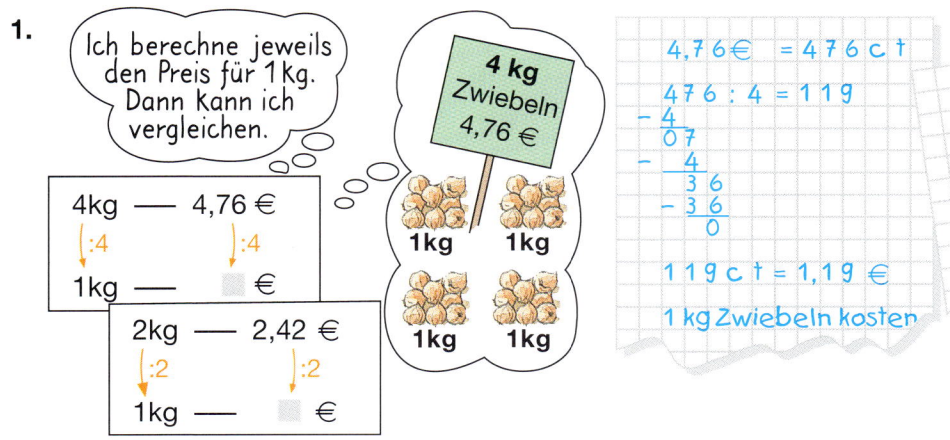

Preisvergleiche – Schriftliches Dividieren von Kommazahlen

1. Ich berechne jeweils den Preis für 1 kg. Dann kann ich vergleichen.

4 kg — 4,76 €
(:4)   (:4)
1 kg — ☐ €

2 kg — 2,42 €
(:2)   (:2)
1 kg — ☐ €

4 kg Zwiebeln 4,76 €
1kg 1kg
1kg 1kg

4,76 € = 476 ct
476 : 4 = 119
− 4
  07
− 4
   36
− 36
    0

119 ct = 1,19 €
1 kg Zwiebeln kosten

4,76 € : 4 = 1,19 €
4
07
 4
 36
 36
  0

1 kg Zwiebeln kosten

Ich muss nicht immer mit 1 kg rechnen.

2. Überschlage vorher.

a)	b)	c)	d)
8,52 € : 3	56,40 € : 8	192,42 € : 3	54,60 € : 7
16,65 € : 3	56,40 € : 4	192,42 € : 6	4,64 € : 8
91,23 € : 3	56,40 € : 2	192,42 € : 9	88,85 € : 5

0,58 € 2,84 € 5,55 € 5,80 € 7,05 € 7,80 € 14,10 € 17,77 € 21,38 € 28,20 € 30,41 € 32,07 € 64,14 €

3. Im Kaufhaus kostet ein Dreierpack Dosenmilch 1,47 €.
Im Supermarkt gibt es 4 Dosen für 2,08 €. Vergleiche.

4. a) Im Baumarkt kosten 4 Glühlampen zusammen 5,48 €.
b) Frau Bergner hat 5 Energiesparlampen für 36,25 € gekauft.
c) Frau Bergner gibt an Frau Wissmann zwei Energiesparlampen ab.

5. WUFF Hundefutter 3 kg — 8,25
WUFF Hundefutter 5 kg — 13,20
Bellissimo 2½ kg — 6,65

Welche soll ich kaufen?

6. Erfinde zu jeder Aufgabe eine Rechengeschichte. Gib sie zum Lösen weiter.

a) 88,65 € : 5   b) 200,68 € : 4   c) 3 · 87,75 €   d) 7 · 9,95 €

Tanja hat aufgeschrieben, was ihre Familie in einer Woche verbraucht hat.

- Milch 7 Liter
- Eier 15 Stück
- Kartoffeln 5600 g
- Brot 4900 g
- Obst 5880 g
- Wurst, Fleisch 2980 g
- Mehl 980 g
- Brötchen 28 Stück
- Getränke 14 Flaschen
- Wasser 2800 Liter
- Gemüse 4760 g
- Benzin 56 Liter

Wie ist das bei eurer Familie?

Was verbraucht die Familie pro Tag?

Was verbraucht eine Person pro Tag?

Was verbraucht die Familie in einem Jahr?

Wiederholung

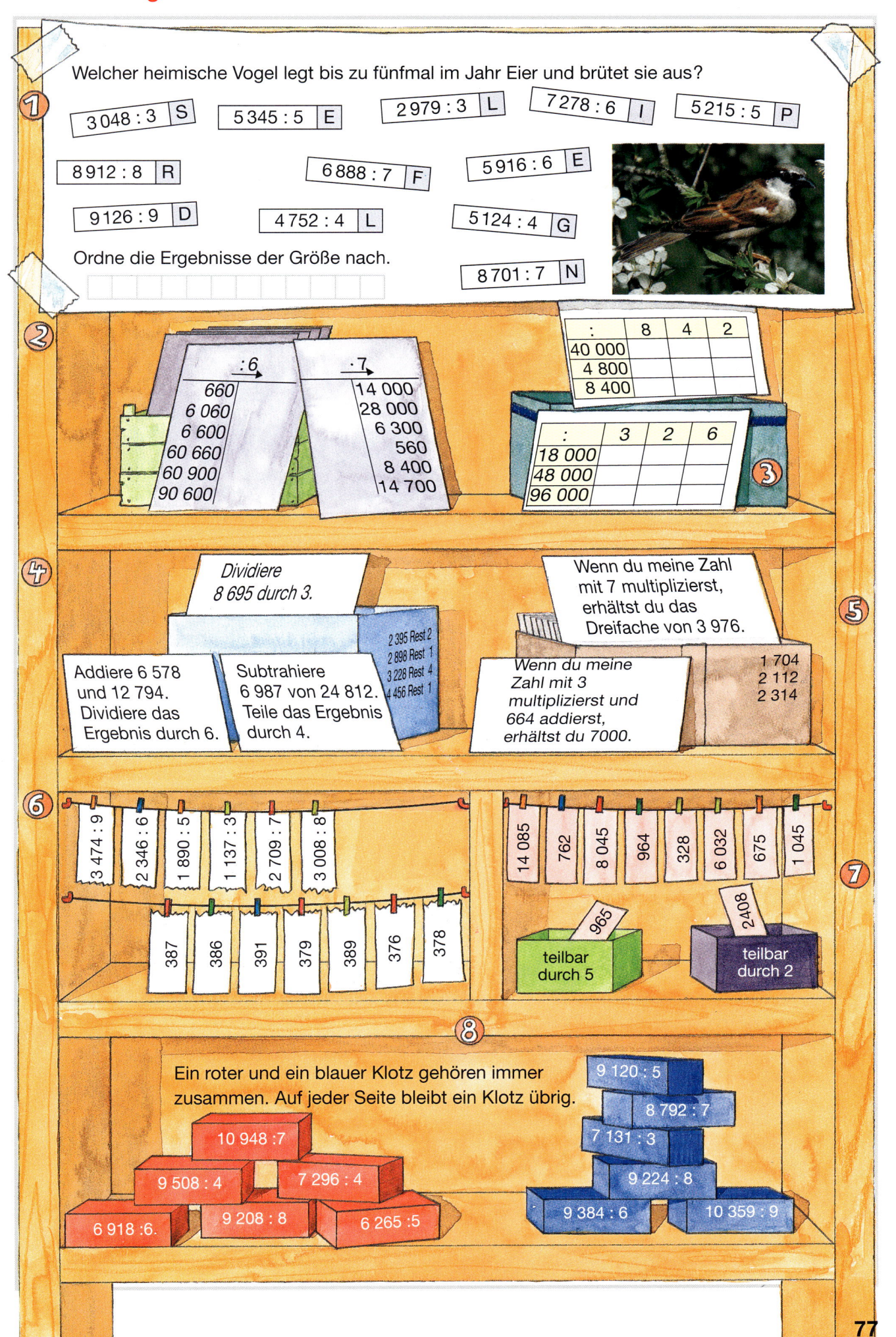

1 Welcher heimische Vogel legt bis zu fünfmal im Jahr Eier und brütet sie aus?

| 3 048 : 3 | S | | 5 345 : 5 | E | | 2 979 : 3 | L | | 7 278 : 6 | I | | 5 215 : 5 | P |

| 8 912 : 8 | R | | 6 888 : 7 | F | | 5 916 : 6 | E |

| 9 126 : 9 | D | | 4 752 : 4 | L | | 5 124 : 4 | G |

Ordne die Ergebnisse der Größe nach.

| 8 701 : 7 | N |

2

:6
660
6 060
6 600
60 660
60 900
90 600

· 7
14 000
28 000
6 300
560
8 400
14 700

3

:	8	4	2
40 000			
4 800			
8 400			

:	3	2	6
18 000			
48 000			
96 000			

4
- Dividiere 8 695 durch 3.
- Addiere 6 578 und 12 794. Dividiere das Ergebnis durch 6.
- Subtrahiere 6 987 von 24 812. Teile das Ergebnis durch 4.

2 395 Rest 2
2 898 Rest 1
3 228 Rest 4
4 456 Rest 1

5
- Wenn du meine Zahl mit 7 multiplizierst, erhältst du das Dreifache von 3 976.
- Wenn du meine Zahl mit 3 multiplizierst und 664 addierst, erhältst du 7000.

1 704
2 112
2 314

6

3 474 : 9 | 2 346 : 6 | 1 890 : 5 | 1 137 : 3 | 2 709 : 7 | 3 008 : 8

387 | 386 | 391 | 379 | 389 | 376 | 378

7

14 085 | 762 | 8 045 | 964 | 328 | 6 032 | 675 | 1 045

965 → teilbar durch 5
2408 → teilbar durch 2

8 Ein roter und ein blauer Klotz gehören immer zusammen. Auf jeder Seite bleibt ein Klotz übrig.

Rot: 10 948 : 7 | 9 508 : 4 | 7 296 : 4 | 6 918 : 6 | 9 208 : 8 | 6 265 : 5

Blau: 9 120 : 5 | 8 792 : 7 | 7 131 : 3 | 9 224 : 8 | 9 384 : 6 | 10 359 : 9

Sachaufgaben – Fahrplan

Abfahrt 🆔**DB** **Hamm (Westf.)**

Zeit	Zug	Richtung	Gleis
8.00			
8.00	IR 2558	Dortmund 8.19 – Bochum 8.31 – Essen 8.42 – Mülheim (R) 8.51 – Duisburg 8.57 – **Düsseldorf 9.15**	1
8.02	IR 2455	Soest 8.15 – Lippstadt 8.27 – Paderborn 8.46 – Altenbeken 8.59 – Warburg 9.22 – Kassel-Wilhelmshöhe 9.55 – Bebra 10.31 – Eisenach 10.57 – Gotha 11.14 – **Erfurt 11.34**	3
8.04	D 240 *Ost-West-Express* 2. Kl.	Dortmund 8.23 – Bochum 8.43 – Essen 9.04 – Duisburg 9.18 – Düsseldorf 9.34 – Köln 10.01 – Aachen 10.55 – Verviers Central 11.38 – Liège 12.05 – Bruxelles Nord 13.14 – **Bruxelles Midi 13.22**	10
8.11 ✕	SE 7210 🚲	Soest 8.30 – **Paderborn 9.10** – weiter als SE 7414 nach Altenbeken 9.29 – **Horn-Bad Meinberg 9.49**	3
8.14	IR 2447	Gütersloh 8.33 – Bielefeld 8.43 – Herford 8.52 – Bad Oeynhausen 9.02 – Minden 9.10 – Hannover 9.43 – Peine 10.09 – Braunschweig 10.26 – Helmstedt 10.50 – Magdeburg 11.19 – Köthen 11.58 – Halle 12.25 – **Leipzig 13.02**	9
8.18	SE 3005	Heessen 8.21 – **Bielefeld 9.03** Hält nicht in Brackwede	8
8.19	EC 9 *Tiziano*	Dortmund 8.35 – Bochum 8.49 – Essen 8.59 – Duisburg 9.12 – Düsseldorf 9.26 – Köln 9.50 – Bonn 10.18 – Koblenz 10.50 – Mainz 11.40 – Mannheim 12.23 – Karlsruhe 12.57 – Baden-Baden 13.13 – Freiburg 14.02 – Basel Bad Bf 14.37 – Basel SBB 14.45 – Olten 15.37 – Luzern 16.16 – Arth Goldau 16.48 – Bellinzona 18.35 – Lugano 19.04 – Chiasso 19.30 – Como 19.54 – **Milano 20.35**	10
8.23	SE 3103 🚲	Drensteinfurt 8.33 – Rinkerode 8.37 – Hiltrup 8.43 – **Münster 8.49** Hält nicht in Bochum-Hövel und Mersch	5
8.23 ✕	SE 8518	**Dortmund 8.49**	11
8.31	IR 2415	Unna 8.40 – Schwerte 8.50 – Hagen 9.03 – Werdohl 9.34 – Finnentrop 9.50 – Altenhundem 10.00 – Siegen-Weidenau 10.21 – Dillenburg 10.44 – Wetzlar 11.00 – Gießen 11.11 – Bad Nauheim 11.29 – **Frankfurt 11.54**	4
8.34	RE 6865 🚲	Soest 8.51 – Paderborn 9.31 – Altenbeken 9.46 – **Warburg 10.09** † bis **Paderborn 9.31**	2
8.42	IC 545 *Else Lasker-Schüler*	Bielefeld 9.08 – Hannover 10.01 – Braunschweig 10.39 – Magdeburg 11.27 – Potsdam Stadt 12.25 – Berlin-Wannsee 12.33 – **Berlin Zoo 12.48**	9
8.47	SE 3114 🚲	Unna 8.59 – Schwerte 9.12 – Hagen 9.26 – Wuppertal Hbf 9.52 – **Köln 10.42**	6
8.48	SE 3014 🚲	Dortmund 9.14 – Essen 9.38 – Duisburg 9.53 – Düsseldorf 10.08 – Köln 10.45 – Düren 11.16 – **Aachen 11.45** Hält nicht überall	10
8.50	SE 7221 🚲	Münster 9.22 – **Rheine 10.07**	2
9.00			
9.11	SE 7216 🚲	Soest 9.30 – Paderborn 10.10 – weiter als SE 7416 nach Altenbeken 10.29 – **Horn-Bad Meinberg 10.49**	3
9.18	IC 548 *Gürzenich*	Dortmund 9.35 – Hagen 10.00 – Wuppertal Hbf 10.18 – Solingen-Ohligs 10.30 – **Köln 10.50**	10
9.18	SE 3007	Heessen 9.21 – **Bielefeld 10.03** Hält nicht in Isselhorst-Avenwedde	9
9.22 ✕	SE 5514	**Dortmund 9.49**	11
9.42	IC 645 *Karolinger*	Bielefeld 10.08 – **Hannover 11.01**	9
9.44	IR 2648	Dortmund 10.02 – Bochum 10.15 – Essen 10.25 – Mülheim (R) 10.34 – Duisburg 10.40 – Krefeld 10.55 – Viersen 11.06 – Mönchengladbach 11.13 – Geilenkirchen 11.33 – **Aachen 11.52**	10
9.47	SE 3116 🚲	Unna 9.59 – Schwerte 10.12 – Hagen 10.26 – Wuppertal Hbf 10.52 – **Köln 11.42**	5
9.48	SE 3016 🚲	Dortmund 10.14 – Essen 10.38 – Duisburg 10.53 – Düsseldorf 11.08 – Köln 11.45 – Düren 12.16 – **Aachen 12.45** Hält nicht überall	11
9.50 ✕	SE 7227	Münster 10.22 – **Rheine 11.07**	2

Zeichenerklärung:
✕ an Werktagen   🍴 Bistro Café   🍽 Imbiss und Getränke
🚲 mit Fahrradabteil   ✗ Bord Restaurant

---

1. Björn und Mareike wollen von Hamm nach Hannover fahren.
   Sie schreiben die Abfahrtszeit und das Gleis für alle Züge zwischen 8.00 Uhr und 9.00 Uhr auf.

2. Vergleicht den Abfahrtsplan von Hamm mit dem bei euch nächstliegenden Bahnhof.

3. Frau Mesner möchte feststellen, welcher Zug zwischen 8.30 Uhr und 9.30 Uhr die kürzeste Fahrzeit von Hamm nach Köln benötigt.

4. Familie Höfer kommt um 8.09 Uhr aus Gütersloh an.
   Sie möchte nach Frankfurt weiterfahren.
   Wie lange hat sie in Hamm Aufenthalt?

5. Herr Bergner muss in Dortmund um 10.05 Uhr den Stadtexpress nach Gelsenkirchen erreichen.
   Mit welchem Zug muss er spätestens in Hamm abfahren?

6. Ina und Lisa wollen nach Bielefeld fahren und die Fahrräder mitnehmen.
   Welche Züge zwischen 8.00 Uhr und 10.00 Uhr können sie nehmen?

7. Frau Becker hat um 10.00 Uhr einen Termin in Düsseldorf. Vom Bahnhof zum Treffpunkt muss sie mit dem Taxi 10 Minuten fahren.
   Welchen Zug soll sie in Hamm auswählen?

Sachaufgaben – Fahrplan

1. Berechne die Fahrzeiten des EC 9.
   a) von Hannover nach Dortmund
   b) von Minden nach Hamm
   c) von Bielefeld nach Mailand (Milano)
   d) von Braunschweig nach Minden
   e) von Bielefeld nach Dortmund

2. Berechne die Fahrstrecken des EC 9.
   a) von Braunschweig nach Bielefeld
   b) von Hannover nach Hamm
   c) von Minden nach Dortmund
   d) von Braunschweig nach Dortmund

3. In welche Anschlusszüge kann man in Hamm umsteigen? Welche Endbahnhöfe haben diese Züge?

4. Wie viel Kilometer schafft der EC 9 in einer Stunde ungefähr?

5. Welche Fragen kannst du beantworten?

Ich möchte mit dem EC 9 von Braunschweig losfahren. Ich muss nach Walsrode. Wo muss ich umsteigen und wann bin ich dort?

Ich bin mit dem EC 9 von Braunschweig abgefahren und war um 11.54 Uhr in Frankfurt (Main). War das eine günstige Verbindung?

Stimmt es, dass der EC 9 in Dortmund 4 Minuten Aufenthalt hat?

Ich fahre von Dortmund nach Mailand (Milano). Wie lange bin ich unterwegs?

Ich möchte von Hannover nach Paderborn fahren. Wie lange dauert die Fahrt, wenn ich bis Bielefeld mit dem EC 9 fahre? Gibt es eine schnellere Verbindung?

In den Ferien wollen wir von Braunschweig nach Florenz (Firenze) fahren. Wie lange sind wir unterwegs, wenn wir den EC 9 nehmen?

Ihr Fahrplan

EC 9 Tiziano
Braunschweig – Milano (Mo-Sa)
Hannover – Milano (täglich)

Tiziano. Eigentlich Tiziano Vecellio: * Pieve di Cadore (Prov. Belluno) um 1477 oder 1488/90 (?), † Venedig 27.8.1576. Italienischer Maler.

Braunschweig Hbf
6.19 – Mo-Sa

61 km

6.57 **Hannover** Hbf
7.00

64 km

- SE 7.05 Weetzen 7.20 Hameln 7.56
- RE 7.08 Wunstorf 7.22 Haste (Han) 7.28 Minden (Westf) 7.53
- SE 7.12 Lehrte 7.31 Burgdorf (Han) 7.45 Celle 8.04
- SE 7.18 – Mo-Sa – Langenhagen 7.29 Celle 7.50
- RE 7.19 Nordstemmen 7.37 Elze (Han) 7.42 Alfeld (Leine) 7.56 Kreiensen 8.11 Northeim (Han) 8.30 Göttingen 8.46
- ICE 7.21 „Hohenstaufen" Göttingen 7.53 Kassel-Wilhelmshöhe 8.12 Fulda 8.42 Hanau Hbf 9.22 Frankfurt (Main) Hbf 9.39 Mannheim Hbf 10.24 Stuttgart Hbf 11.06 Ulm Hbf 12.04
- RB 7.26 – Mo-Sa – Langenhagen 7.35 Schwarmstedt 8.13 Walsrode 8.41 Soltau (Han) 9.11
- ICE 7.27 „Veit Stoß" Göttingen 8.00 Kassel-Wilhelmshöhe 8.20 Fulda 8.49 Würzburg Hbf 9.20 Nürnberg Hbf 10.18 Augsburg Hbf 11.33 München-Pasing 11.56 München Hbf 12.07

7.28 **Minden** (Westf)
7.29

46 km

- RE 7.56 Bad Oeynhausen 8.07 Löhne (Westf) 8.13 Bünde (Westf) 8.25 Osnabrück Hbf 8.59 – Mo-Sa – Ibbenbüren 9.25 Rheine 9.43

7.50 **Bielefeld** Hbf
7.52

67 km

- SE 7.55 Brackwede 7.58 Gütersloh Hbf 8.08 Rheda-Wiedenbrück 8.14 Hamm (Westf) 8.42
- RB 8.08 Brackwede 8.12 Gütersloh Hbf 8.21 Rheda-Wiedenbrück 8.30 Warendorf 9.07 Münster (Westf) Hbf 9.40
- SE 8.13 Herford 8.22 Bad Salzuflen 8.36 Lage (Lippe) 8.47 Detmold 8.57 Altenbeken 9.25 Paderborn Hbf 9.39

8.17 **Hamm** (Westf)
8.19

30 km

- SE 8.23 Münster (Westf) Hbf 8.49
- SE 8.23 Kamen 8.33 Dortmund Hbf 8.49
- IR 8.31 Unna 8.40 Schwerte (Ruhr) 8.50 Hagen Hbf 9.03 Werdohl 9.34 Finnentrop 9.50 Altenhundem 10.00 Siegen-Weidenau 10.21 Dillenburg 10.44 Wetzlar 11.00 Gießen 11.11 Bad Nauheim 11.29 Frankfurt (Main) Hbf 11.54
- RE 8.34 Soest 8.51 Lippstadt 9.05 Paderborn Hbf 9.31
- SE 8.47 Unna 8.59 Holzwickede 9.05 Schwerte (Ruhr) 9.12 Hagen Hbf 9.26 Wuppertal-Oberbarmen 9.45 Wuppertal Hbf 9.52 Wuppertal-Vohwinkel 9.58 Solingen-Ohligs 10.11 Opladen 10.21 Köln Hbf 10.42

8.35 **Dortmund** Hbf
8.39

19 km

20.35 **Milano** Centrale

- IC 21.05 Brescia 21.51 Peschiera del Garda 22.15 Verona Porta Nuova 22.30 Vicenza 23.01 Padova 23.21 Venezia Mestre 23.43 Venezia S. Lucia 23.55
- E 21.05 Bologna Centrale 23.13 Firenze S.M.N. 0.42 Napoli Centrale 5.55

Zeichenerklärung / Simbologia ed abbreviazioni
- ICE = InterCityExpress (besonderer Fahrpreis / prezzo speciale)
- EC = EuroCity
- IC = InterCity
- IR = InterRegio / treno interregionale
- RE = RegionalExpress / treno espresso regionale
- RB = RegionalBahn / treno regionale
- SE = StadtExpress / treno metropolitano

Mietwagen können Sie an dem mit 🚗 gekennzeichneten Bahnhöfen bestellen.

Zeitmessung – Sekunden

1. Wer von euch kann am längsten mit geschlossenen Augen auf einem Bein stehen?
   Wie könnt ihr das feststellen?

2. Probiert aus, wer es am längsten schafft.
   a) Den Ranzen mit waagerecht ausgestrecktem Arm hochhalten.
   b) Eine Wäscheklammer zusammendrücken, ohne loszulassen.
   c) Die Luft anhalten.
   d) Einen Ton summen.
   e) Einen Ball prellen.

   Welche Aufgaben fallen euch noch ein?

Das Pendel

Mit einem Pendel kann man die Dauer von Ereignissen bestimmen. Dazu muss man die Schwingungen zählen.

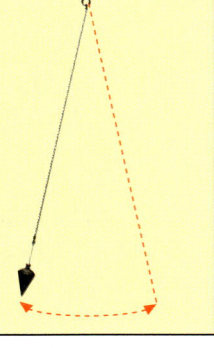

Galileo Galilei
1564 – 1642
Großer italienischer Naturforscher und Astronom. Er erforschte auch die Pendelgesetze.

3. Baut ein Pendel und stellt damit die Dauer von Ereignissen fest.

4.
   A. Baut zwei Pendel mit gleich langem Bindfaden und verschieden schweren Gewichten. Lasst die Pendel schwingen und beobachtet.

   B. Baut zwei Pendel mit verschieden langem Bindfaden, aber gleichen Gewichten. Vergleicht.

   C. Baut zwei Pendel, eines mit 20 cm Bindfaden, eines mit 80 cm. Vergleicht.

   D. Nehmt zwei gleiche Pendel. Lasst das eine Pendel weiter schwingen, das andere weniger weit. Vergleicht.

   E. Wie oft schwingt das Sekundenpendel in 1 Minute?
   `12:00` `12:01`

   F. Baut ein Sekundenpendel. Messt damit die Dauer von Ereignissen.

Vermutet immer vor dem Versuch!

Ein Pendel mit 100 cm Fadenlänge braucht für eine Schwingung von der einen Seite zur anderen 1 Sekunde und heißt Sekundenpendel.

Eine Sekunde ist der 60. Teil einer Minute.

1 Minute = 60 Sekunden
1 min = 60 s

Sekunden und Minuten

1. Beim nächsten Ton ist es 19 Uhr, 59 Minuten und 50 Sekunden.

Welche Uhr geht nicht auf die Sekunde genau?

2. Sage die genaue Zeit an.

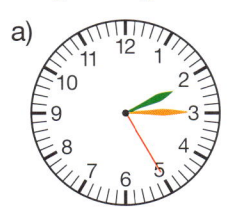

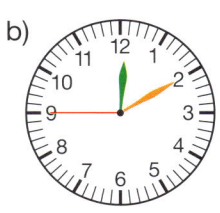

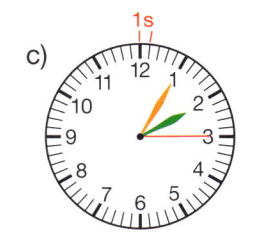

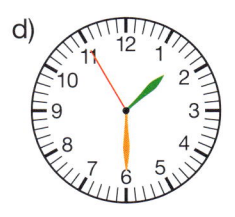

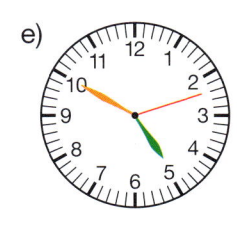

a) b) c) 1s d) e)

3.

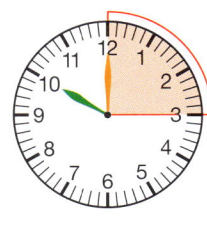

$\frac{1}{2}$ min = ▢ s $\frac{1}{4}$ min = ▢ s $\frac{3}{4}$ min = ▢ s

Der **Sekundenzeiger** wandert in einer Minute einmal im Kreis.
Eine Minute hat ▢ Sekunden.
Wie weit wandert der **Minutenzeiger** in dieser Zeit?

4. Rechne um in Sekunden.

a) 2 min	b) 5 min	c) 10 min	d) $3\frac{1}{4}$ min	e) $8\frac{1}{2}$ min	f) 15 min
2 min 30 s	7 min	10 min 45 s	$3\frac{1}{2}$ min	$2\frac{3}{4}$ min	16 min
2 min 45 s	7 min 15 s	10 min 59 s	$3\frac{3}{4}$ min	$5\frac{1}{4}$ min	16 min 30 s
2 min 15 s	7 min 59 s	11 min	3 min	$6\frac{1}{2}$ min	16 min 45 s

5. Rechne um in Minuten und Sekunden.

a) 70 s	b) 100 s	c) 150 s	d) 600 s	e) 15 s	f) 30 s
90 s	200 s	180 s	800 s	150 s	300 s
120 s	300 s	210 s	1 000 s	1 500 s	3 000 s

6. Welche Aufgaben kannst du schon lösen?

Gestern war ich 7 200 s im Freibad. Ab 14 Uhr war ich dort. *Kerstin*

Wie viel Sekunden dauert die Fünf-Minuten-Pause? *Helge*

Wie viel Sekunden sind eine Stunde? Wie viel Sekunden sind ein Tag? *Rita*

Wie viel Sekunden hast du am Montag insgesamt Pause? *Ramona*

Rechne um:
600 s
6 000 s
60 000 s *Jasmin*

Wie viel Sekunden dauert eine Unterrichtsstunde? *Mario*

Wie viel Sekunden spielt eine 180er-Videokassette? *Timur*

Ein Baby ist 360 000 s alt. Wie viele Tage lebt es schon? *Maren*

Zeitmessung – Sekunden

1. So lange konnte Marleen mit Tüchern jonglieren:

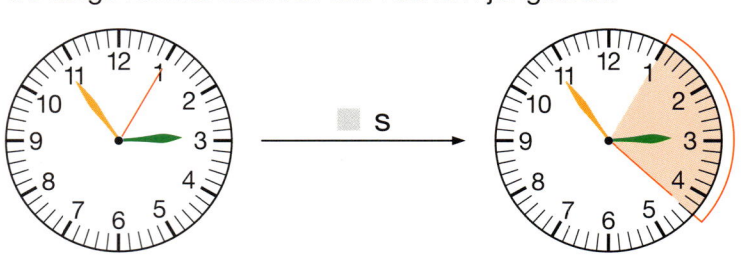

☐ s

2. Wie viel Sekunden sind jeweils vergangen?

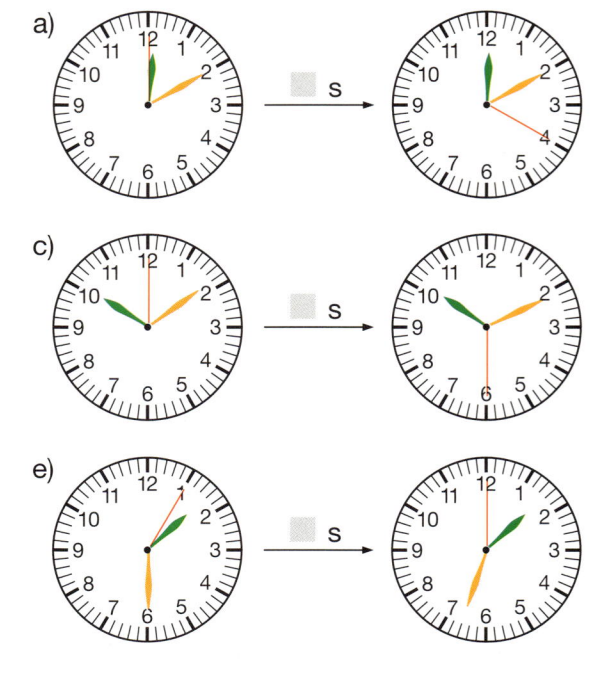

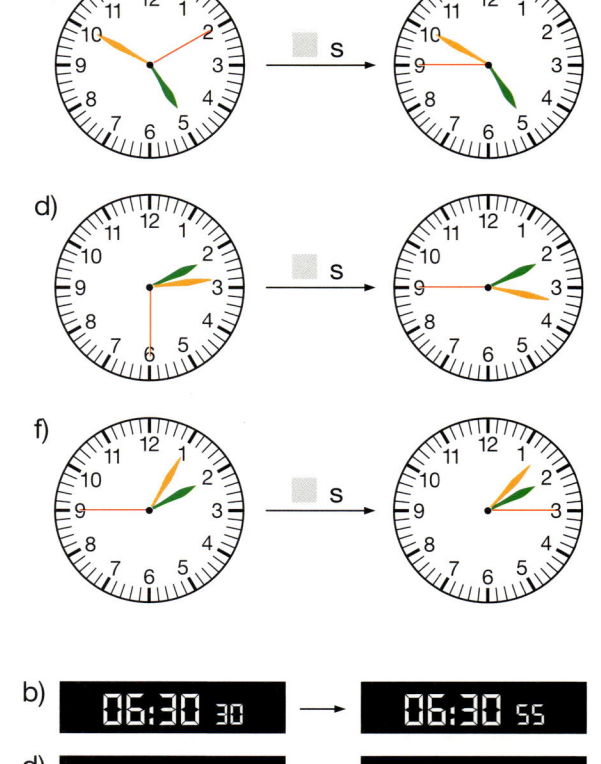

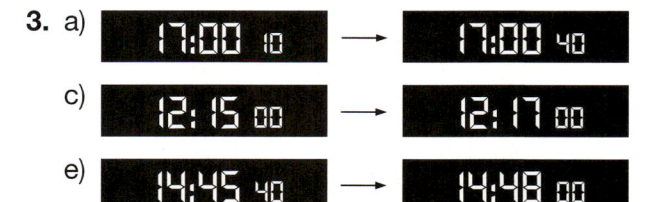

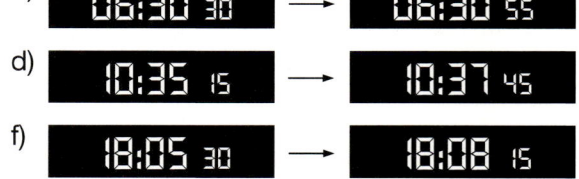

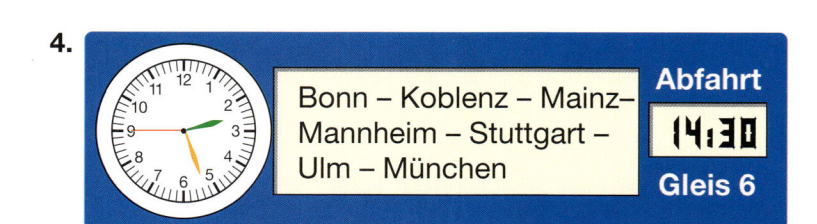

a) ☐ s   b) ☐ s

c) ☐ s   d) ☐ s

e) ☐ s   f) ☐ s

3.
a) 17:00 10 → 17:00 40
b) 06:30 30 → 06:30 55
c) 12:15 00 → 12:17 00
d) 10:35 15 → 10:37 45
e) 14:45 40 → 14:48 00
f) 18:05 30 → 18:08 15

4. Bonn – Koblenz – Mainz – Mannheim – Stuttgart – Ulm – München
Abfahrt **14:30** Gleis 6

Herr Walter muss den Zug nach Mannheim erreichen.
Wie lange hat er noch Zeit bis zur Abfahrt?

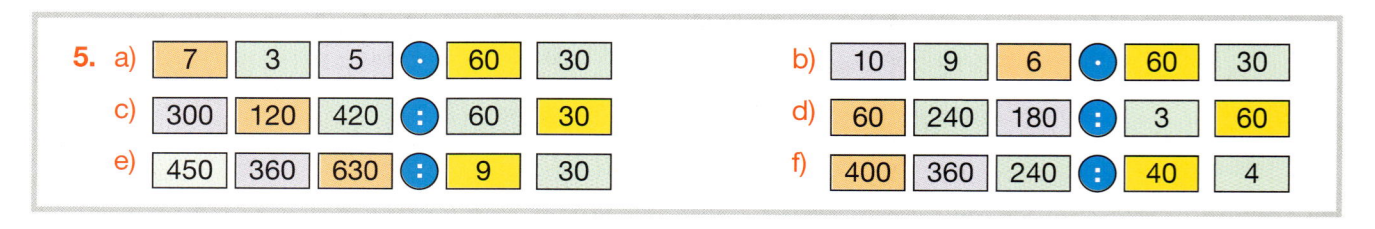

5.
a) 7   3   5 • 60   30
b) 10   9   6 • 60   30
c) 300   120   420 : 60   30
d) 60   240   180 : 3   60
e) 450   360   630 : 9   30
f) 400   360   240 : 40   4

Zugvögel

Nachtigall
Luscinia megarhynchos

etwa 16 bis 17 cm groß; 22 g schwer
95 000 Brutpaare in Deutschland
Brutdauer 13–14 Tage
Nestlingszeit 11 Tage

Flugstrecken
Weißstorch 10 000 km bis 15 000 km
Nachtigall 5 500 km bis 7 000 km

	Ankunft	Wegflug
Nachtigall	April/Mai	Aug./Sept.
Weißstorch	Feb.–April	Aug./Sept.
Rauchschwalbe	April	Sept./Okt.
Stieglitz	März/April	Okt./Nov.

Flughöhen
Buchfink 700 m
Weißstorch 4 000 m
Rauchschwalbe 2 800 m
Singdrossel 900 m

Warum fliegen viele Weitstreckenzieher nachts in großer Höhe? In 8 000 m Höhe ist die Luft viel dünner und kühler als zum Beispiel in 1 000 m Höhe. In dünner Luft ist der Luftwiderstand geringer. Günstige Winde können besser genutzt werden. Und bei kälterer Luft wird weniger Wasser verbraucht.

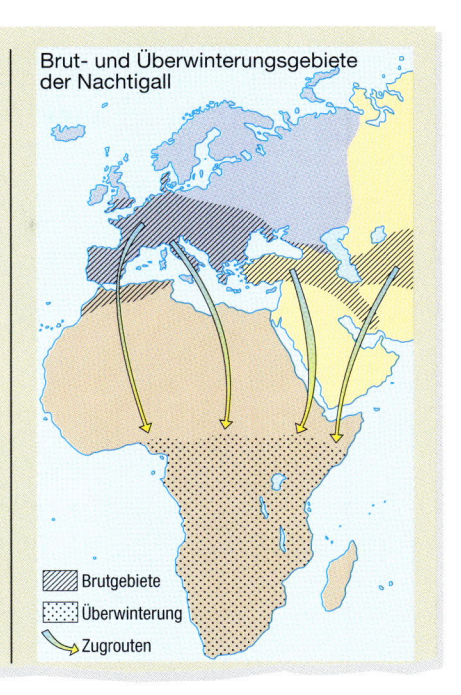

Brut- und Überwinterungsgebiete der Nachtigall

- Brutgebiete
- Überwinterung
- Zugrouten

1. **Vogelbeobachtung**
   Im letzten Jahr kam die erste Nachtigall am 3. Mai an.
   Am 21. August flogen die Nachtigallen wieder nach Afrika zurück.
   Wie lange war die Nachtigall bei uns?

   3. Mai bis 31. Mai 29 Tage
   Juni 30 Tage
   Juli

2. **Beobachtung von Zugvögeln**

	Ankunft	Wegflug
Weißstorch	20. März	7. September
Stieglitz	2. April	29. Oktober
Rauchschwalbe	17. April	10. September
Lerche	20. Februar	25. Oktober

   a) Wie lange blieben die Vögel bei uns?
   b) Wie lange sind die Vögel in Afrika?

3. Die Kinder haben brütende und fütternde Vögel beobachtet.

   Rauchschwalbe
   Beginn der Brutzeit: 10. Mai
   Ende der Brutzeit: 26. Mai
   1. Ausflug: 15. Juni

   Nachtigall
   Beginn der Brutzeit: 25. Mai
   Ende der Brutzeit: 6. Juni
   1. Ausflug: 18. Juni

   Mauersegler
   Beginn der Brutzeit: 2. Juni
   Ende der Brutzeit: 23. Juni
   1. Ausflug: 25. Juli

4. a) 41 592 : 3
      44 592 : 3
      47 592 : 3
      50 592 : 3
      53 592 : 3

   b) 41 592 : 6
      42 192 : 6
      42 792 : 6
      43 392 : 6
      43 992 : 6

   c) 41 292 : 9
      42 192 : 9
      43 092 : 9
      43 992 : 9
      44 892 : 9

5. a) 94 152 : 8
      94 512 : 8
      94 872 : 8
      95 232 : 8
      95 592 : 8

   b) 48 328 : 7
      55 321 : 7
      62 314 : 7
      69 307 : 7
      76 300 : 7

Kreise – Umfang, Durchmesser

An der Baumscheibe lassen sich Jahresringe zählen. In jedem Jahr wächst ein Ring. Der Umfang des Baumes nimmt jährlich um $2\frac{1}{2}$ cm zu.

So alt können Bäume werden:

Eiche	700 Jahre (40 m Höhe)
Ulme	400 Jahre (30 m Höhe)
Rotbuche	250 Jahre (45 m Höhe)
Tanne	600 Jahre (50 m Höhe)

Wie alt?

Umfang 2,50 m

1. Wie alt wurde der Baum etwa?

2. Messt den Umfang der Bäume auf dem Schulgelände. Wie alt sind sie?

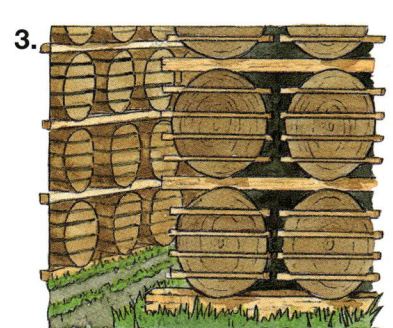

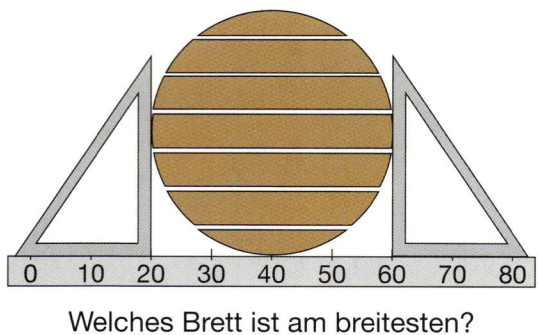

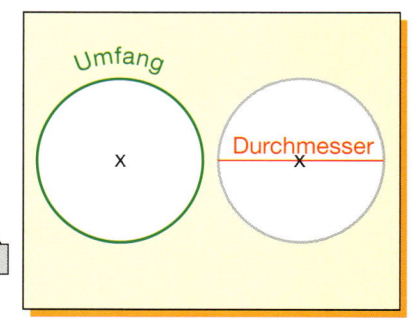

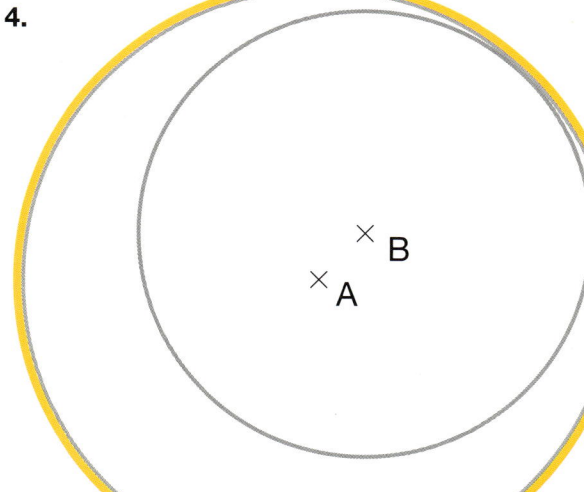

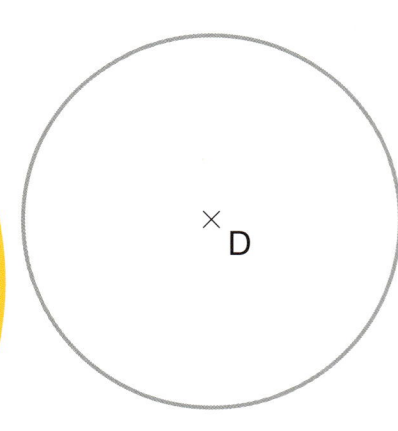

3. Welches Brett ist am breitesten?

Umfang — Durchmesser

4. Bestimme den Umfang mit Hilfe eines feuchten Fadens. Miss den Durchmesser.

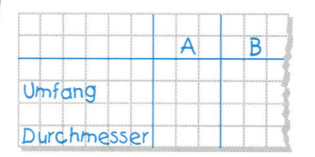

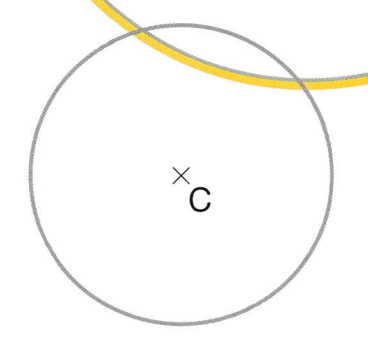

		A	B
Umfang			
Durchmesser			

5. Zeichne große und kleine Kreise. Miss jeweils den Umfang und den Durchmesser.

84

Kreise – Muster

Kannst du den Durchmesser schon vor dem Zeichnen angeben?

1. Zeichne Kreise mit Hilfe einer Schnur oder eines Zirkels. Miss jeweils den Durchmesser.

2. Zeichne Kreise mit dem Durchmesser:
- a) 10 cm
- b) 6 cm
- c) 80 mm
- d) 110 mm
- e) 2 dm
- f) 15 cm
- g) 0,09 m
- h) 0,14 m
- i) 28 mm
- j) 100 mm

3. Welche Punkte sind Mittelpunkte? Die Buchstaben ergeben ein Lösungswort.

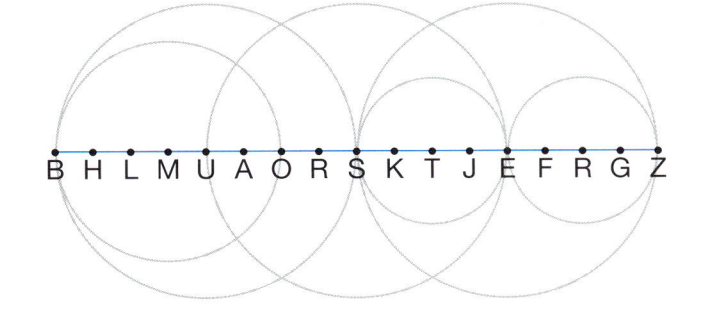

B H L M U A O R S K T J E F R G Z

4. Zeichne die Kreise. Setze fort. Vergleiche die Durchmesser der Kreise.

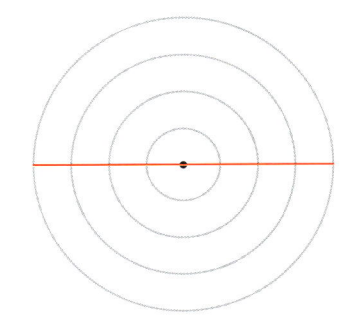

5. Zeichne die Muster. Erfinde neue.

Woll - Kugeln

Herstellen der Pappringe

Zeichne einen Kreis mit dem Durchmesser 10 cm.

Zeichne einen Innenkreis mit dem Durchmesser 3 cm.

10 cm

3 cm

Schneide beide Kreise aus. Stelle noch einen Ring her.

Lege die Ringe aufeinander. Umwickle sie dicht mit Wollfäden.

Schneide die Fäden am Rand auf.

Lege einen Faden zwischen beide Pappringe. Verknote ihn fest.

Entferne die Pappe. Schneide die Kugel in Form.

Windräder

Der Wind bläst die Windräder rollend davon. Das geht besonders gut auf einem großen freien Platz.

Zeichne einen Kreis mit dem Durchmesser 18 cm. Schneide aus.

Zeichne einen Innenkreis mit dem Durchmesser 14 cm.

Unterteile den Innenkreis erst in vier, anschließend in acht gleich große Felder.

Ritze die geraden Linien ein.

Biege dann abwechselnd eine Zacke nach vorn und eine nach hinten.

Ein anderes Windrad erhältst du, wenn du alle 3 cm bis zum Innenkreis einschneidest. Biege den Rand abwechselnd nach rechts und links.

Material und Werkzeug:
- dünner quadratischer Karton (Seitenlänge 20 cm)
- Zirkel, Geodreieck
- Stifte
- Schere, Messer

Der Taschenrechner

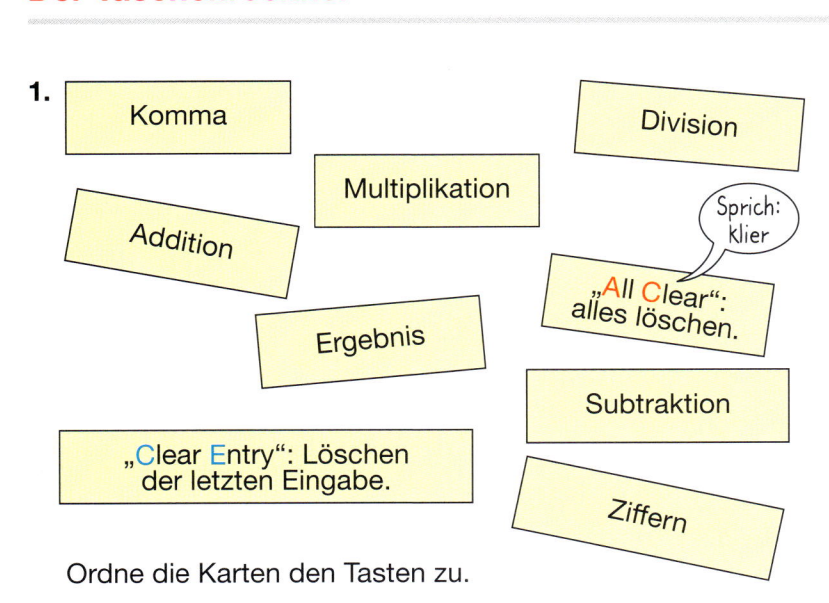

1.

- Komma
- Multiplikation
- Division
- Addition
- „All Clear": alles löschen. (Sprich: klier)
- Ergebnis
- Subtraktion
- „Clear Entry": Löschen der letzten Eingabe.
- Ziffern

Ordne die Karten den Tasten zu.

2. Tippe passende Zahlen ein.
- a) eine fünfstellige Zahl
- b) eine sechsstellige Zahl mit sechs gleichen Ziffern
- c) eine vierstellige Zahl mit vier verschiedenen Ziffern
- d) die kleinste vierstellige Zahl mit 9 an der Hunderterstelle
- e) die größte fünfstellige Zahl, in der die Ziffer 1 zweimal vorkommt

3. Tippe die angegebene Zahl ein. Drehe dann den Rechner um. Was erkennst du?
- a) 7 353
- b) 507
- c) 8 315
- d) 51 379
- e) 38 317
- f) 9 315
- g) 35 137

4. Tippe in der Reihenfolge der Tasten in den Rechner ein. Welche Rechnung ergibt sich?
- a) 5 × 1 0 =
- b) 2 5 ÷ 5 =
- c) 2 5 − 5 =
- d) 2 5 + 5 =
- e) 5 + 1 2 =
- f) 5 0 ÷ 5 =
- g) 1 0 0 − 9 0 =
- h) 1 0 + 9 0 =

a) $5 \cdot 10 = 50$

5. Schreibe alle Zwischenergebnisse auf.

7 × 1 0 × 1 0 × 1 0 × 1 0 × 1 0

Was fällt dir auf?

6. Rechne die Aufgaben mit dem Taschenrechner. Was fällt dir auf?
- a) 7 271 − 7 269
    7 271 − 7 270
    7 271 − 7 271
    7 271 − 7 272
- b) 1 000 : 4
    1 000 : 2
    1 000 : 1
    1 000 : 0
- c) 16 : 4
    16 : 3
    16 : 2
    16 : 1
- d) 101 · 101
    1 001 · 1 001
    10 001 · 10 001
    10 101 · 10 101

7. Rechne im Kopf oder mit dem Taschenrechner.
- a) 8 · 125
- b) 4 · 25 000
- c) 2 · 75 000
- d) 4 · 12 500
- e) 6 · 1 500
- f) 8 · 250 000

Kontrollieren und Rechnen mit dem Taschenrechner – Teiler

1. Rechne schriftlich oder im Kopf.

a) 4 100 + 10 400
1 789 + 7 416
5 407 + 17 118
17 215 + 8 426
20 000 + 5 117

b) 10 518 − 9 817
28 473 − 27 315
26 417 − 26 417
18 319 − 18 318
10 000 − 8 848

Kontrolliere die Ergebnisse mit dem Taschenrechner.

2. Rechne schriftlich, halbschriftlich oder im Kopf.

a) 100 · 12
101 · 10
205 · 22

b) 432 · 11
543 · 22
654 · 33

c) 400 · 3
404 · 3
440 · 3

d) 2 001 · 15
2 001 · 16
2 001 · 17

e) 4 · 640
4 · 641
4 · 649

Kontrolliere mit dem Taschenrechner.

3. Der Taschenrechner zeigt beim Dividieren keinen Rest an.

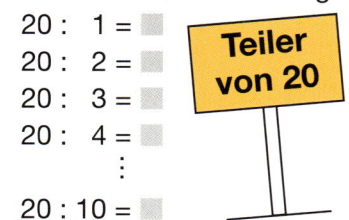

20 : 1 =
20 : 2 =
20 : 3 =
20 : 4 =
⋮
20 : 10 =

Teiler von 20

20 : 1 = 20	1 und 20 sind Teiler von 20.
20 : 2 = 10	2 und 10 sind Teiler von 20.
20 : 3 = 6,6666666	3 ist kein Teiler von 20.

Setze mit Hilfe des Taschenrechners fort.

4. Finde die Teiler mit Hilfe des Taschenrechners.

a) von 100   b) von 120   c) von 121   d) von 129   e) von 480
f) von 144   g) von 149   h) von 1 024   i) von 295   j) von 293

a) Teiler von 100: 1, 2,

2 Zahlen sind Primzahlen.

5. Rechne mit dem Taschenrechner. Vermute vorher, ob es einen Rest gibt.

a) 15 610 : 5
15 722 : 5
15 835 : 5

b) 4 915 : 2
4 910 : 2
4 904 : 2

c) 36 400 : 4
38 620 : 4
39 510 : 4

d) 17 403 : 3
17 413 : 3
17 423 : 3

e) 46 500 : 6
48 505 : 6
49 509 : 6

6. Rechne immer bis zu einer Million.

| 1 · 2 · 3 · 4 · … | 20 · 18 · 16 · … | 1 · 3 · 5 · 7 · … | 2 · 4 · 6 · … | 1 · 10 · 100 · … |

7. Mit welchen Anfangszahlen kannst du rechnen? Probiere mit den Zahlen auf den Kärtchen.

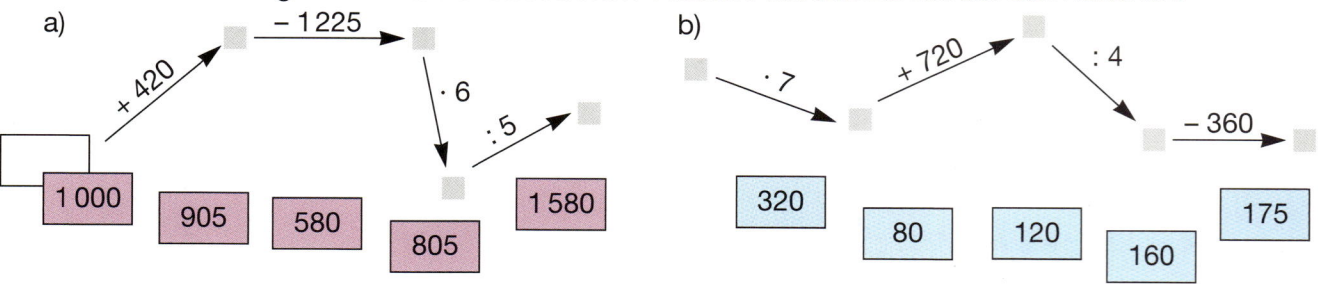

a) +420, −1225, ·6, :5
1 000 | 905 | 580 | 805 | 1 580

b) ·7, +720, :4, −360
320 | 80 | 120 | 160 | 175

8. Rechne im Kopf oder mit dem Taschenrechner.

a) 1 000 000 : 4   b) 10 000 : 8   c) 1 500 : 2   d) 75 000 : 3   e) 100 000 : 5   f) 2 000 : 4

Schriftliches Multiplizieren mit Zehnerzahlen (Hunderterzahlen)

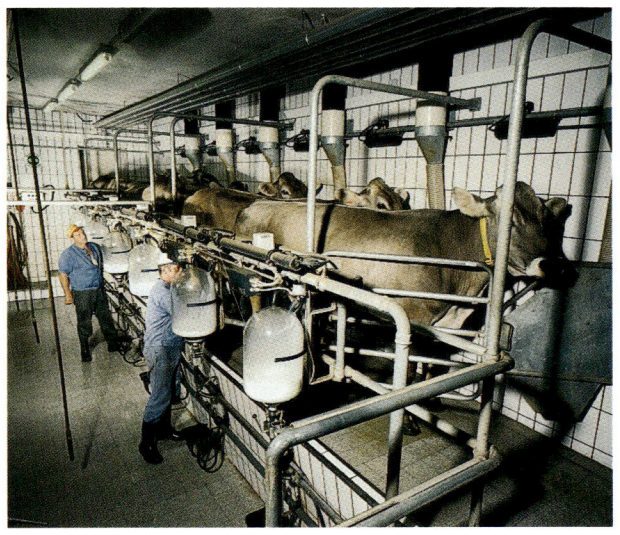

1. Eine Kuh gibt täglich etwa 20 Liter Milch.
Sie wird an 257 Tagen im Jahr gemolken.
Wie viel Liter Milch gibt eine Kuh pro Jahr?

257 · 20 =

257 · 2 → 514 · 10 = 5140
514

H	Z	E				Schriftliches
2	5	7	·	2	0	Multiplizieren
	T	H	Z	E		mit einer Zehnerzahl
	5	1	4	0		

Eine Kuh gibt im Jahr etwa ▢ Liter Milch.

2. Multipliziere schriftlich. Überschlage vorher.

a) 319 · 40
219 · 40
119 · 40

b) 472 · 20
472 · 40
472 · 60

c) 4 785 · 70
785 · 50
3 685 · 60

d) 20 041 · 30
2 041 · 60
241 · 90

4 760 8 760 9 440 12 760 18 880 21 690 28 320 39 250 60 230 122 460 221 100 334 950 601 230

> Der Landwirt bekommt von der Molkerei für 1 Liter Milch 39 ct.
>
> Im Geschäft kostet 1 Liter Milch 1,18 €.

3. a) Bauer Klein hat 3 Kühe. Sie werden an 273 Tagen gemolken.
b) Bäuerin Scholz hat ihre 4 Kühe an 259 Tagen gemolken.

Einnahme pro Tag? im Jahr?

4. In Deutschland werden pro Person täglich etwa 200 g Brot gegessen.
Wie viel kg sind das in einem Jahr?

365 · 200 =

365 · 2 → 730 · 100 =
730

H	Z	E					Schriftliches
3	6	5	·	2	0	0	Multiplizieren
HTZT	T	H	Z	E			mit einer
	7	3	0	0	0		Hunderterzahl

In einem Jahr isst jede Person etwa ▢ kg Brot.

5. a) Täglich verbraucht jede Person etwa 400 g Obst und 300 g Gemüse.
b) Im Jahr 1950 wurden pro Tag 500 g Kartoffeln verbraucht.
Im Jahr 1995 waren es 74 kg im Jahr. Vergleiche.

Pro Jahr?

6.
a) 378 · 600
378 · 400
378 · 200
378 · 500

b) 124 · 300
248 · 300
124 · 600
248 · 600

c) 939 · 700
470 · 80
3 917 · 200
1 234 · 7

d) 807 · 500
4 219 · 20
174 · 900
1 704 · 90

e) 124 · 70
1 240 · 7
124 · 700
1 024 · 70

Schriftliches Multiplizieren mit einer zweistelligen Zahl

1. Frau Brink aus Hannover fährt jeden Tag zur Arbeit nach Wolfsburg. Im letzten Monat hat sie an 23 Tagen gearbeitet. Wie viel Kilometer ist sie insgesamt gefahren?

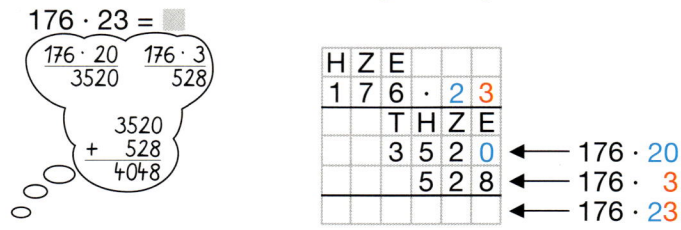

176 · 23 =

176 · 20 = 3520
176 · 3 = 528
3520 + 528 = 4048

H	Z	E			
1	7	6	·	2	3
		T	H	Z	E
		3	5	2	0	← 176 · 20
			5	2	8	← 176 · 3
						← 176 · 23

Frau Brink fährt im Monat ▮ km.

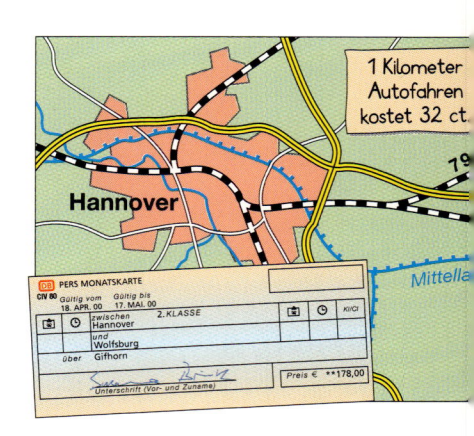

1 Kilometer Autofahren kostet 32 ct.

2.
a) 183 · 26
366 · 13
366 · 26
183 · 52

b) 555 · 55
444 · 44
333 · 33
222 · 22

c) 319 · 48
319 · 58
319 · 68
319 · 78

d) 408 · 66
48 · 66
4080 · 66
4800 · 66

e) 504 · 56
6540 · 51
9573 · 70
7345 · 82

f) 5765 · 63
5576 · 36
5675 · 36
5567 · 63

3. 364 · 45 =

↑364 · 45↑ Überschlag: 400 · 50 =

↑364 · 45↓ Überschlag: 400 · 40 =

↓364 · 45↓ Überschlag: 300 · 40 =

Welcher Überschlag ist der beste?

4. Welcher Überschlag ist am genauesten?

a) 317 · 48   300 · 40   300 · 50   400 · 40
b) 657 · 34   700 · 30   700 · 40   600 · 40
c) 479 · 65   500 · 60   500 · 70   400 · 60
d) 698 · 49   700 · 40   700 · 50   600 · 50
e) 347 · 68   300 · 70   400 · 60   400 · 70
f) 752 · 76   700 · 70   800 · 80   700 · 80

5. Überschlage vorher.

a) 823 · 15
1986 · 23
993 · 46

b) 1466 · 16
733 · 32
1286 · 96

c) 9530 · 57
662 · 69
2439 · 41

d) 6261 · 14
2659 · 13
2087 · 42

e) 733 · 32
28590 · 19
2572 · 48

Auffällige Ergebnisse.

6. Drei Aufgaben sind falsch gelöst. Prüfe durch Überschlagen. Rechne richtig.

a) 512 · 19
5120
4608
9728

b) 2794 · 42
108760
5588
114348

c) 309 · 64
18540
1236
19876

d) 853 · 27
5971
17060
23031

e) 3859 · 83
30872
115770
146642

7. Rechne nur die lösbaren Aufgaben.

11111   22222   33333   44444   ⊖   9876   23456   12345

1235   9877   9877
10987 12346 20988
20988 23457 32099
34568

90

Schriftliches Multiplizieren mit einer dreistelligen Zahl

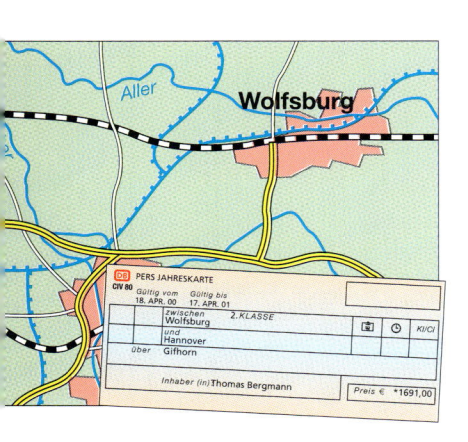

1. Herr Burgmann aus Wolfsburg fährt täglich nach Hannover. Im vergangenen Jahr hat er an 218 Tagen gearbeitet. Wie viel Kilometer ist er insgesamt gefahren?

176 · 218 =   Probe (Tauschaufgabe):

```
1 7 6 · 2 1 8
    3 5 2 0 0   ← 176 · 200
      1 7 6 0   ← 176 ·  10
      1 4 0 8   ← 176 ·   8
```

```
2 1 8 · 1 7 6
    2 1 8 0 0
    1 5 2 6 0
      1 3 0 8
```

Herr Burgmann fuhr im Jahr ▓ km.

2. a) Frau Bergner fährt jeden Tag 109 km. Sie arbeitete an 194 Tagen.
b) Busfahrerin Scholz fuhr an 167 Tagen jeweils 253 km.

3. Multipliziere. Rechne zur Probe die Tauschaufgabe.

a) 576 · 136	b) 247 · 245	c) 431 · 127	d) 851 · 452	e) 143 · 721
577 · 136	248 · 246	341 · 271	319 · 647	123 · 456

4. a) 643 · 192 b) 603 · 389 c) 814 · 546 d) 3 394 · 291 e) 111 · 111
1 697 · 582   369 · 271   10 623 · 43   429 · 518   111 · 222
542 · 123   9 530 · 57   1 617 · 481   2 849 · 351   333 · 111

Auffällige Ergebnisse.

5. Fernfahrer Welker fährt von Münster über Minden nach Hannover und zurück. Im letzten Jahr fuhr er 176-mal. In diesem Jahr sind 12 Fahrten mehr geplant.

Münster — 126 km — Minden — 72 km — Hannover

6. Findest du die fehlenden Zahlen?

a)
```
2 6 3 · ▓ 5 4
  2 6 3 0 0
  1 ▓ 1 5 0
    1 ▓ 5 2
  4 0 5 0 2
```

b)
```
▓ 7 3 · 2 7 9
  1 9 4 6 0 0
    6 8 1 ▓ 0
      ▓ 7 5 7
  2 7 1 4 6 ▓
```

c)
```
6 ▓ 4 · 3 ▓ 8
  1 8 1 2 0 0
    1 2 0 ▓ 0
        4 8 3 2
  1 ▓ 8 1 1 2
```

d)
```
▓▓▓ · 1 2 3
  3 2 1 0 0
    6 4 2 0
      ▓▓▓
  3 9 4 8 3
```

e)
```
5 5 5 · ▓▓▓
  1 6 6 5 0 0
    1 6 6 5 0
      ▓▓▓▓
  1 8 4 8 1 5
```

7. Multipliziere zwei Zahlen miteinander und addiere die dritte Zahl. Versuche, eine möglichst große Zahl zu erreichen.

a) 50, 400, 700
b) 900, 80, 9
c) 400, 200, 600
d) 600, 400, 100

Wie hast du das größte Ergebnis erreicht?

8. a) 625 · 36 : 9 b) 2 348 : 4 · 12 c) 6 125 : 5 · 20 d) 1 057 · 42 : 7

Kannst du geschickt rechnen?

9. a) 7 · 8 · 9 · 123 b) 5 · 7 · 4 · 708 c) 6 · 4 · 8 · 531 d) 9 · 1 · 7 · 876
e) 8 · 3 · 0 · 466 f) 7 · 15 · 843 g) 8 · 35 · 237 h) 34 · 7 · 972

91

Schriftliches Multiplizieren

1. [Telefonbuch-Ausschnitt]

- Wie oft kommt mein Familienname im Telefonbuch vor?
- Wie viele Seiten hat unser Ort im Telefonbuch?
- Wie oft kommt der Name Müller auf einer Seite vor?
- Wie viele Telefonanschlüsse stehen auf einer Seite?
- Wie viele Telefonanschlüsse gibt es in unserem Ort?

Kann man alles genau rechnen?

2. Telefonbuch Hamburg: 2174 Seiten; Köln: 1277 Seiten; Frankfurt am Main: 1120 Seiten.

Jede Seite hat vier Spalten.
In jeder Spalte stehen etwa 94 Namen.

3.

	Müller	Schäfer	Schmidt
Hamburg	64 Spalten	11 Spalten	66 Spalten
Köln	37 Spalten	13 Spalten	29 Spalten
Frankfurt	28 Spalten	10 Spalten	31 Spalten

Etwa wie viele Telefonkunden heißen Müller, Schäfer, Schmidt?

4. RECHENKONFERENZ

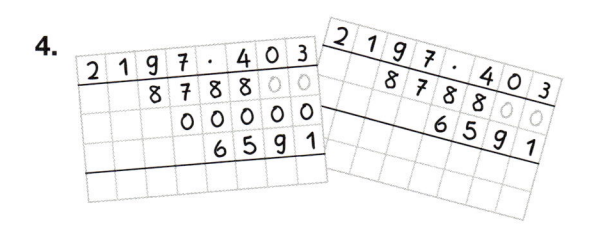

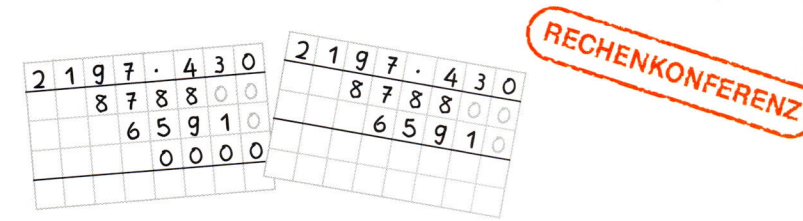

```
2197 · 403        2197 · 403        2197 · 430        2197 · 430
8788 0 0          8788 0 0          8788 0 0          8788 0 0
0 0 0 0 0           6591            6591              6591 0
  6591                               0 0 0 0
```

5. Überschlage vorher.

a) 596 · 203   b) 1432 · 660   c) 798 · 506   d) 1308 · 764   e) 847 · 49
   596 · 230   1432 · 606   3087 · 290   972 · 690   1847 · 50
   596 · 302   1432 · 66   902 · 352   1649 · 421   837 · 503

6.
```
  739 · 847
  5912 0 0
   2956 0
     5173
  625933
```
Ich kann die Nullen auch weglassen.

a) 739 · 892   b) 641 · 231   c) 247 · 356
   739 · 792   741 · 231   347 · 256
   749 · 692   741 · 331   457 · 346

659 188   585 288   518 308   511 388   245 271   171 171   158 122   148 071   88 832   87 932

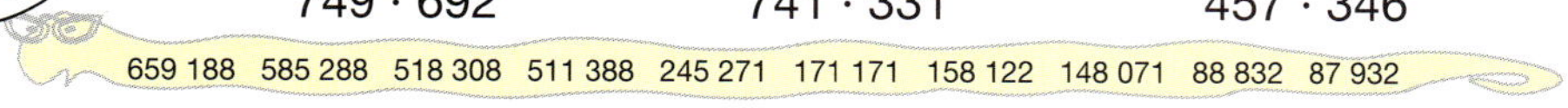

7.
a) 523,04 € + 43,65 € − 95,83 €
b) 322,58 € − 183,19 € + 6,09 €
c) 74,92 € + 452,31 € − 61,24 €
d) 225,75 € − 84,33 € + 9,99 €
e) 112,88 € + 844,23 € − 142,22 €
f) 433,17 € − 222,22 € + 553,87 €
g) 56,60 € + 754,78 € − 681,03 €
h) 448,29 € − 87,33 € + 100,95 €
i) 459,63 € + 199,25 € − 658,88 €
j) 628,74 € − 63,55 € + 410,12 €

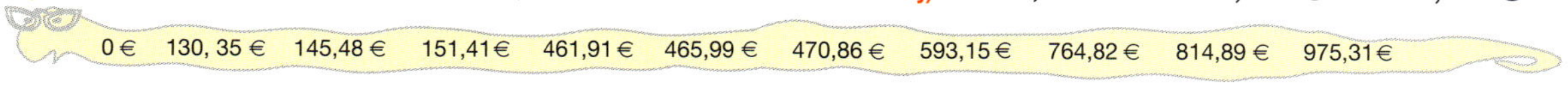

0 €   130,35 €   145,48 €   151,41 €   461,91 €   465,99 €   470,86 €   593,15 €   764,82 €   814,89 €   975,31 €

Schriftliches Multiplizieren – Kommazahlen

1. Mario hat im letzten Jahr von 17 Filmen Fotos machen lassen.
Wie viel hat das gekostet?

7,80 € · 17 =

Ü: 8 € · 20 = 160 €

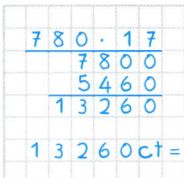

17 · 7,80

```
780 · 17
    7800
    5460
   13260
```
13 260 ct =

```
7,80 € · 17
      7800
      5460
     13260 €
```

Die Fotoarbeiten haben ■ € gekostet.

Pinnwand Mario:
- Kakao in der Schule 0,25 €
- Fotoarbeiten pro Film 7,80 €
- Brötchen 0,35 €
- Pferdezeitung 1,80 € pro Woche
- Eintritt Schwimmbad mittwochs 1,50 €
- Fahrtkosten zum Training 1,10 €
- Taschengeld 3,50 € pro Woche

2. Berechne die übrigen Ausgaben
a) für einen Monat (vier Wochen)
b) für ein Jahr

Ein Jahr hat 52 Wochen.
1 Schuljahr hat etwa 185 Tage.

3. Grit spart seit einem halben Jahr jede Woche 1,50 € von ihrem Taschengeld.
Sie möchte sich einen Rucksack für 42 € kaufen.

4. Vertausche die Zahlen zum Multiplizieren. Überschlage vorher.
a) 74 · 8,47 €
   12 · 64,35 €
   21 · 81,96 €
   66 · 15,70 €
b) 63 · 27,32 €
   28 · 59,07 €
   42 · 121,32 €
   9 · 85,80 €
c) 77 · 21,48 €
   56 · 90,99 €
   37 · 16,94 €
   44 · 23,55 €

> 626,78 €   772,20 €
> 843,90 €   1036,20 €
> 1653,96 € 1721,16 €
> 5095,44 €
> Je zwei Aufgaben haben dasselbe Ergebnis.

5. Erfinde zu jeder Aufgabe eine Rechengeschichte. Gib sie zum Lösen weiter.
a) 52 · 7,95 €
b) 12 · 19,98 € + 47,80 €
c) 24,85 € : 7

6. a) 40 · 3,69 € + 3 €
       40 · (3,69 € + 3 €)
       3,69 € + 3 · 40 €
   b) 31 · (18,15 € + 4,25 €)
       31 · 18,15 € + 4,25 €
       18,15 € + 31 · 4,25 €
   c) 17 · (5,95 € + 7,28 €)
       17 · 5,95 € + 7,28 €
       17 · 7,28 € + 5,95 €

7. Rechne geschickt.
a) 4,25 € · 36 : 9
b) 15,68 € : 4 · 12
c) 76,86 € · 42 : 6
d) 61,63 € : 5 · 10
e) 147,00 € · 9 : 3
f) 256,50 € · 48 : 8
g) 345,09 € · 24 : 6
h) 2955,75 € : 7 · 21
i) 1,25 € · 56 : 7

8. < oder = oder >.
a) 4 500 g ○ 4 kg
   4 000 g ○ 4 kg
   490 g ○ 4 kg
   1 400 g ○ 4 kg
b) 1 000 g ○ ½ kg
   250 g ○ ½ kg
   550 g ○ ½ kg
   500 g ○ ½ kg
c) 250 g ○ ¼ kg
   6 000 g ○ 60 kg
   6 000 g ○ 6 kg
   1 500 g ○ 1½ kg
d) 300 kg ○ 3 t
   6 000 kg ○ 6 t
   5 100 kg ○ 5 t
   7 100 kg ○ 7 t
e) 900 kg ○ ½ t
   400 kg ○ ¼ t
   500 kg ○ ½ t
   250 kg ○ ¼ t

Zuckerrübenfeld    Rübenernte    Rübenschnitzel    Verdampfstation    Zentrifugieren

Zuckerherstellung
Die Rüben werden in der Zuckerfabrik gewaschen und anschließend geschnitzelt.
Mit heißem Wasser wird den Schnitzeln der Zucker entzogen. Die Zuckerlösung wird erhitzt und zu Sirup eingedickt. Es bilden sich Zuckerkristalle. In großen Zentrifugen werden sie vom anhaftenden Sirupfilm befreit.

Aus 10 Zuckerrüben gewinnt man etwa 1 kg Zucker.

1 t Zuckerrüben
200 kg Zucker

Zuckerrüben
Aussaat: März/April
Ernte: nach 180 Tagen

Zuckerrübentransport mit Lkw: je Lkw 22 t

Bahntransport für Zuckerrüben: je Waggon 23,500 t

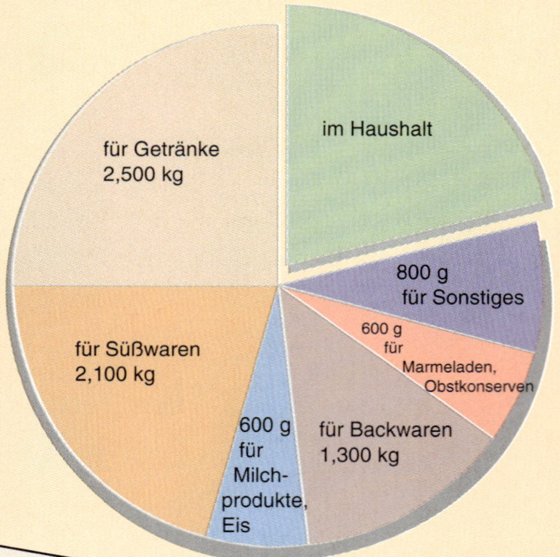

Die Zuckerfabrik bezahlt für 1 t Rüben 50,87 €.
1 kg Zucker kostet im Laden 0,98 €.

Von 10 kg Zucker werden verwendet
- für Getränke 2,500 kg
- im Haushalt
- 800 g für Sonstiges
- 600 g für Marmeladen, Obstkonserven
- für Süßwaren 2,100 kg
- 600 g für Milchprodukte, Eis
- für Backwaren 1,300 kg

Geschichte des Zuckers

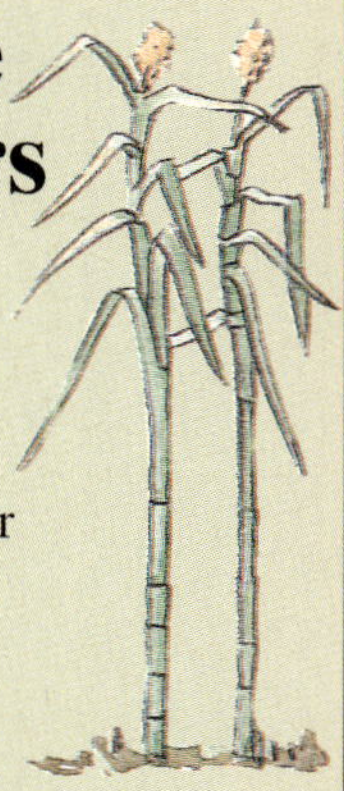

Jahr	
300	Sirup aus Zuckerrohr in Indien
600	Herstellung von Zucker in Persien
1100	Zucker wird nach Europa gebracht
1747	Entdeckung des Zuckergehalts der Zuckerrübe
1798	Herstellung von Zucker aus Rüben
1801	erste Zuckerfabrik in Schlesien

Bevor Zucker bekannt war, wurde mit Honig gesüßt.

- Vom Bauernhof Meier werden 30 t Rüben abgeliefert. Wie viel wird für die Lieferung bezahlt?
- An einem Tag liefern etwa 200 Lkws Zuckerrüben an. Wie viel t sind das?
- Wie viel würden 1000 kg Zucker im Laden kosten?
- Auf einem quadratischen Ackerstück von 10 m Seitenlänge wachsen 750 Zuckerrüben. Wie viel Zucker ergibt das?
- Wie lange wird bei uns schon Zucker aus Zuckerrüben hergestellt?
- Früher wurden die Zuckerrüben mit der Bahn in der Zuckerfabrik angeliefert. Wie viel t Zuckerrüben transportierte ein Zug mit 20 Wagen?
- Der jährliche Zuckerverbrauch einer Person beträgt etwa 35 kg. Wie viel Zuckerrüben werden dafür gebraucht?
- Bauer Reimers sät am 27. März aus. Wann kann er ernten?

Zuckerverbrauch

All zu viel ist ungesund

Berlin (dpa) – Auf einer Tagung von Kinderärzten gab es keinen Redner, der nicht auf den Zusammenhang von zu hohem Zuckerverbrauch und bestimmten Krankheiten hinwies.

Beispiel 1: Karies. Drei Viertel aller Schulkinder und bereits die Hälfte aller Dreijährigen leiden an Karies (Zahnfäule). Süßigkeiten sind dafür vor allem verantwortlich, ganz besonders Schleckereien wie Lutscher und Bonbons, die an den Zähnen haften bleiben. Zucker wird im Mund von Bakterien zu Säure umgewandelt, die dann die Zahnsubstanz angreift.

Beispiel 2: Übergewicht. Jedes Gramm Zucker „zu viel" kann im Körper in Fett umgewandelt werden. Da liegt es auf der Hand, dass ein hoher Zuckerkonsum mitverantwortlich für Übergewicht ist. Außerdem macht das süße Zeug kaum satt, und wenn, dann nur für kurze Zeit. Wissenschaftler haben sogar herausgefunden, dass Zucker das Hungergefühl eher noch verstärken kann.
Sie erklären das so: Nach dem Z...

1. So viel Zucker versteckt sich in Speisen und Getränken.

Wie viel Zucker enthalten die Speisen und Getränke?

2. Vermute, wie viel Zucker ein Kind im Jahr ungefähr zu sich nimmt.

5 kg Zucker   10 kg Zucker   40 kg Zucker

3. Sascha hat aufgeschrieben, was er in einer Woche an gezuckerten Speisen und Getränken verbraucht.

- 100 g Honig
- 2 Tafeln Schokolade
- 2 Liter Limo
- 80 g Ketchup
- 100 g Kakaopulver
- 60 g Nuss-Nugat-Creme

außerdem noch etwa 150 g Zucker

Wie viel Zucker verbraucht Sascha?
a) in einer Woche
b) in einem Jahr

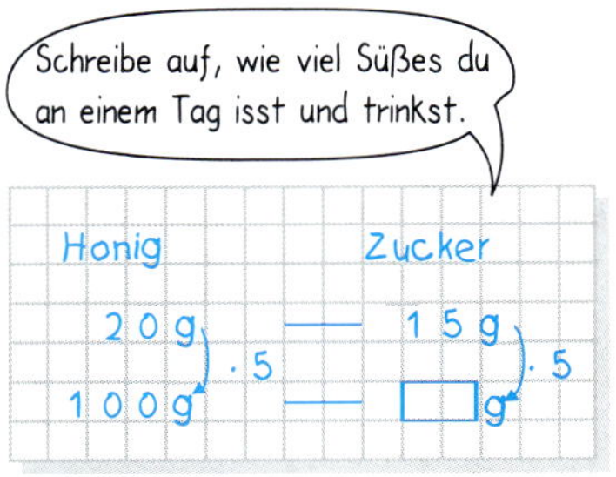

Schreibe auf, wie viel Süßes du an einem Tag isst und trinkst.

4. Täglicher Zuckerverbrauch pro Person.

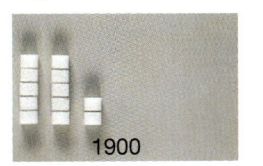

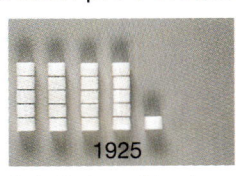

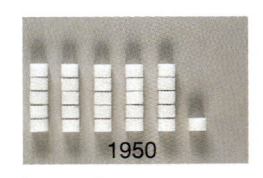

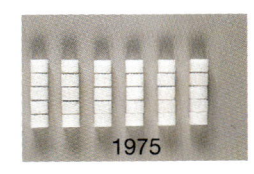

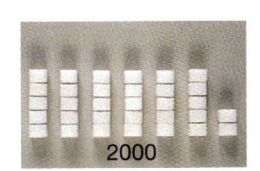

1900   1925   1950   1975   2000

Berechne immer den jährlichen Zuckerverbrauch.

Der Mensch
(Homo sapiens)

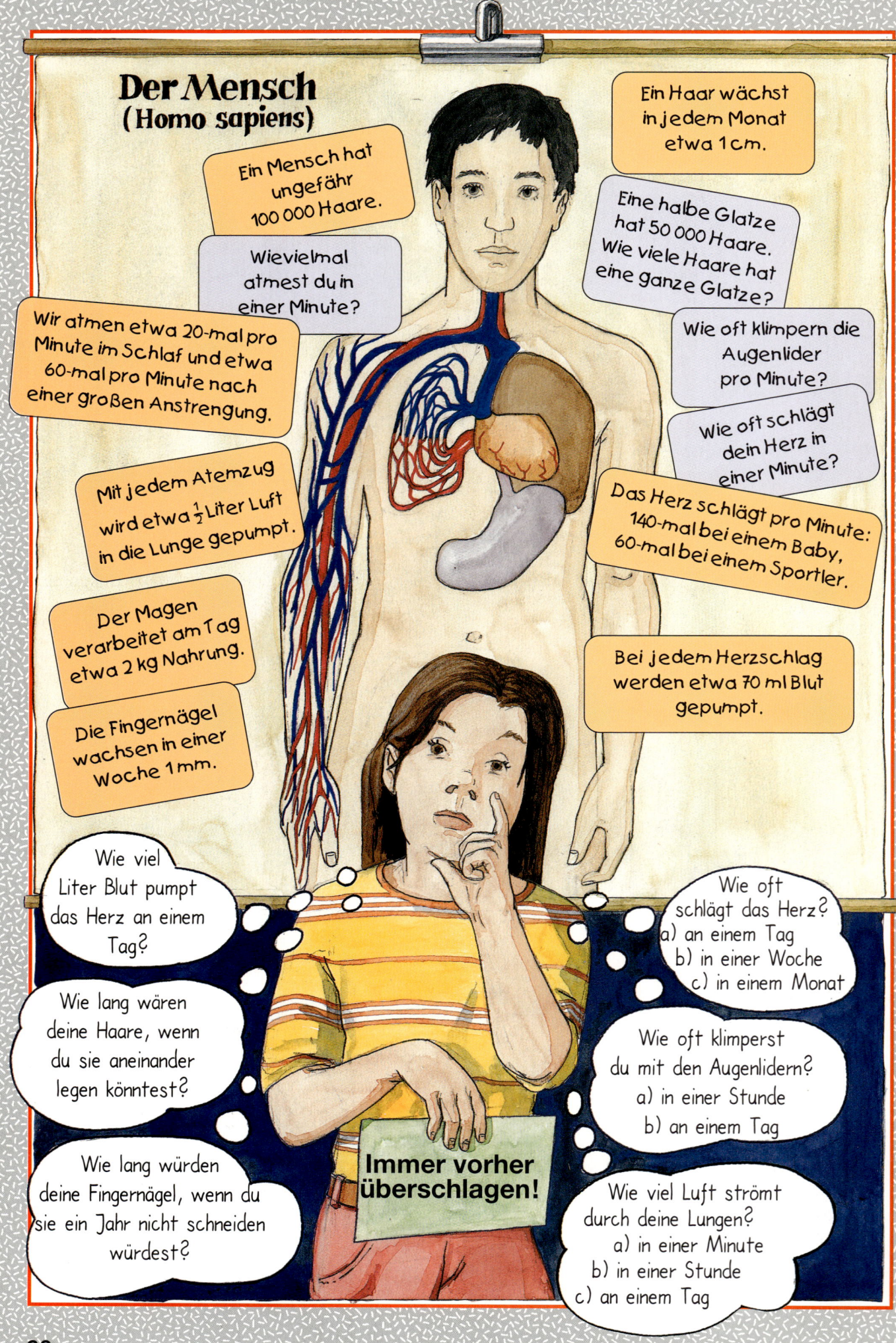

Ein Mensch hat ungefähr 100 000 Haare.

Ein Haar wächst in jedem Monat etwa 1 cm.

Wievielmal atmest du in einer Minute?

Eine halbe Glatze hat 50 000 Haare. Wie viele Haare hat eine ganze Glatze?

Wir atmen etwa 20-mal pro Minute im Schlaf und etwa 60-mal pro Minute nach einer großen Anstrengung.

Wie oft klimpern die Augenlider pro Minute?

Wie oft schlägt dein Herz in einer Minute?

Mit jedem Atemzug wird etwa $\frac{1}{2}$ Liter Luft in die Lunge gepumpt.

Das Herz schlägt pro Minute: 140-mal bei einem Baby, 60-mal bei einem Sportler.

Der Magen verarbeitet am Tag etwa 2 kg Nahrung.

Bei jedem Herzschlag werden etwa 70 ml Blut gepumpt.

Die Fingernägel wachsen in einer Woche 1 mm.

Wie viel Liter Blut pumpt das Herz an einem Tag?

Wie oft schlägt das Herz?
a) an einem Tag
b) in einer Woche
c) in einem Monat

Wie lang wären deine Haare, wenn du sie aneinander legen könntest?

Wie oft klimperst du mit den Augenlidern?
a) in einer Stunde
b) an einem Tag

Immer vorher überschlagen!

Wie lang würden deine Fingernägel, wenn du sie ein Jahr nicht schneiden würdest?

Wie viel Luft strömt durch deine Lungen?
a) in einer Minute
b) in einer Stunde
c) an einem Tag

Wiederholung

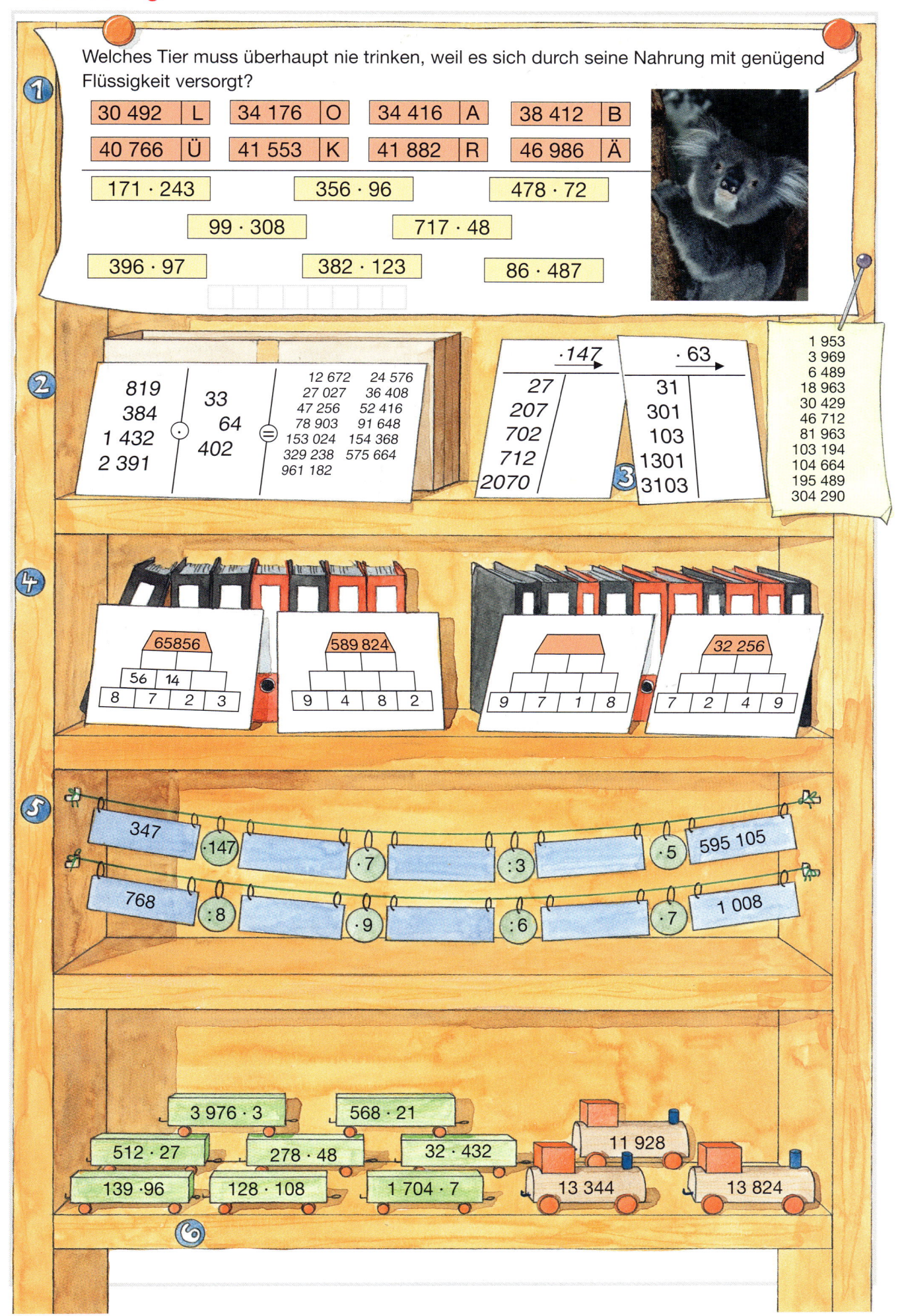

1 Welches Tier muss überhaupt nie trinken, weil es sich durch seine Nahrung mit genügend Flüssigkeit versorgt?

| 30 492 | L | 34 176 | O | 34 416 | A | 38 412 | B |
| 40 766 | Ü | 41 553 | K | 41 882 | R | 46 986 | Ä |

171 · 243   356 · 96   478 · 72
99 · 308   717 · 48
396 · 97   382 · 123   86 · 487

2
819
384
1 432
2 391

33
64
402

⊙ =

12 672   24 576
27 027   36 408
47 256   52 416
78 903   91 648
153 024 154 368
329 238 575 664
961 182

3

· 147 →	· 63 →
27	31
207	301
702	103
712	1301
2070	3103

1 953
3 969
6 489
18 963
30 429
46 712
81 963
103 194
104 664
195 489
304 290

4

65856
| 56 | 14 |
| 8 | 7 | 2 | 3 |

589 824
| 9 | 4 | 8 | 2 |

(leer)
| 9 | 7 | 1 | 8 |

32 256
| 7 | 2 | 4 | 9 |

5
347 · 147 · 7 : 3 · 5 → 595 105
768 : 8 · 9 : 6 · 7 → 1 008

6
3 976 · 3   568 · 21
512 · 27   278 · 48   32 · 432   11 928
139 · 96   128 · 108   1 704 · 7   13 344   13 824

Milliliter – Liter

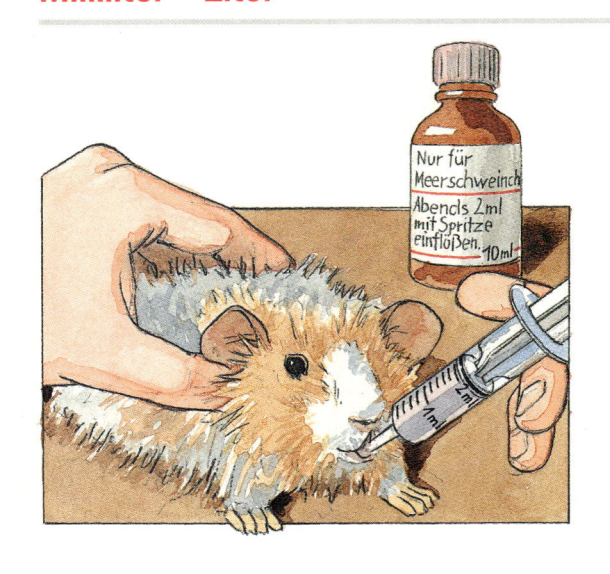

1.

Auf einen Teelöffel passen 2 Milliliter Wasser.

Auf einen Esslöffel passen 10 ml Wasser.

In den 1-Liter-Messbecher passen

1 ml Wasser sind 20 Tropfen.

In einen Joghurtbecher passen 20 Esslöffel Wasser.

Erzähle – frage – probiere – rechne – antworte.

2. Wie viele Teelöffel Flüssigkeit?

A Orangenöl 10 ml
B Mückenöl 25 ml
C Rosenessenz 5 ml
D Rosenöl 2 ml
E Jojobaöl 50 ml

Wie viele Tropfen?

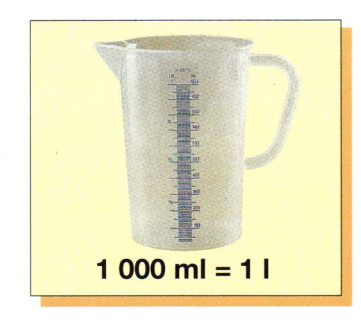

A	Orangenöl
	5 Teelöffel

1 000 ml = 1 l

3. Prüfe mit einem Messbecher. Wie viel Milliliter passen in die Gefäße?
a) Trinkglas
b) Kaffeetasse
c) Saftflasche
d) Schnapsglas
e) Gurkenglas
f) Limonadenflasche

4. Rechne um.

Liter	1	$\frac{1}{2}$	$\frac{1}{4}$	5	3	$1\frac{1}{2}$			
Milliliter							2 000	4 000	1 500	750

5. Zum Herstellen von Kosmetik hat Frau Meiser 2 l Jojoba-Öl gekauft. Für jede Creme braucht sie 50 ml Öl.
Wie viele Cremes kann sie ansetzen?

6. Der Wasserhahn tropft - alle 3 Sekunden einmal.
a) Wie viel Tropfen sind das in 5 Minuten?
b) Wie viel Milliliter sind das in 5 Minuten?
c) Wie viel Milliliter sind das in 1 Stunde?
d) Wie viel Liter sind das etwa an einem Tag?
e) Wie lange dauert es ungefähr, bis ein 10-l-Eimer voll ist?

RECHENKONFERENZ

7. a) 1 200 2 400 3 600 : 30 600 3
b) 1 400 14 000 140 : 20 7

98

Liter

1.

Wasser ist kostbar!

Wasser wird immer knapper. Deshalb sollte man es sparsam verbrauchen. So kann man beispielsweise beim Duschen leicht

> Ich habe auf die Wasseruhr geschaut. Ich brauche 22 l Wasser zum Duschen. — Marcel

> Unsere Dusche füllt in 30 s einen 5-l-Eimer. Meist dusche ich 4 min lang. — Nina

> Unsere Dusche hat einen Durchflussbegrenzer. Deshalb fließen in 1 Minute nur 12 l Wasser. Ich dusche meist $2\frac{1}{2}$ min lang. — Kristina

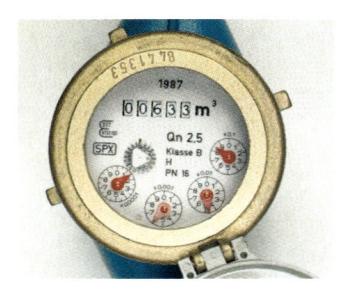

a) Wer braucht für ein Duschbad am wenigsten Wasser?
b) Marcel duscht jeden Tag, Nina an vier Tagen in der Woche und Kristina fünfmal in der Woche. Wer hat den niedrigsten Verbrauch in einer Woche?

Prüfe, wie viel Wasser du zum Duschen brauchst.

2. Carolin putzt ihre Zähne 3 Minuten lang. Während dieser Zeit lässt sie das Wasser laufen. Torben dreht den Wasserhahn nur zweimal 10 s auf. Wie viel Wasser spart Torben in einer Woche?

In 1 min 12 l.

3. Durchschnittlicher Wasserbedarf im Haushalt (in Liter). Pro Person an einem Tag.

Wie hoch ist der Gesamtbedarf an einem Tag?

- Duschen: 41 l
- Toilette: 44 l
- Wäsche: 15 l
- Spülen: 9 l
- Waschen: 9 l
- Zähneputzen: 6 l
- Kochen: 6 l
- Garten: 2 l

Wie könnt ihr sparen?

4.

Wasserverbrauch niedriger!

Nach neueren Untersuchungen werden im Haushalt pro Person am Tag nur noch 132 l Wasser verbraucht. Dieses Ergebnis

a) Familie Körner besteht aus 5 Personen. Wie hoch wäre ihr Jahresverbrauch, wenn sie durchschnittlichen Wasserbedarf hätte?
b) Prüfe, ob deine Familie den Durchschnittsverbrauch erreicht.

5. a) 900 | 2 100 | 270 000 : 3 | 30 | 300   b) 800 | 2 400 | 16 000 : 4 | 40 | 400

Ansichten – Schrägbilder

A   B   C

D   E   F

1. Aus welcher Sicht siehst du das Fahrzeug?

A von vorn

Kannst du den Körper nachbauen?

2. Verschiedene Ansichten desselben Körpers.

von vorn   von hinten   von oben   von unten   von rechts   von links

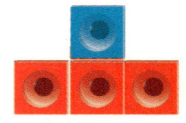

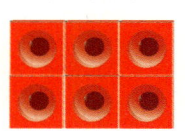

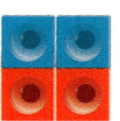

Aus wie vielen Würfeln ist der Körper gebaut?

3. a) Im Schrägbild erkennt ihr die Körper besser. Baut sie nach.

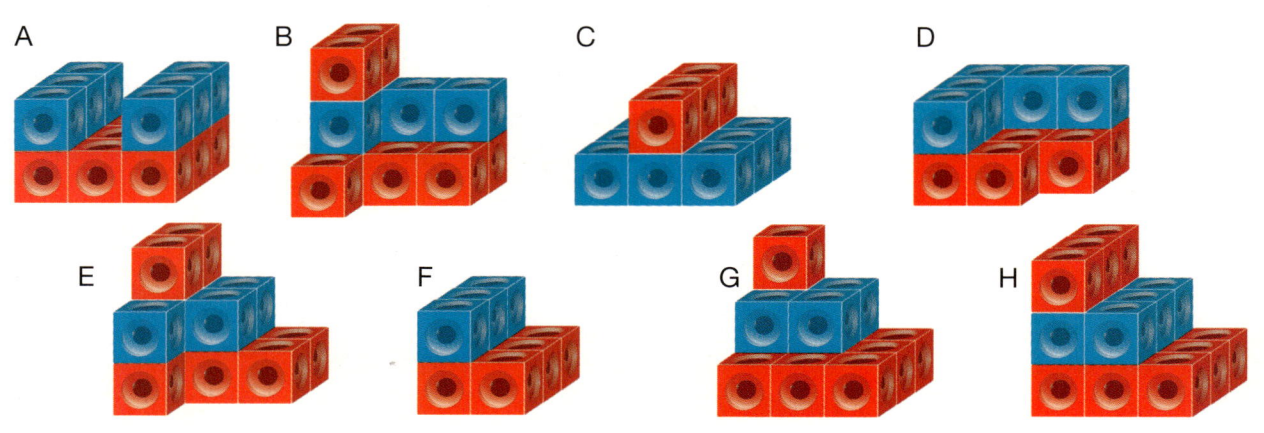

A   B   C   D

E   F   G   H

b) Immer zwei Körper zusammengesetzt ergeben einen großen Würfel. Vermutet und probiert dann aus.

4. Zeichne die Schrägbilder. Male die zueinander parallelen Linien in derselben Farbe.

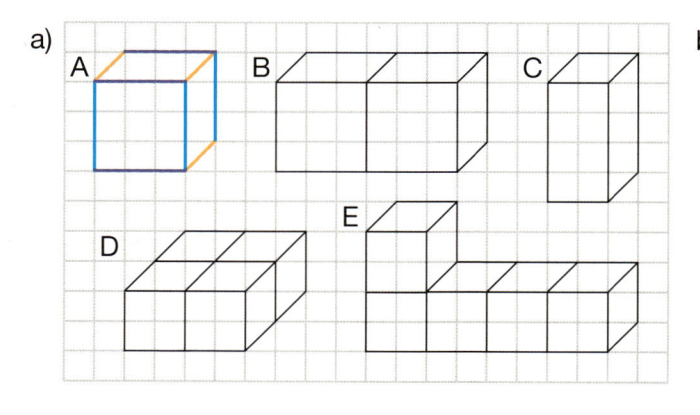

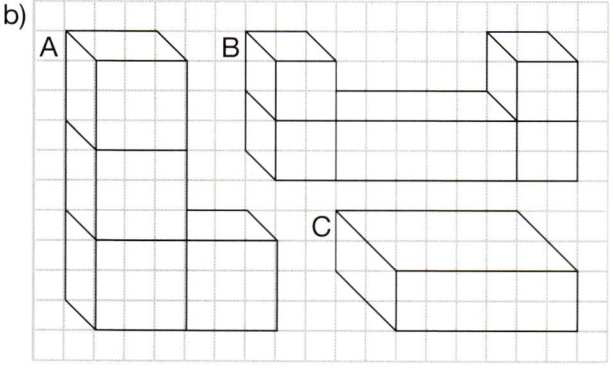

a) A   B   C
   D   E

b) A   B
   C

Legen und Zeichnen im Punktgitter

1. Mit diesen Plättchen könnt ihr verschiedene Schrägbilder legen. Probiert aus.

   a) mit zwei Plättchen 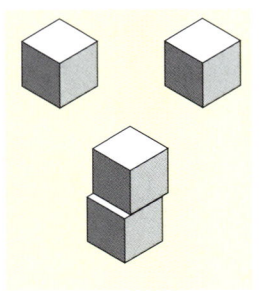
   b) mit drei Plättchen 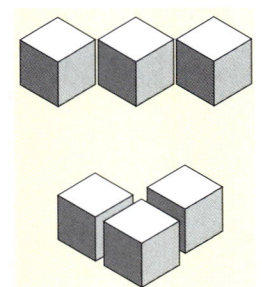
   c) mit mehreren Plättchen

2. a) Baue die Körper mit Holzwürfeln und lege dann mit Plättchen Schrägbilder.
   b) Zeichne im Punktgitter.

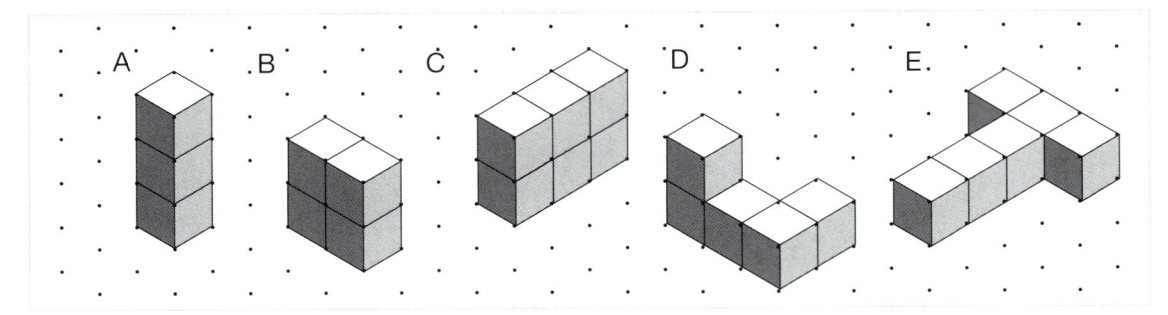

3. a) Wie viele Holzwürfel brauchst du zum Bauen? Vermute vorher.
   b) Lege Plättchen. Zeichne die Körper im Punktgitter.

   A   B    C

4. Wie viele Würfel brauchst du?
   a) für die nächste Treppe
   b) für die nächste quadratische Platte 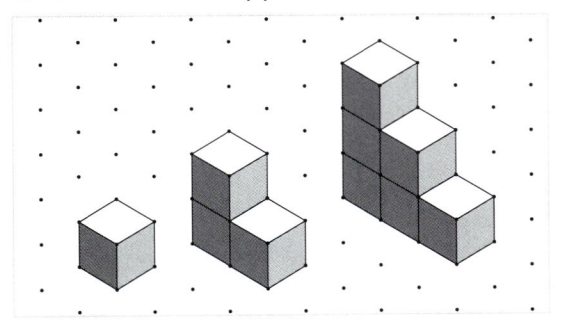
   c) Zeichne im Punktgitter und setze fort.

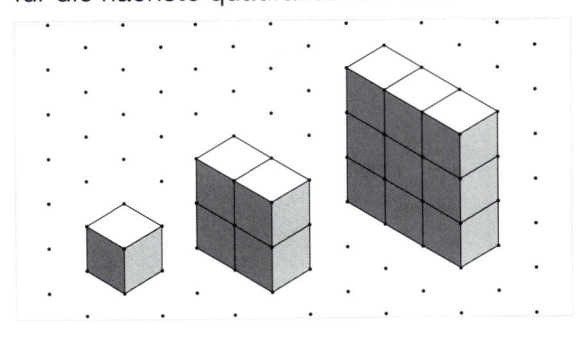

Baupläne – Körper bauen

1. Wie viele Würfel fehlen noch?

2. Ein Bauplan beschreibt die Anzahl und Anordnung der Würfel in einem Körper.

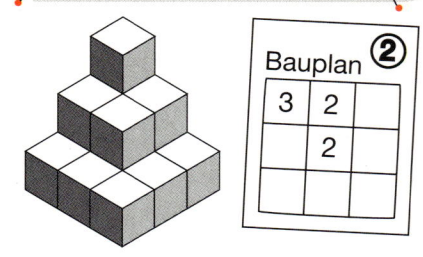

Baue nach.
Vervollständige den Bauplan.

Bauplan ②

3	2	
	2	

3. a) Baut Körper nach den Bauplänen. Wie viele Würfel braucht ihr jeweils?

A
2	2	2	2
2	3	3	3
2	3	4	4
2	3	4	5

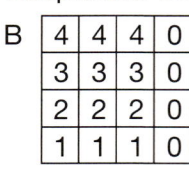

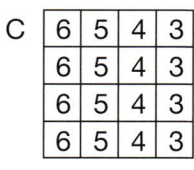

B
4	4	4	0
3	3	3	0
2	2	2	0
1	1	1	0

C
6	5	4	3
6	5	4	3
6	5	4	3
6	5	4	3

D
5	4	3	1	1	3	4	5
3	2	1	0	0	1	2	3
3	2	1	0	0	1	2	3
5	4	3	1	1	3	4	5

b) Entwerft Baupläne und gebt sie zum Bauen weiter.

4. Die Quader sollen mit Würfeln gefüllt werden.

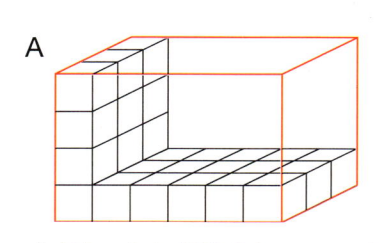

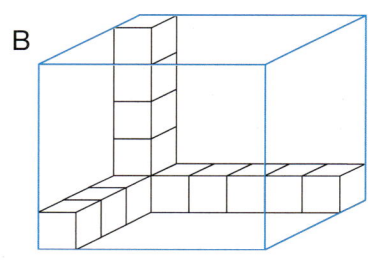

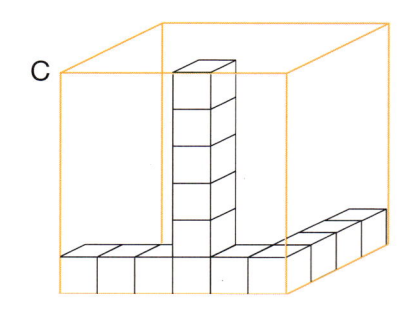

a) Wie viele Würfel passen jeweils in einen Quader?
b) Wie viele Würfel fehlen jeweils?
c) Schreibe zu den fertigen Quadern Baupläne.

5. a) Wie viele kleine Würfel passen jeweils in die großen Würfel?

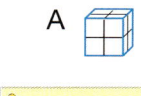

Würfelzahlen

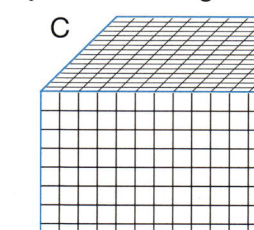

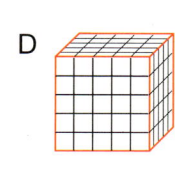

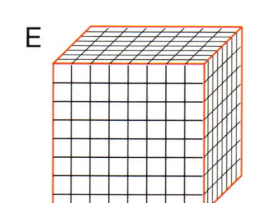

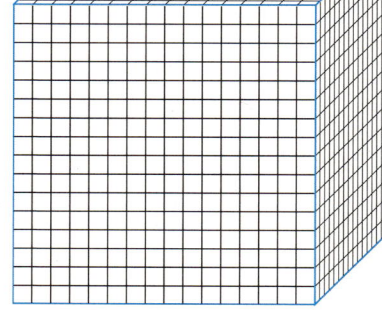

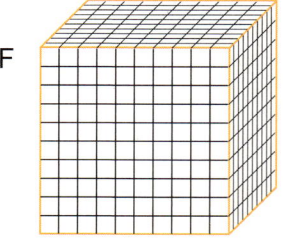

Ich rechne ■ · ■ · ■ = ■

b) Denke dir weitere Würfel aus und berechne die Würfelzahlen.
c) Wie oft brauchst du den Körper A, um den Körper B zu bauen?
Suche weitere Zusammenhänge.

Körper – Netze

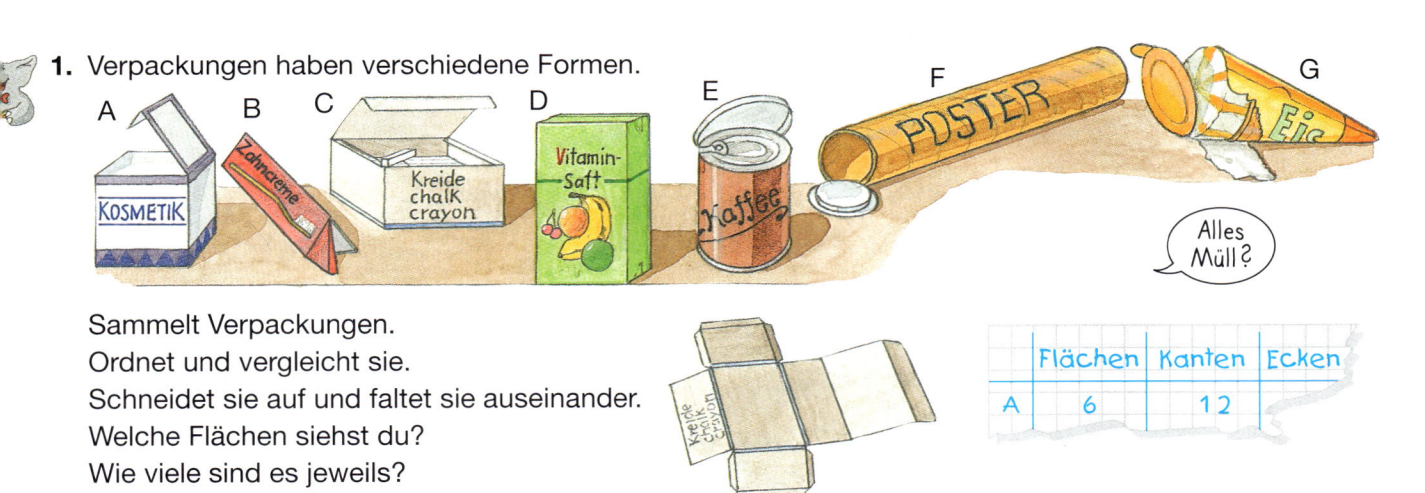

1. Verpackungen haben verschiedene Formen.

   Sammelt Verpackungen.
   Ordnet und vergleicht sie.
   Schneidet sie auf und faltet sie auseinander.
   Welche Flächen siehst du?
   Wie viele sind es jeweils?

	Flächen	Kanten	Ecken
A	6	12	

2. Körper und ihre Netze. Ordne zu.

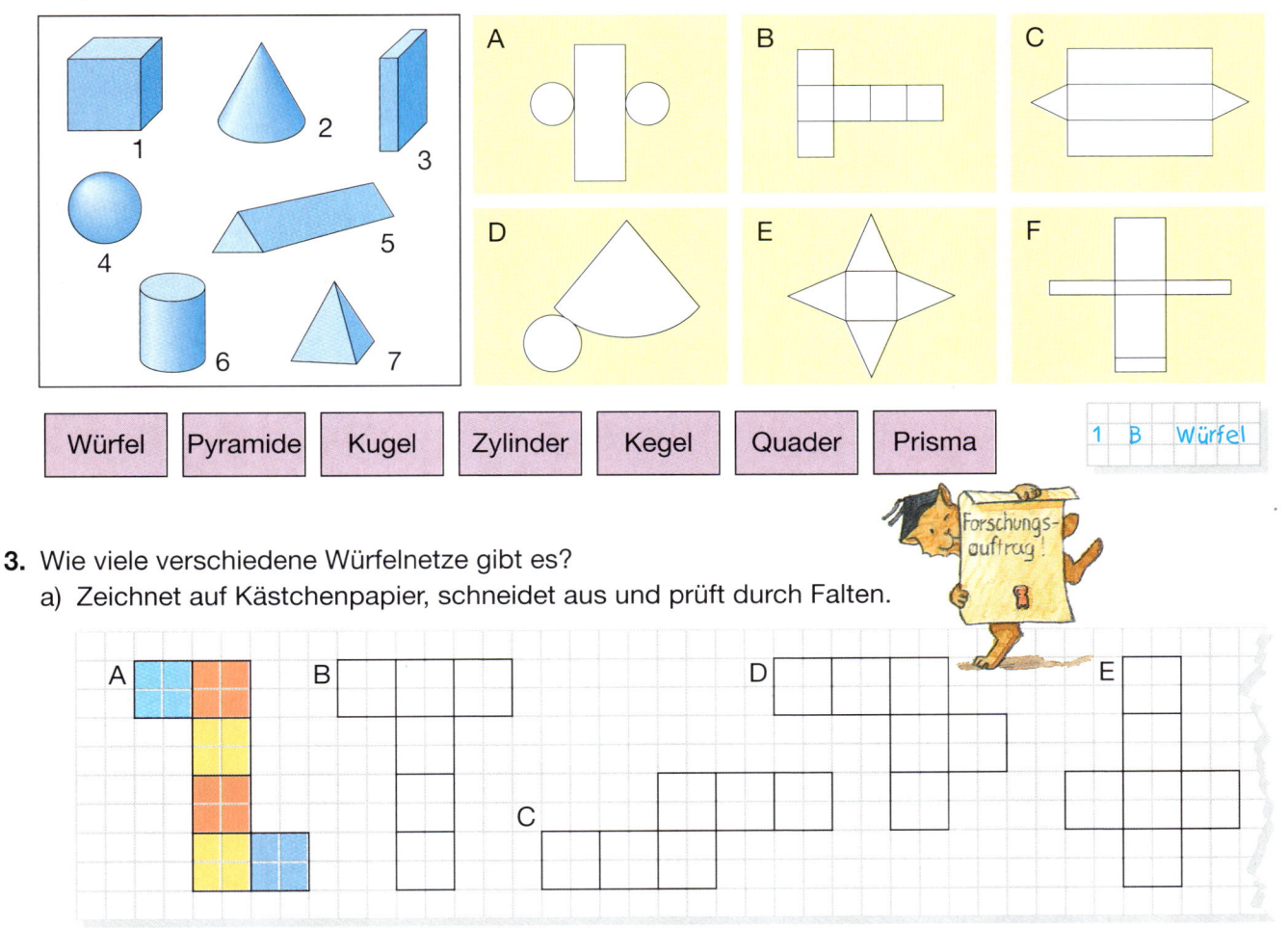

   Würfel   Pyramide   Kugel   Zylinder   Kegel   Quader   Prisma

   | 1 | B | Würfel |

3. Wie viele verschiedene Würfelnetze gibt es?
   a) Zeichnet auf Kästchenpapier, schneidet aus und prüft durch Falten.

   b) Welche Flächen liegen sich nach dem Falten gegenüber? Malt sie in derselben Farbe an.

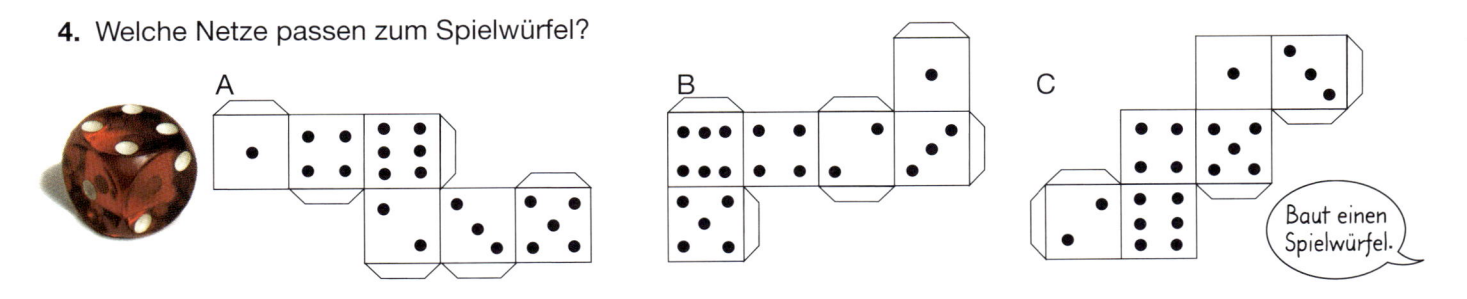

4. Welche Netze passen zum Spielwürfel?

   Baut einen Spielwürfel.

Quader und Würfel

1. Ein Schuhkarton ohne Deckel.

Welche Fläche fehlt zu einem vollständigen Quadernetz?

2.

A B C D E F

a) Zu jedem Netz fehlen zwei Flächen.
   Zeichne die vollständigen Netze, schneide aus und prüfe durch Falten.
b) Vergleiche die Körper.

3. An jeder Ecke eines Quaders kann man drei rechte Winkel erkennen.
   a) Zeichne die Netze ab.
   b) Male die drei zusammengehörenden Winkel mit derselben Farbe an.

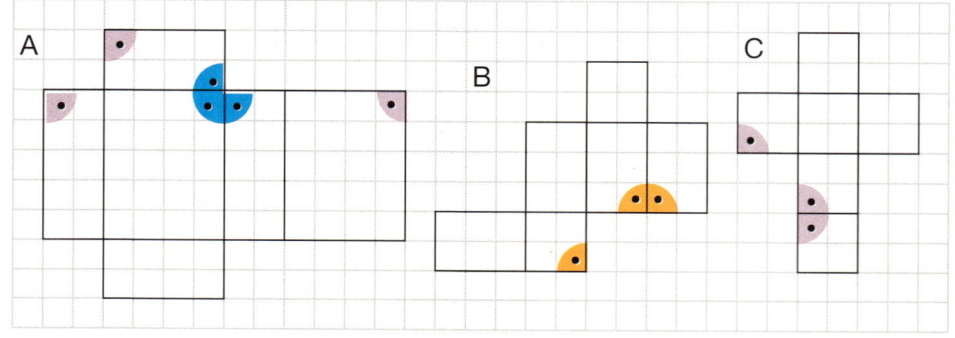

A B C

Geschenke verpacken

Wie lang muss das Geschenkband schon ohne Schleife sein?

3 cm
7 cm
7 cm

Die Postverpackungen

XS	S	M	L	XL	F
22,5 × 14,5 × 3,5 cm	25 × 17,5 × 10 cm	36 × 25 × 12 cm	40 × 25 × 15 cm	50 × 30 × 20 cm	36 × 13,5 × 12 cm

Wie lang muss die Paketschnur jeweils sein?

15 cm
3 cm
21 cm

Erkunde die Preise.
Wie teuer sind die Verpackungen? Wie viel kostet der Versand?

Welche Postverpackungen passen für die Bücher? Wie lang muss die Paketschnur sein? Berechne die Kosten.

Daniel verschickt die Bücher in einem Postpaket.

Eine Briefsendung ist vielleicht billiger!

Für eine schöne Schleife musst du 80 cm Band rechnen.

Spielesammlung
8 cm
24 cm
35 cm

Marie möchte ihrer Freundin das Spiel in einem Postpaket schicken.

3m

Länge 50 cm
Breite 30 cm
Höhe 35 cm

Reicht das Geschenkband?

Teiler-Rennen
Spiel für drei Kinder

Teiler 80
Teiler 90
Teiler 60

160　180　240　270　320

480　450　420　400　360

540　　　　　　　630　640　720

　　560　600　　　　　　　800

　　　960　900　810

990

Jeder entscheidet sich für eine der drei Spielzahlen (z. B. „Teiler 80").

2. Etappe

Reihum würfeln und die Teilerfigur entsprechend vorsetzen.

Prüft: Wenn die Spielzahl ein Teiler der Zahl auf dem erreichten Feld ist, darf die Figur dort stehen bleiben. Sonst muss sie zur nächsten passenden Zahl zurückgesetzt werden.

Wer zuerst über das Feld 990 hinauskommt, ist Etappensieger. Wer zuerst das Feld 7 200 erreicht, ist Gesamtsieger.

1 200　1 600　1 800　2 400　2 700

5 600　5 400

4 800
4 500
4 000　3 600　3 200

6 000

6 300　6 400　7 200

ZIEL
Total Time

Schriftliches Dividieren durch eine Zehnerzahl

1. Man hat herausgefunden, dass diese große Buche pro Stunde 8 910 Liter Sauerstoff erzeugt.
Ein Mensch braucht stündlich 30 Liter Sauerstoff.
Für wie viele Menschen reicht der von einem Baum gelieferte Sauerstoff?

    8 910 : 30 =

```
9 000 : 30 =
   90 : 30 =
 6 000 : 30 =
 2 700 : 30 =
      : 30 =
```

```
8 910 : 10 = 8
  891 :  3 =
```

```
8 910 : 30 =
 :10↓   :10↓
  891 :  3 =
```

```
  T H Z E        T H Z E
  8 9 1 0 : 3 0 = 2 9 7
 -6 0              :30
  2 9 1            :30
 -2 7 0         Probe:
    2 1 0        2 9 7 · 30
   -2 1 0            8 9 1 0
        0
```

Der Sauerstoff reicht für ☐ Menschen.

2. Ein großer Nadelbaum erzeugt stündlich 4 620 Liter Sauerstoff. Für wie viele Menschen reicht der gelieferte Sauerstoff?

3. Ein Waldarbeiter pflanzt pro Stunde 40 Bäumchen.
Wie lange braucht er für 1 920 Pflanzen?

4. Überschlage vorher.

    a) 8 640 : 40
       4 320 : 40
       2 160 : 40

    b) 7 740 : 30
       7 740 : 60
       7 740 : 90

    c) 97 720 : 70
       9 480 : 20
       97 680 : 80

    d) 72 280 : 40
       80 280 : 60
       9 800 : 50

    a) Ü: 8 000 : 40 =
           8 640 : 40 =

    54 86 108 129 196 216 258 342 474 1221 1338 1396 1807

5. a) 19 320   93 240   344 400 : 30   40   70

    b) 732 600   72 600   73 800 : 50   20   60

6. Suche den günstigsten Überschlag. Rechne aus und vergleiche.

    a) 51 660 : 60
       60 000 : 60
       54 000 : 60
       50 000 : 60

    b) 87 390 : 90
       100 000 : 90
       81 000 : 90
       90 000 : 90

    c) 122 790 : 30
       120 000 : 30
       150 000 : 30
       130 000 : 30

    d) 356 160 : 40
       360 000 : 40
       320 000 : 40
       400 000 : 40

    e) 726 960 : 80
       800 000 : 80
       700 000 : 80
       720 000 : 80

7. a) 4,17 €   8,06 €   25,34 € · 30   65

    b) 9,55 €   82,63 € · 72   86   134

8. a) 3,24 €   84,60 €   81,96 € : 4   6

    b) 61,92 €   6,57 €   157,05 € : 3   9

Schriftliches Dividieren durch eine Zehnerzahl

1. In jede Reihe passen 60 Reben.
1 300 Pflanzen sind geliefert worden.
Wie viele Reihen können gepflanzt werden?

1 300 : 60 = ▢

Ü: 1 200 : 60 = ▢

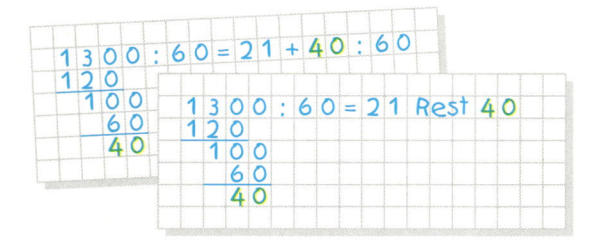

```
1 3 0 0 : 6 0 = 2 1 + 4 0 : 6 0
1 2 0
  1 0 0
    6 0
    4 0
```

```
1 3 0 0 : 6 0 = 2 1 Rest 4 0
1 2 0
  1 0 0
    6 0
    4 0
```

▢ Reihen können gepflanzt werden,
▢ Pflanzen bleiben übrig.

2. An Winzer Kipp wurden 2 000 Pflanzen geliefert.
Er setzt 70 Pflanzen pro Reihe.

3. Mache auch die Probe.

a) 5 000 : 60	b) 2 100 : 40	c) 24 720 : 20	d) 42 540 : 80
5 000 : 70	4 100 : 40	54 290 : 90	72 180 : 90
5 000 : 80	6 100 : 40	27 720 : 70	76 240 : 40
5 000 : 90	9 100 : 40	69 450 : 60	62 880 : 10

Probe:
```
  8 3 · 6 0
      4 9 8 0
    +     2 0
      5 0 0 0
```
4 9 8 0 + 2 0 = 5 0 0 0

4. a) 4 800 : 80 = ▢   b) 5 100 : 50 = ▢   c) 7 700 : 70 = ▢   d) 10 530 : 90 = ▢
   │:10 │:10
   480 : 8 =   ▢ : ▢ = ▢   ▢ : ▢ = ▢   ▢ : ▢ = ▢

e) 6 360 : 60 = ▢   f) 2 440 : 20 = ▢   g) 3 630 : 30 = ▢   h) 7 020 : 90 = ▢   i) 7 490 : 70 = ▢

▢ : ▢ = ▢   ▢ : ▢ = ▢   ▢ : ▢ = ▢   ▢ : ▢ = ▢   ▢ : ▢ = ▢

Verändere die Zahlen geschickt, dann geht es leichter!

5.
- Wenn ich meine Zahl mit 70 multipliziere, erhalte ich 86 380.
- Du musst 9 360 durch 40 dividieren, dann hast du meine Zahl.
- Du erhältst 133 320, wenn du meine Zahl mit 30 multiplizierst.

Auffällige Zahlen.

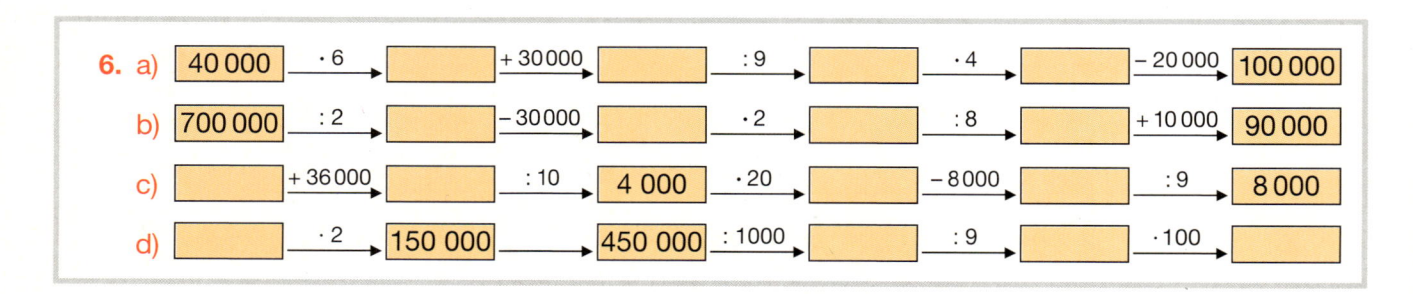

6. a) 40 000 →·6→ ▢ →+30 000→ ▢ →:9→ ▢ →·4→ ▢ →−20 000→ 100 000

b) 700 000 →:2→ ▢ →−30 000→ ▢ →·2→ ▢ →:8→ ▢ →+10 000→ 90 000

c) ▢ →+36 000→ ▢ →:10→ 4 000 →·20→ ▢ →−8 000→ ▢ →:9→ 8 000

d) ▢ →·2→ 150 000 → 450 000 →:1000→ ▢ →:9→ ▢ →·100→ ▢

Schriftliches Dividieren

1.

Für ihre Klassenzeitung haben die Kinder das Milchwerk besucht.

In einer Stunde werden 64 320 Dosen Milch abgefüllt.
30 Dosen kommen in einen Karton.

Eine Anlage füllt pro Stunde 14 928 Flaschen Frischmilch.
6 Flaschen in eine Kiste.

In einer Stunde 124 480 Becher Joghurt.
20 Becher auf einer Steige.

Tagesproduktion: 84 120 Stück Butter zu 250 g.
40 Stück in einem Karton.

Lieferung Lkw 3
Supermarkt: 2 320 Becher Joghurt
Firma Milwa: 500 Becher Joghurt
Kaufhaus Hallo 780 Becher Joghurt

Der Behälter der stählernen Kuh fasst 20 Liter Milch.

a) Wie viele Kartons Dosenmilch werden in 1 Stunde gefüllt?

b) Wie viele Kisten Frischmilch sind das?
– in 24 Stunden
– in 5 Tagen

c) Wie viele Kartons Butter werden pro Tag abgepackt?

d) Wie viel kg Butter werden pro Tag hergestellt?

e) Wie viele Steigen Joghurt bekommt jedes Geschäft?

f) Wie viele Steigen Joghurt muss der Lkw 3 insgesamt laden?

g) Wie viele Dosen Milch werden in 8 Stunden abgefüllt?

Denkt euch weitere Aufgaben aus.

2. | 18 880 | 37 760 | 75 520 | 151 040 | 302 080 | : | 80 | 40 | 20 | 10 |

Was fällt dir auf?

3.
a) ■ · 3 = 210
   ■ · 4 = 3 600
   ■ · 8 = 48 000
   ■ · 7 = 420

b) 5 · ■ = 30 000
   9 · ■ = 5 400
   6 · ■ = 1 800
   8 · ■ = 3 560

c) 7 · ■ = 280 000
   6 · ■ = 4 800
   9 · ■ = 720
   4 · ■ = 40 000

d) 2 700 : ■ = 30
   42 000 : ■ = 6
   560 000 : ■ = 7 000
   300 : ■ = 30

Entfernungen

Flugentfernungen von Hamburg zu anderen deutschen Flughäfen.

1 mm im Schaubild entspricht 10 km Entfernung.

nach Düsseldorf
nach München
nach Köln/Bonn
nach Berlin
nach Stuttgart

0   100   200   300   400   500   600

1. Wie groß sind die Entfernungen von Hamburg zu den anderen Flughäfen?

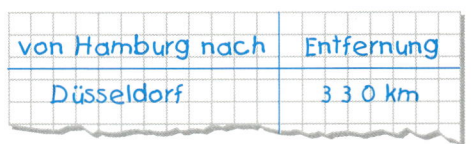

von Hamburg nach	Entfernung
Düsseldorf	3 3 0 km

2. Herr Venter fliegt häufig von Hamburg aus. Letzte Woche flog er zweimal nach Berlin und einmal nach Stuttgart, immer hin und zurück.

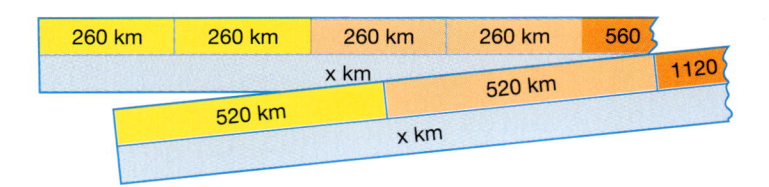

260 km | 260 km | 260 km | 260 km | 560
x km | 520 km | 1120
520 km | x km

3. Zeichne jedes Mal eine Lösungsskizze für die Flüge ab Hamburg. Rechne aus.
   a) zweimal München und zurück, einmal Köln/Bonn und zurück,
   b) dreimal nach Düsseldorf und zurück,
   c) dreimal nach Stuttgart und zurück,
   d) zweimal nach Berlin und zurück, einmal nach Köln/Bonn und zurück,
   e) einmal nach Stuttgart, von Stuttgart nach Düsseldorf (340 km), von Düsseldorf aus zurück.

4. Frau Erbis fliegt von Hamburg aus in einer Woche 1760 km. Einmal fliegt sie nach Köln/Bonn und zurück. Dann fliegt sie noch zweimal in eine andere Stadt und wieder zurück.
   a) Welches ist die andere Stadt?
   b) Welche Lösungsskizze passt?

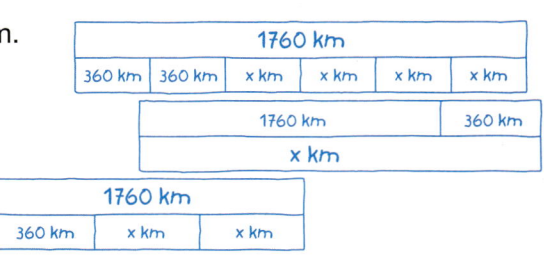

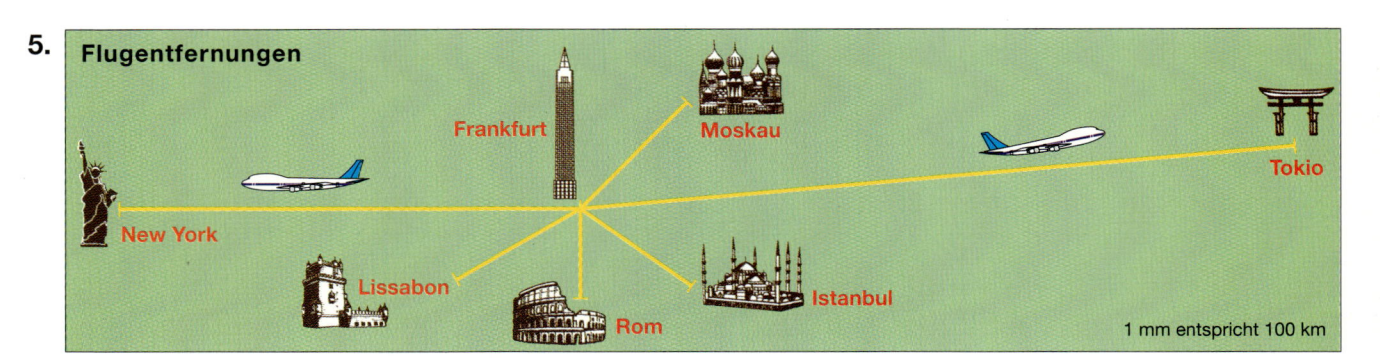

1760 km
360 km | 360 km | x km | x km | x km | x km

1760 km | 360 km
x km

1760 km
360 km | x km | x km

5. **Flugentfernungen**

Frankfurt, Moskau, Tokio, New York, Lissabon, Rom, Istanbul

1 mm entspricht 100 km

   a) Wie weit sind die Orte von Frankfurt entfernt?
   b) Ordne nach der Entfernung.
   c) Schreibe Rechengeschichten.

| a) | Frankfurt – New York | 6 1 0 0 km |
| | Frankfurt – Moskau | |

Mitten in Westfalen und Europa

DATEN AUS MÜNSTER

Einwohner

Jahr	Einwohner
1500	6 500
1590	10 600
1685	11 000
1800	14 300
1850	21 700
1900	63 754
1915	99 225
1930	116 031
1944	35 700
1970	198 878
1995	279 632

Geschichte

Bau eines Klosters (Monasterium = Münster) durch Liudger	um 793
Stadtrechte	um 1170
Bedeutende Hansestadt	13. bis 17. Jahrhundert
Herrschaft der Täufer	1534/35
Westfälischer Frieden	1648
Haupt- und Residenzstadt des Fürstbistums	bis 1803
Hauptstadt der Provinz Westfalen	ab 1816
Zerstörung der Stadt im 2. Weltkrieg	10.10.43

Verkehrswege im Stadtgebiet

Stadtbusnetz	360 km
Radwegnetz	550 km
Straßennetz	907 km

Sehenswürdigkeiten

		erbaut
1	St. Paulus Dom	1265
2	Lambertikirche	1375
3	Rathaus	1370
4	Fürstbischöfl. Schloss	1773
5	Stadttheater	1954
6	Freilichtmuseum Mühlenhof	1983
7	Clemenskirche	1751
8	Erbdrostenhof	1753

Stadtbezirke (Stand 31.12.1996)

Münster-Mitte	119 679 Einw.
Münster-Nord	28 134 Einw.
Münster-Ost	20 445 Einw.
Münster-Südost	25 551 Einw.
Münster-Hiltrup	35 546 Einw.
Münster-West	51 992 Einw.

Stadt der Schulen

Schulart	Anzahl	Schüler
Grundschulen	47	9 527
Hauptschulen	7	2 906
Realschulen	9	4 003
Gymnasien	14	10 266
Gesamtschulen	1	1 399
Freie Waldorfschulen	1	432
Sonderschulen	13	1 775

Entfernung zu europäischen Städten

Berlin	385 km
Athen	1980 km
Rom	1170 km
Paris	504 km
London	522 km
Stockholm	1026 km

Sammle auch Zahlen aus deinem Wohnort.

Das Eichhörnchen – ein Tier unserer Wälder

Kopf Rund und zierlich, mit Tasthaaren an Schnauze und Wangen sowie über und unter den Augen.

Ohren Klein, im Winterfell durch lange Haarpinsel optisch vergrößert.

Schwanz Beim Sitzen S-förmig an den Körper angelegt. Dient als Steuerorgan bei Sprüngen und als Gegengewicht beim Klettern.

Vorderpfoten Vier lange Zehen, die spreizbar sind, ausgezeichnet um mit Samen und Nüssen zu hantieren sowie zu klettern.

Hinterpfoten Lang, auf ihnen findet das Tier sicheren Halt beim Sitzen.

Art:	Sciurus vulgaris
Familie:	Hörnchen
Ordnung:	Nagetiere
Klasse:	Säugetiere
Merkmale:	Fell auf der Oberseite rotbraun bis braunschwarz, auf der Unterseite weiß; langer buschiger Schwanz. Im Winter mit Haarpinseln an den Ohrspitzen. Hinterbeine länger als Vorderbeine
Maße:	Kopf-Rumpf-Länge 21–25 cm; Schwanzlänge 15–20 cm; Höhe 5–6 cm
Gewicht:	210–410 g
Verbreitung:	Europa und Asien
Lebensraum:	Nadel- und Laubwälder, Parks;
Nahrung:	Baumsamen, Nüsse, Pilze und Tannennadeln; bei Gelegenheit Vogeleier und Jungvögel
Fortpflanzung:	Ein- bis zweimal im Jahr
Tragzeit:	38–39 Tage
Anzahl der Jungen pro Geburt:	1–10, meist 3–5
Geburtsgewicht:	8–12 g
Lebensdauer:	Maximal 12 Jahre
Bedrohung und Schutz:	In Deutschland ganzjährig geschützt; wird in manchen Ländern wegen seines Winterfelles gejagt.

Vor dem Winter sammelt das Eichhörnchen ungefähr 10 000 Nüsse, Eicheln und Zapfen und versteckt sie an ungefähr 1 000 verschiedenen Plätzen.

Die 150 Samen aus fünf Kiefernzapfen wiegen 1 g. Ein Eichhörnchen sammelt und frisst an einem Tag die Samen aus etwa 100 Kiefernzapfen.
1 g dieser Samen hat für das Eichhörnchen den gleichen Nährwert wie 4 g Tannennadeln.

Das Eichhörnchen behandelt die Zapfen sehr geschickt. Es dreht mit einem besonderen Biss die Tragschuppe hoch, bis sie sich weit genug spreizt oder abfällt. So kommt es an die Samen heran. Einen Kiefernzapfen bearbeitet das Eichhörnchen in drei Minuten. Dann hat es 30 Samen erreicht.

Das Nest des Eichhörnchens besteht aus Zweigen, Moos, Gras, Federn und Haaren und ist kugelförmig mit einem Durchmesser von 50 cm. Es wird Kobel genannt. Das Revier des Eichhörnchens reicht vom Kobel aus etwa 100 m in alle Richtungen.

Das Eichhörnchen hat im Oberkiefer 12 Zähne, im Unterkiefer 10 Zähne.

Zahnschema:

3 2 0 1   1 0 2 3
3 1 0 1   1 0 1 3

① Eine Haselnuss wiegt 2 g. Wie viel kg müsste ein Eichhörnchen tragen, wenn es für den Winter nur Haselnüsse sammeln würde?

② Wie viel g Samen von Kiefernzapfen sammelt ein Eichhörnchen an einem Tag?

③ Wie viele Nüsse, Eicheln und Zapfen sind etwa in jedem Versteck?

④ Wie viel g Tannennadeln müsste ein Eichhörnchen an einem Tag fressen?

⑤ Zeichne einen Kobel in richtiger Größe.

Interessante Zahlen über Tiere

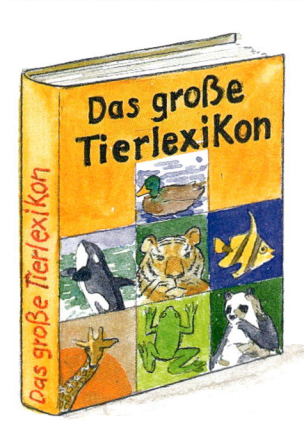

1. Ein indischer Elefant wiegt 5 t. Der Blauwal wiegt das 30fache, ein Brachiosaurus wog das 16fache.

2. Der Brachiosaurus war 24 m lang.
   a) Die Länge des Elefanten ist der 4. Teil davon.
   b) Die Länge einer Zauneidechse ist der 100. Teil davon.
   c) Die Länge eines Pkws ist der 6. Teil davon.

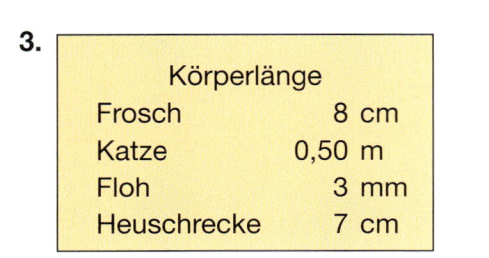

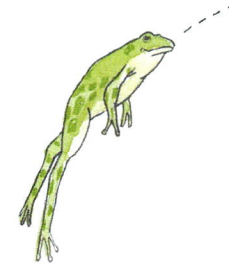

3.
Körperlänge	
Frosch	8 cm
Katze	0,50 m
Floh	3 mm
Heuschrecke	7 cm

   Wie weit springen sie?
   a) Frosch: 20fache Körperlänge
   b) Katze: 6fache Körperlänge
   c) Floh: 200fache Körperlänge
   d) Heuschrecke: 30fache Körperlänge

   Zeichne die Sprungweiten.

4. Die Ameisen aus einem Ameisenstaat erbeuten in einer Stunde 7 000 Schmetterlingsraupen. Die Ameisen arbeiten an jedem Tag 10 Stunden. Wie viele Schädlinge können sie in einer Woche vernichten?

5. Der Admiral gehört zu den Wanderfaltern. Er fliegt im Frühling von Nordafrika bis zu uns. Das sind ungefähr 1 600 km. In einer Stunde schafft er etwa 20 km. Wie lange fliegt er?

   Reine Flugzeit!

6. **Delfine sterben qualvoll**

   (ap) Delfine sind vom Aussterben bedroht. Einer der Gründe ist, dass sich beim Thunfisch-Fang immer wieder Delfine in den Netzen verfangen und qualvoll ersticken. Bei der Beobachtung einer Fangflotte wurde festgestellt, dass in drei Monaten 6400 Delfine gefangen wurden und dabei starben.

   Auf der Welt gibt es etwa 65 Fangflotten für Thunfische. Die Fangsaison dauert 9 Monate. Wie viele Delfine werden etwa während einer Fangsaison gefangen?

7. Eine Kaninchenhäsin kann 10 Jahre alt werden. Sie bringt im Jahr 5- bis 7-mal Junge zur Welt, je Wurf bis zu 7 Kaninchen.

8. Welche Zahlen über Tiere findet ihr noch? Schaut im Lexikon und in Tierbüchern nach.

Wiederholung

1.
- "Wir gehen mit Bello jede Woche $3\frac{1}{2}$ Stunden spazieren."
- "Ich führe Susi jeden Morgen 20 Minuten aus. Abends nochmal eine halbe Stunde."

Erzähle – frage – rechne – antworte.

2. TINKA
Jeden Tag
1 h Ausführen
$\frac{3}{4}$ h Spielen, Ansprechen
$\frac{1}{4}$ h Füttern
$\frac{1}{4}$ h Saubermachen
Im Monat
1 h Einkaufen

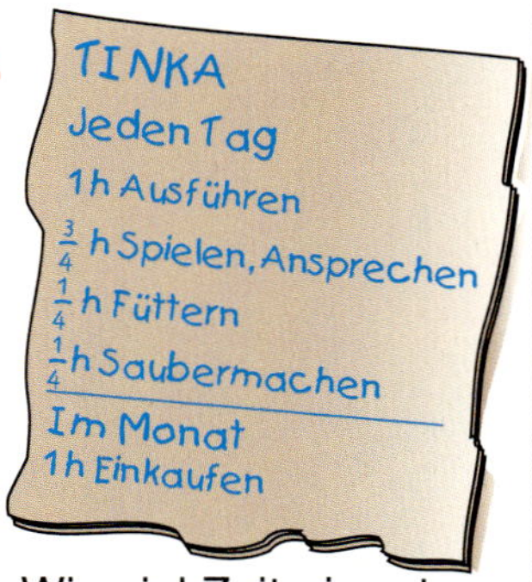

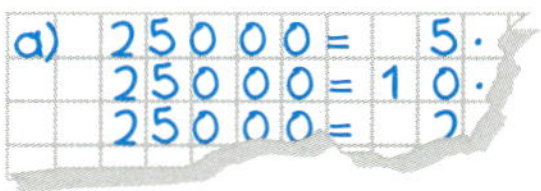

Wie viel Zeit nimmt Tinka jeden Tag in Anspruch?

3.
a) 426 517 + 86 392 + 107 500
b) 509 490 + 216 580 + 82 700
c) 200 000 + 73 412 + 223 529
d) 500 000 – 248 312 – 136 700
e) 500 000 – 86 583 – 409 518
f) 500 000 – 452 706 – 5 007

2 699   3 899   42 287   114 988   496 941   620 409   808 770

4. Saskia hat 30 €. Davon will sie kaufen: einen Taschenrechner für 5,90 €, Stifte für 8,50 €, Hefte für 3,30 €, einen Radiergummi für 40 ct und Ordner für 13 €.
Bleibt Geld für ein Eis übrig?

5. Schreibe die passenden Zahlen auf. Wie viele sind es jeweils?
a) 100 000 < ▨ < 100 004
b) 100 000 < ▨ < 100 003
c) 100 000 < ▨ < 100 001
d) 99 985 < ▨ < 100 000
e) 99 998 < ▨ < 100 000
f) 99 999 < ▨ < 100 000
g) 999 < ▨ < 1 001
h) 990 < ▨ < 1 001
i) 990 < ▨ < 1 000

2 Aufgaben haben keine Lösung.

6. Schreibe möglichst viele Multiplikationsaufgaben zu den Zahlen.
a) 25 000   b) 100 000   c) 50 000   d) 1 000   e) 24 000

a) 25 000 = 5 ·
25 000 = 10 ·
25 000 =

7. Rechne Quadratzahlen aus, so weit du kannst.
1 · 1 =
2 · 2 =
3 · 3 =

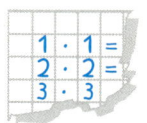

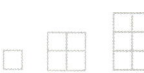

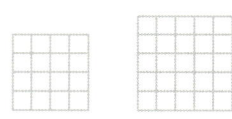

8. a) 1 · 2 · 3 · 4 · 5 · 6 = ▨   b) 1 · 2 · 3 · 4 · 5 · 6 · 7 · 8 = ▨   c) 9 · 8 · 7 · 6 · 5 · 4 · 3 · 2 · 1 · 0 = ▨

9. 1 2 4 8 16   Auf jede folgende Platte müssen mehr Körner gelegt werden. 
Erkennst du die Regel?
Schreibe alle Zahlen.
Vermute vorher, welche Zahl zur einundzwanzigsten Platte gehört.

10. a) 95   411   309   789   ●   74   231
b) 73   600   517   984   ●   36   500   409

Kontrolliere mit dem Taschenrechner.

Wiederholung

1. Erzähle – frage – rechne – antworte.

2. Multipliziere zwei Zahlen miteinander und subtrahiere die dritte Zahl.
Versuche eine möglichst kleine Zahl zu erreichen.

a) 30, 148, 650
b) 400, 256, 76
c) 398, 395, 397
d) 586, 585, 587

Kleinste Ergebnisse
3 790   19 056   156 417
339 423   342 223

3. Du gehst ungefähr schon 720 Tage zur Schule. Nimm an, dass du an jedem Schultag 25 Aufgaben gerechnet hast. Wie viele Aufgaben wären das insgesamt?

4. Der Hausmeister verteilt 24 Tafellappen gleichmäßig an alle Klassen.
Wie viele Klassen könnten es sein?

5.
a) 5 · (9 000 − 3000)
   5 · (7 000 − 3000)
   5 · (5 000 − 3000)
   5 · (3 000 − 3000)

b) 9 · (700 + 300)
   9 · (700 + 1 300)
   9 · (700 + 3 300)
   9 · (700 + 7 300)

c) (20 000 + 4 000) : 8
   (30 000 + 2 000) : 8
   (40 000 + 8 000) : 8
   (50 000 + 6 000) : 8

d) (50 000 − 1 000) : 7
   (40 000 − 5 000) : 7
   (70 000 − 7 000) : 70
   (30 000 − 9 000) : 70

0   300   900   3 000   4 000   5 000   6 000   7 000   7 000   9 000   10 000   18 000   20 000   28 000   30 000   36 000   72 000

6. Wie viel Meter Zaun werden für diese quadratischen Gärten benötigt?

Fabers Garten 12,50 m   Haases Garten 21,50 m   Papes Garten 15,70 m   Wahls Garten 26,50 m   Meurers Garten 30 m

Insgesamt werden 424,80 m Zaun benötigt.

7.
- Meine Zahl hat 6 Nullen und eine 1.
- Meine Zahl ist sechsstellig. Sie hat 5 Nullen und ist kleiner als 200 000.
- Meine Zahl ist das Vierfache von 25 000.
- Meine Zahl ist ein Vielfaches von 5 000. Sie ist kleiner als 30 000 und größer als 20 000.

8.
a) 5 280   8 320   48 360   :   4   80
b) 1 350   2 460   31 230   :   3   90
c) 7,74 €   28,68 €   38,22 €   :   3   6
d) 449,84 €   868,48 €   :   4   8

Kontrolliere mit dem Taschenrechner.

115

Größe von Flächen

Diese Pinnwand ist 150 cm lang und 90 cm breit.

Diese ist 0,80 m breit und 1,20 m hoch.

1. Die Kinder wollen 28 quadratische Bilder aufhängen. Jedes Bild ist 20 cm lang. Welche Pinnwand ist geeignet?

2. 24 Bilder im Querformat sollen aufgehängt werden. Wie lang und wie breit muss die Pinnwand sein? Zeichne. Finde verschiedene Möglichkeiten.

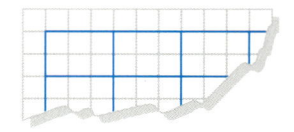

3. **Zentimeterquadrate**

   a) Wie viele Quadrate passen in das Rechteck? Vermute vorher.

   b) Zeichne das Rechteck mit den Zentimeterquadraten.

   c) Zeichne andere Rechtecke. Fülle sie mit Zentimeterquadraten.

4. Welche Fläche ist am größten und welche am kleinsten? Schätze zuerst.

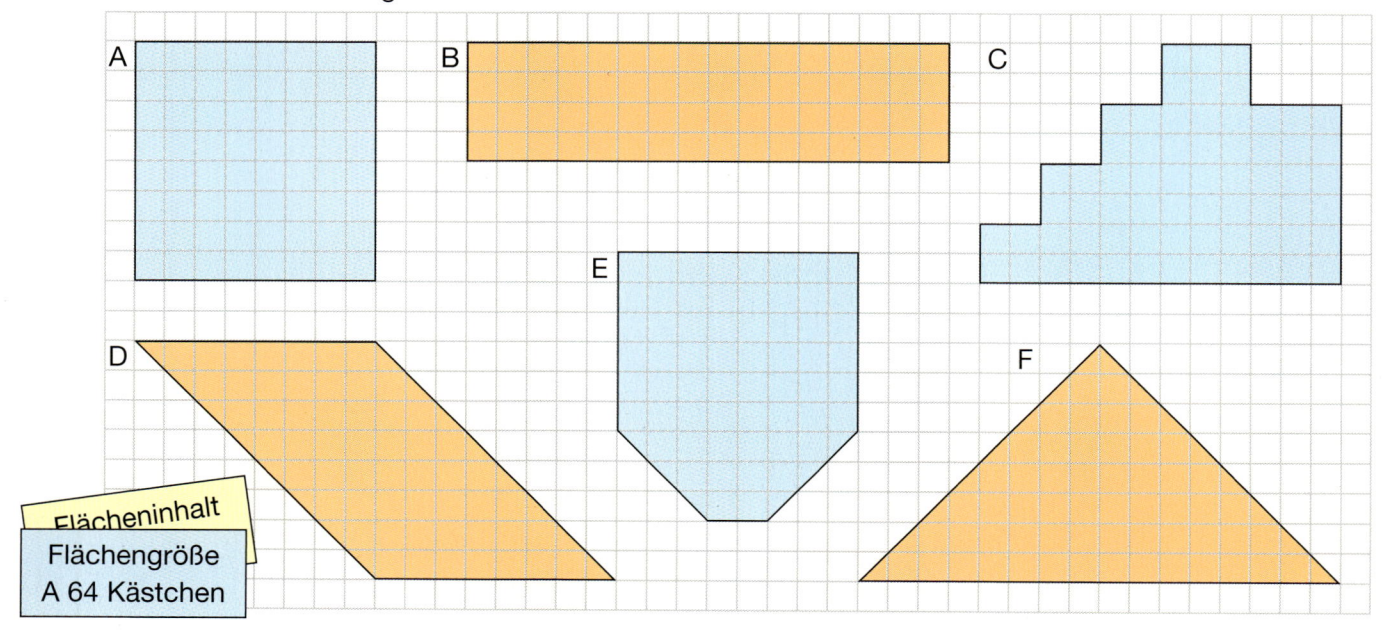

   A   B   C

   E

   D   F

Flächeninhalt
Flächengröße
A 64 Kästchen

Umfang und Flächeninhalt

1.

Ein Filzbrett für die freie Arbeit

An der Spanplatte wird ringsherum eine erhöhte Kante angebracht.

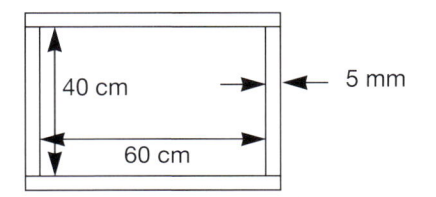

Skizze: 40 cm, 60 cm, 5 mm

Wie viel Zentimeter Leiste sind erforderlich?

2.

Wir stellen für euch Filzbretter in 4 Größen her.
Klasse 4b

Die Spanplatten werden im Baumarkt fertig zugeschnitten.
Die Leisten sägen die Kinder passend zu.
Wie viel Meter Leiste werden gebraucht?
a) jeweils für ein Brett
b) für alle bestellten Filzbretter zusammen

Bestellliste:

		1a	1b	2a	2b	3a	3b	4a
A	30 cm breit 40 cm lang	2	2					
B	50 cm breit 50 cm lang				2		3	
C	35 cm breit 45 cm lang	1					3	
D	50 cm breit 60 cm lang	1			2			2

3. Miss und zeichne die Figuren auf Kästchenpapier.
Vergleiche die Flächeninhalte.
Vergleiche die Umfänge.

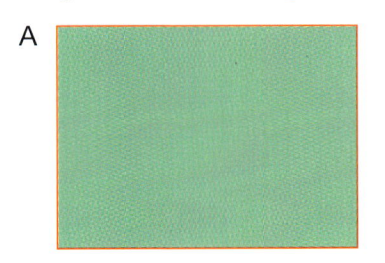

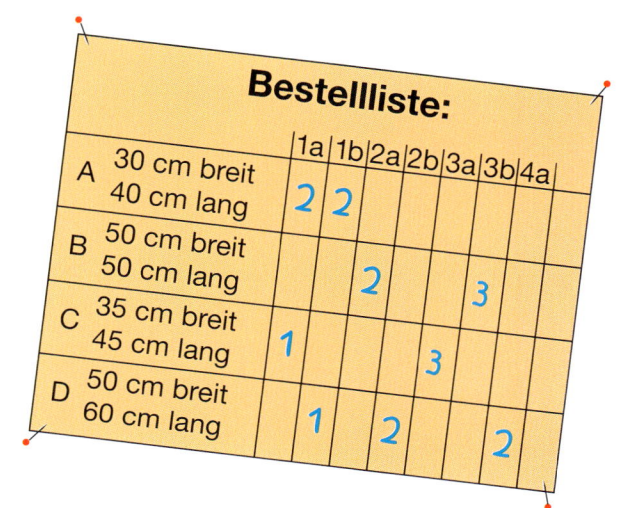

A   B   C

Fällt dir etwas auf?

4. a) Mit 36 Kästchen kannst du verschiedene Rechtecke zeichnen.
b) Vergleiche jeweils Umfang und Flächeninhalt.
c) Suche das Rechteck mit dem kleinsten Umfang und das mit dem größten Umfang.
d) Zeichne mit 36 Kästchen Figuren, die keine Rechteckform haben.

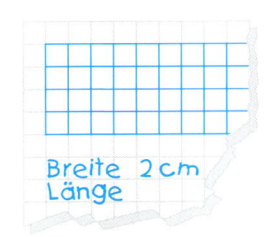

Breite 2 cm
Länge

5. Zeichne immer mehrere Rechtecke.
 a) mit 20 Kästchen,   b) mit 48 Kästchen,   c) mit 60 Kästchen,   d) mit 72 Kästchen.
Gib jeweils das Rechteck mit dem kleinsten und das mit dem größten Umfang an.

Vergrößern und Verkleinern

Vergrößern
Vergrößern
Vergrößern
Vergrößern

1. Der Wassertropfen ist 10fach vergrößert. Wie groß ist er in Wirklichkeit?

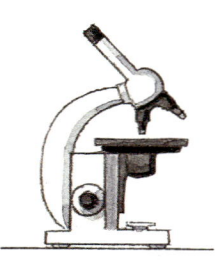

2. 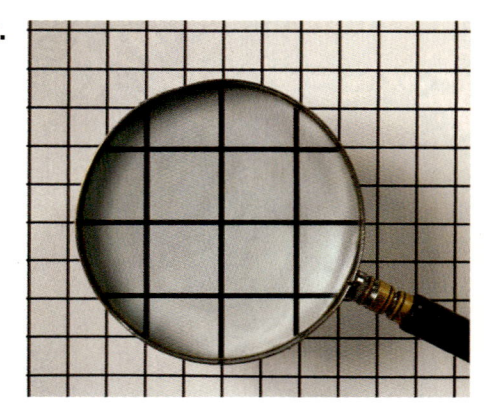 Wie stark vergrößert diese Lupe? Schätze. Miss nach.

3.

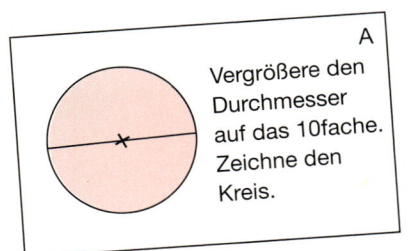

A – Vergrößere den Durchmesser auf das 10fache. Zeichne den Kreis.

B – Verdopple jede Seite des Quadrats.

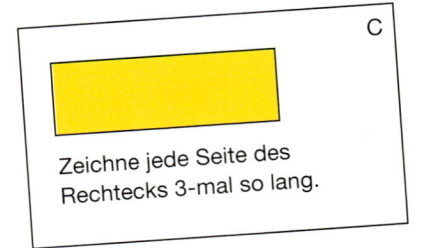

C – Zeichne jede Seite des Rechtecks 3-mal so lang.

Erfinde ähnliche Aufgaben und gib sie zum Zeichnen weiter.

Verkleinern
Verkleinern
Verkleinern
Verkleinern

4. In Wirklichkeit ist der Elefant 100-mal so groß. Wie groß ist er ungefähr?

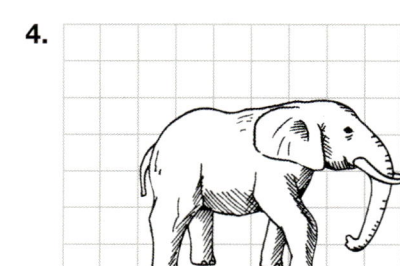

5. In Wirklichkeit ist das Meerschweinchen 10-mal so groß.

6. Der Dinosaurier war 300-mal so groß. Wie groß war er ungefähr?

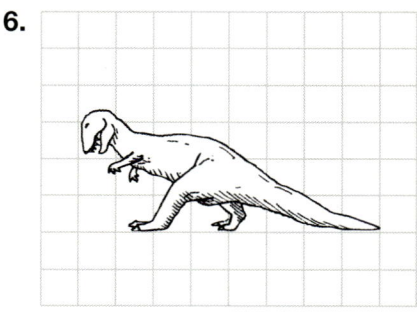

7.

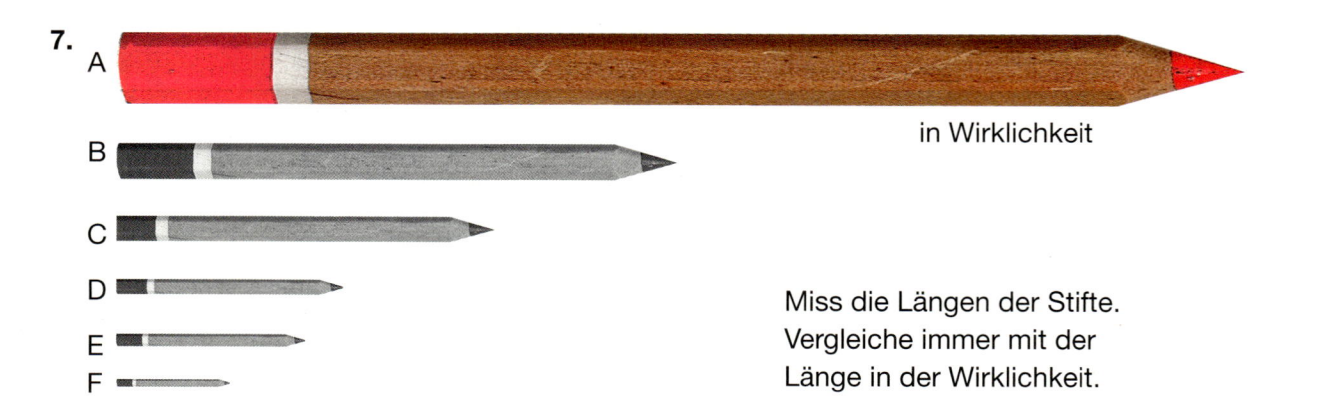

A – in Wirklichkeit

B

C

D

E

F

Miss die Längen der Stifte. Vergleiche immer mit der Länge in der Wirklichkeit.

8. Zeichne Strecken.   a) 5 cm   b) 12 mm   c) 6 cm 5 mm   d) 49 mm   e) 8 mm   f) 5 cm 6 mm

Zeichne jede Strecke dreimal so lang.

118

Vergrößern und Verkleinern

1.

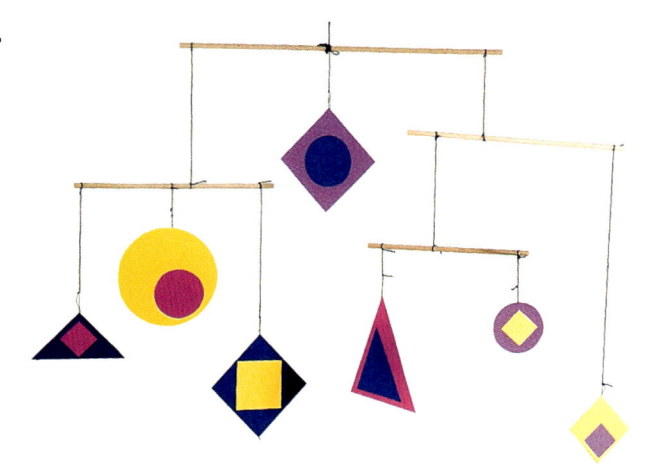

Mobile basteln
- Zeichne zwei gleiche Figuren.
- Schneide beide aus.
- Lege eine Fadenschlinge auf eine Innenseite.
- Klebe die zweite Figur genau auf die erste.
- Zeichne eine kleinere Figur.
- Schneide sie aus und klebe sie auf.

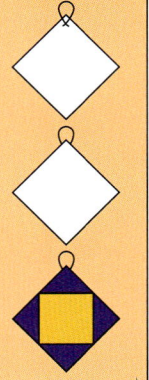

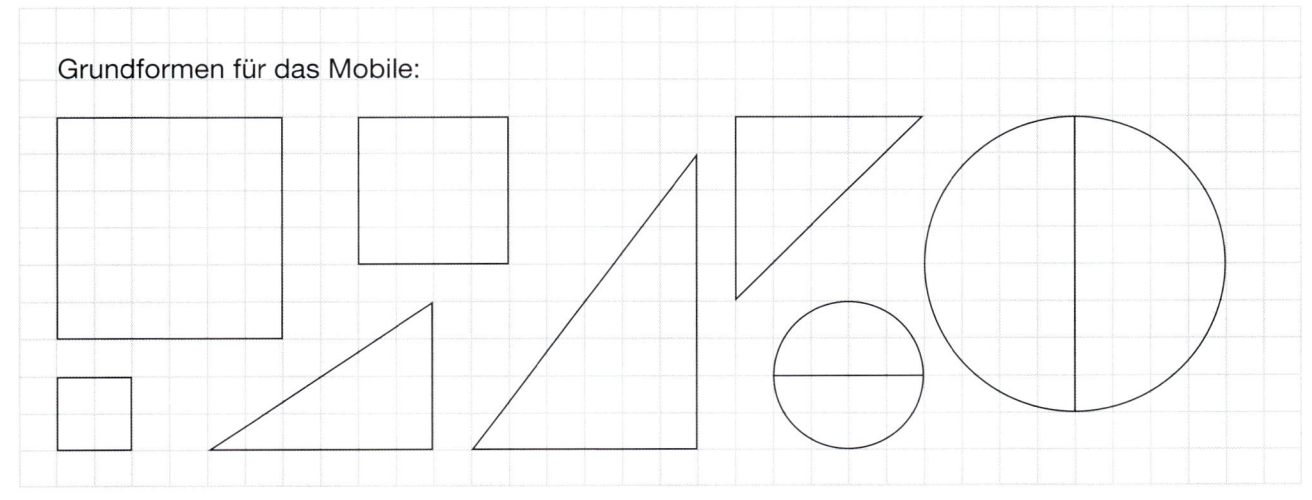

Grundformen für das Mobile:

Vergrößere die Seitenlängen und die Durchmesser auf das Dreifache.
Zeichne mit Geodreieck und Zirkel auf farbige Pappe.
Stelle daraus Figuren für das Mobile her.

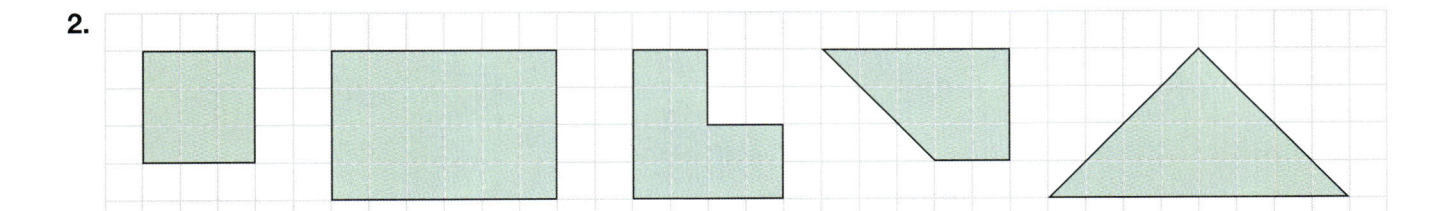

2.

Zeichne die Figuren vergrößert, jede Linie viermal so lang.

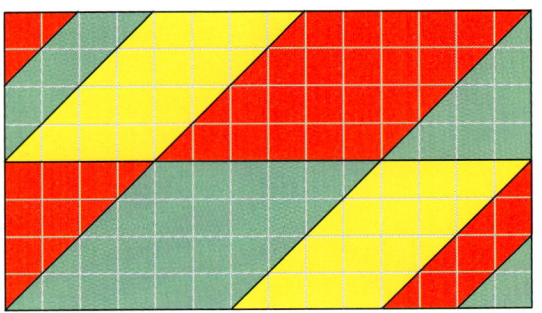

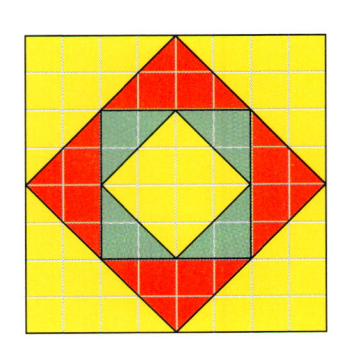

3.

Zeichne die Muster verkleinert, jede Linie halb so lang.

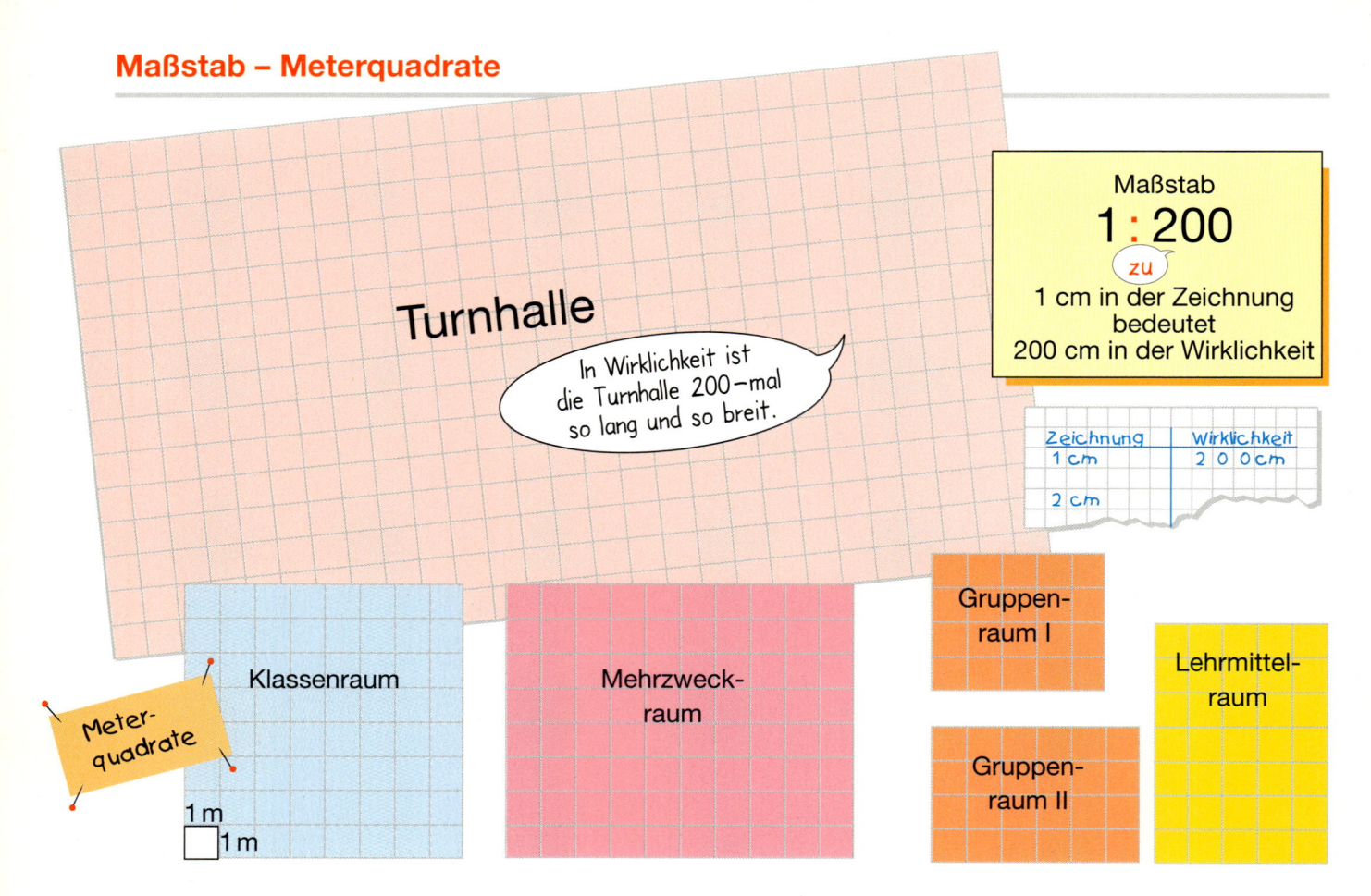

Maßstab – Meterquadrate

Maßstab 1 : 200

zu

1 cm in der Zeichnung bedeutet 200 cm in der Wirklichkeit

Zeichnung	Wirklichkeit
1 cm	200 cm
2 cm	

In Wirklichkeit ist die Turnhalle 200-mal so lang und so breit.

Turnhalle

Klassenraum

Mehrzweckraum

Gruppenraum I

Gruppenraum II

Lehrmittelraum

Meterquadrate 1 m · 1 m

1. a) Wie lang und wie breit sind die Räume in Wirklichkeit?
   b) Gib ihre Größe in Meterquadraten an.

2. Messt euren Klassenraum: Zeichnet den Grundriss im Maßstab 1 : 200 oder 1 : 100. Vergleicht die Größe mit anderen Klassenräumen.

3.

Zeichnung	3 cm	12 cm	8 cm	20 cm	7 cm	30 cm			
Maßstab	1:100	1:100	1:200	1:200	1:10	1:10	1:100	1:200	1:10
Wirklichkeit	300 cm						cm	cm	cm
	3 m						10 m	100 m	1 m

4. Ein Gruppenraum soll mit Teppichboden ausgelegt werden.
   a) Wie lang und wie breit ist der Raum?
   b) Wie viele Meterquadrate ist er groß?
   c) Wie viel Meter Fußleiste müssen angebracht werden?

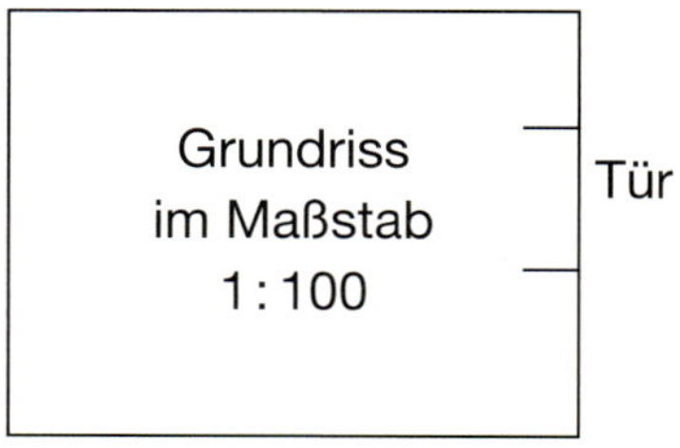

Grundriss im Maßstab 1 : 100 — Tür

5.

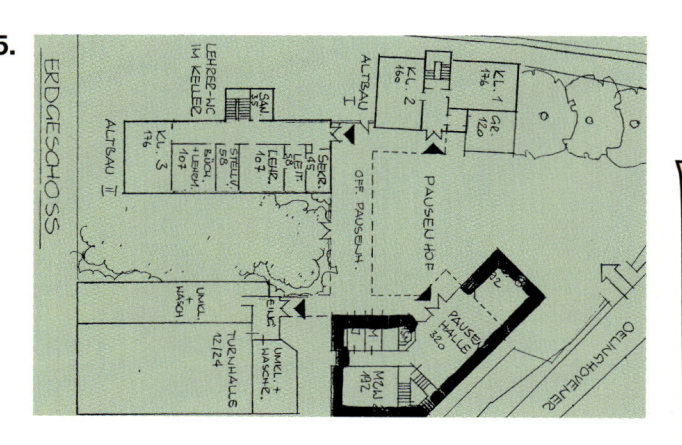

Plant eine neue Schule mit 8 Klassen.

- Zeichnet die Grundrisse im Maßstab 1 : 100.
- Schneidet sie aus.
- Ordnet die Schulräume und die Turnhalle geschickt an.
- Ergänzt fehlende Räume und gestaltet den Schulhof.

Vergleicht mit eurer Schule.

Schulwegplan – Planquadrate

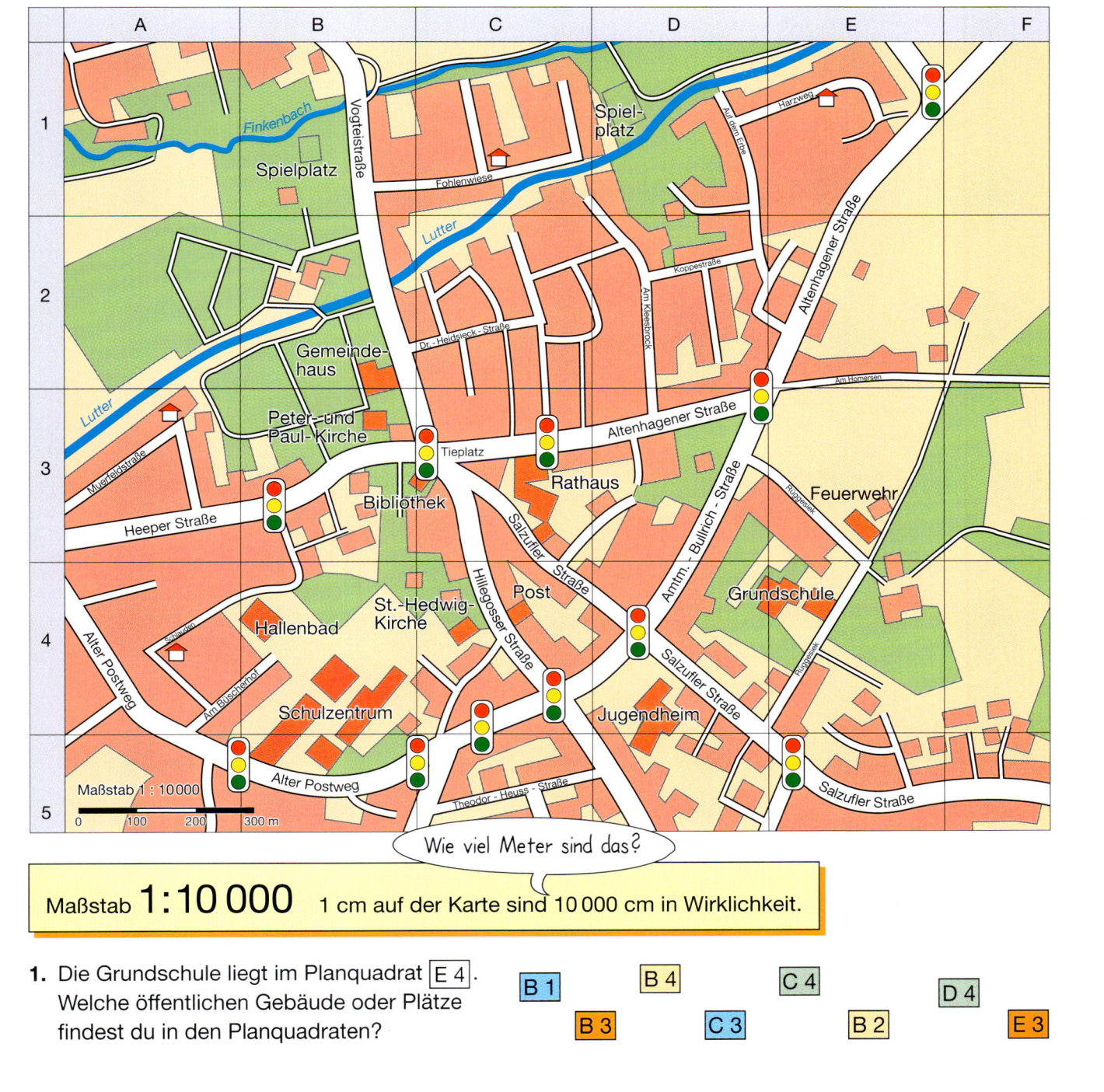

Maßstab 1 : 10 000   1 cm auf der Karte sind 10 000 cm in Wirklichkeit.
Wie viel Meter sind das?

1. Die Grundschule liegt im Planquadrat E 4. Welche öffentlichen Gebäude oder Plätze findest du in den Planquadraten?
   B 1   B 4   C 4   D 4
   B 3   C 3   B 2   E 3

2. In welchen Planquadraten liegen die Straßen?
   a) Heeper Straße   b) Vogteistraße   c) Am Homersen   d) Rüggesiek

   Stellt euch weitere Suchaufgaben.

3. Miss auf der Karte die Entfernungen von der Grundschule aus (Luftlinie). Rechne um.

	Feuerwehr	Rathaus	Post	Hallenbad	Bibliothek	Gemeindehaus	Finkenbach
auf der Karte	2 cm						
in Wirklichkeit	200 m						

4. Wie groß ist die Entfernung zur Grundschule (Luftlinie)?
   a) Esther: Harzweg 20   b) Sina: Fohlenwiese 23   c) Niklas: Muerfeldstr. 16   d) Tim: Schlauden 2
   Im Sommer wechseln die Kinder in das Schulzentrum.

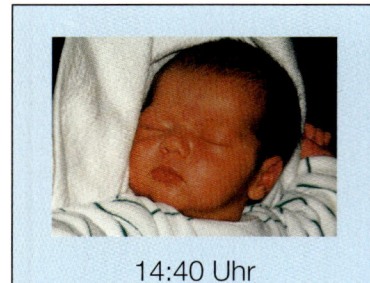

Geburtsdaten und Lebenserwartung – Stichproben und Schaubilder

Lukas ist da!
53 cm groß, 3740 g schwer

Es freuen sich
Michael und Elke Beck
und Alexandra
Neustadt, am 17. Mai

14:40 Uhr

1. Erkundige dich:
   a) Wie spät war es bei deiner Geburt?
   b) Wie schwer und wie groß warst du bei deiner Geburt?
   c) Und wie war es bei deinen Geschwistern oder Eltern?

2. **Krankenhaus Neustadt** Neugeborene im Mai

Jungen

Datum	Uhrzeit	Name	Größe	Gewicht
4.5.	23:45	Uthe	53 cm	3520 g
11.5.	04:50	Adams	52 cm	3770 g
11.5.	05:07	Adams	52 cm	3670 g
16.5.	05:08	Mohr	54 cm	3870 g
17.5.	14:40	Beck	53 cm	3740 g
22.5.	01:25	Müller	52 cm	4250 g
26.5.	08:10	Witt	55 cm	3170 g
30.5.	12:50	Rühl	51 cm	3240 g
31.5.	06:49	Aslan	49 cm	3090 g

Mädchen

Datum	Uhrzeit	Name	Größe	Gewicht
2.5.	09:10	Wirz	51 cm	3080 g
3.5.	00:10	Kramer	48 cm	3020 g
10.5.	13:20	Piontek	50 cm	3050 g
11.5.	22:30	Naaf	49 cm	2560 g
14.5.	02:25	Piehl	50 cm	3560 g
19.5.	05:50	Arend	46 cm	2600 g
20.5.	10:12	Wolff	52 cm	3390 g
25.5.	23:35	Steuber	52 cm	3280 g

Vergleicht.
Schreibt Fragen auf. Gebt sie zum Lösen weiter.

3. **Lebenserwartung von Neugeborenen in Deutschland**

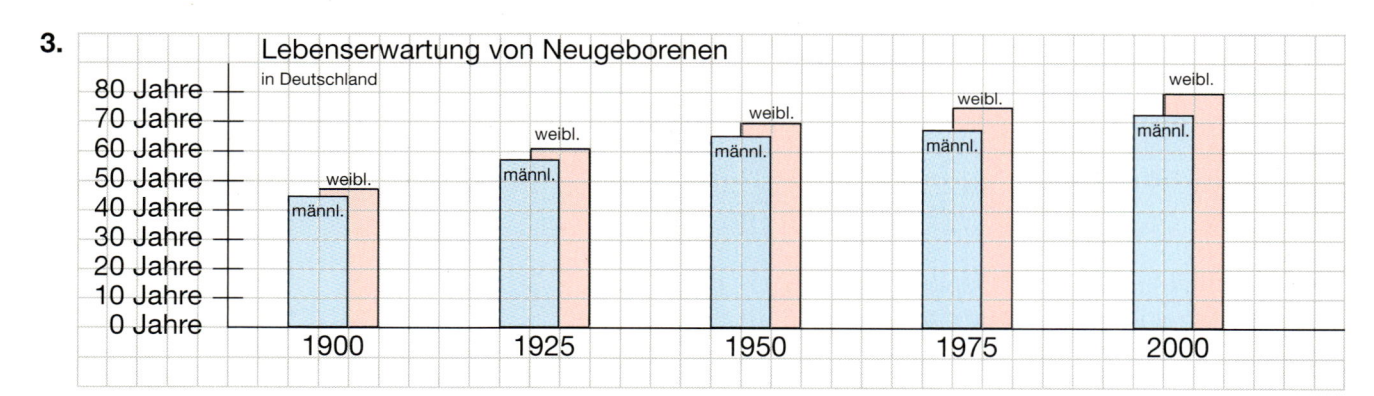

Schreibe die Lebenserwartungen auf. Was fällt dir auf?

1900: männlich 45 Jahre
weiblich 48 Jahre

4. a) Wann wurden deine Urgroßeltern geboren?
   b) Wie alt sind sie geworden?
      Trage das Alter in ein Schaubild ein. Vergleiche.

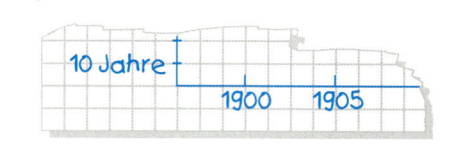

5. Zeichne Strecken und halbiere sie.
   a) 3 cm   b) 1 cm   c) 5 cm 4 mm   d) 1 dm 2 cm
      11 cm   7 cm   9 cm 6 mm   1 dm 2 mm
      90 mm   2 dm   1 cm 5 mm   1 dm 6 cm 6 mm
      54 mm   1½ dm   10 cm 5 mm   1 dm 1 cm 2 mm

a) 3 cm
1 cm 5 mm | 1 cm 5 mm

So rechneten die Urgroßeltern

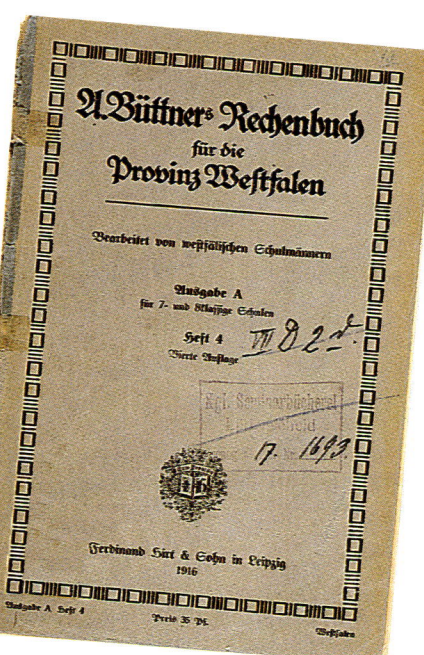

§ 3. Malnehmen.   57

Aus dem Familienhaushalt.

900) Tägliches Einkommen 7,50 ℳ. Wie groß ist das Monatsgehalt?

901) Man spart von diesem Einkommen täglich 1,80 ℳ. Wieviel in 1 Woche?

902) Die Hausfrau erhält wöchentlich 25 ℳ Wirtschaftsgeld. Wieviel macht das in 1 Monat?

903) Der Monatslohn für ein Dienstmädchen beträgt 18 ℳ. Wie groß ist der Jahreslohn?

904) An Wohnungsmiete bezahlt ein Beamter vierteljährlich 93,75 ℳ. Wieviel ℳ beträgt die Jahresmiete?

905) Eine Familie braucht monatlich 26 kg Kartoffeln. Wieviel braucht sie in 4 Monaten? (in 6, 8, 5, 7 Monaten?)

906) 1 kg Roggenmehl kostet 29 ₰. Wieviel kosten 5, 8, 7 kg?

907) 1 Dtzd. Eier kostet 95 ₰. Wie teuer sind 2, 6, 8 Dtzd.?

908) Eine Hausfrau kauft 3 kg Rindfleisch, das kg zu 1,80 ℳ. Wieviel bekommt sie auf 10 ℳ heraus?

909) Ein Postpaket Butter enthält 4 kg. Wieviel kostet die Sendung, das kg zu 3,20 ℳ?

910) 1 kg gebrannter Kaffee kostet 2,40 ℳ. Wieviel kosten 5 kg, 8 kg?

911) 1 kg Kaffee verliert beim Rösten 190 g. a. Wieviel verlieren 6 kg dabei? b. Wie schwer sind 8 kg nach dem Rösten?

912) Wie teuer ist das Zeug zu einem Herrenanzuge, wenn 3 m gebraucht werden und 1 m 8,75 ℳ kostet?

913) Wieviel Leinwand braucht man zu 1 Dtzd. Handtüchern, wenn jedes Tuch 1,25 m lang ist?

914) 1 l Petroleum kostet 23 ₰. Wie teuer ist eine Kanne mit 6 l Inhalt?

915) 1 l Petroleum wiegt 800 g. Wie schwer ist 1 hl?

916) 1 Tausend Preßkohlen kostet 10,25 ℳ. Wie teuer sind 5000 Stck.?

917) 1 Raummeter Kiefernholz kostet im Walde 4,75 ℳ. Wie teuer sind 3 Raummeter im Hause, wenn für das Anfahren im ganzen 4,50 ℳ gezahlt werden?

Wer findet zu Hause auch ein altes Rechenbuch oder andere alte Schulbücher?

Das haben wir im 4. Schuljahr gelernt.

1. Runden zur Hunderterzahl
- a) 64 228 ≈ ▨   b) 24 084 ≈ ▨   c) 5 370 ≈ ▨   d) 200 335 ≈ ▨
-    64 258 ≈ ▨   24 044 ≈ ▨   17 490 ≈ ▨   154 370 ≈ ▨

2. Schriftliches Subtrahieren
- a) 4 509,80 € – 3 293,25 €
- b) 7 086,80 € – 482,25 €
- c) 876,28 € – 518,00 € – 0,74 €
- d) 783,45 € – 19,86 € – 688,05 €

> 75,54 €   235,54 €   357,54 €
> 1 216,55 €   6 604,55 €

3. Lösen von Sachaufgaben

Jedes Jahr geht ein Kind etwa 185 Tage zur Schule.
Im ersten Schuljahr hat Anne an jedem Schultag ungefähr 20 Wörter geschrieben,
im zweiten Schuljahr etwa 50 Wörter an jedem Schultag,
im dritten Schuljahr etwa 70 und im vierten Schuljahr 90.

4. Schriftliches Multiplizieren
- a) 2 907 · 7   c) 9 711 · 30   e) 32 640 · 26   g) 1 983 · 410   i) 777 · 888
- b) 3 516 · 5   d) 498 · 400   f) 10 796 · 57   h) 2 107 · 305   j) 1001 · 999

> 17 580   18 180   20 349   199 200   291 330   615 372   642 635   689 976   813 030   848 640   999 999

5. Schriftliches Dividieren
- a) 628 : 4   c) 2 190 : 6   e) 1 260 : 30   g) 7 450 : 50
- b) 268 : 4   d) 2 430 : 6   f) 12 900 : 30   h) 10 240 : 80

> 2   42   67
> 128   149   157
> 365   405   430

6. Umrechnen von Gewichts- und Längenangaben
- a) $\frac{1}{2}$ kg = ▨ g   b) 3 t = ▨ kg   c) 3 000 m = ▨ km   d) 4 km = ▨ m
-    $\frac{1}{4}$ kg = ▨ g   12 t = ▨ kg   300 m = ▨ km   11 km = ▨ m

7. Rechnen mit Zeitspannen
- a) 60 s = ▨ min   b) 120 min = ▨ h   c) 240 h = ▨ Tage   d) 30 Tage = ▨ Wochen ▨ Tage
-    30 s = ▨ min   300 min = ▨ h   49 h = ▨ Tage ▨ h   60 Tage = ▨ Wochen ▨ Tage

8. Lösen von Ungleichungen
- a) ▨ · 400 < 1 000   c) ▨ · 600 < 5 000   e) 3 000 · ▨ < 10 000   g) 4 000 · ▨ > 10 000
- b) ▨ · 600 < 2 000   d) ▨ · 800 < 5 000   f) 7 000 · ▨ < 50 000   h) 0 · ▨ > 20 000

9. Zeichnen von Figuren

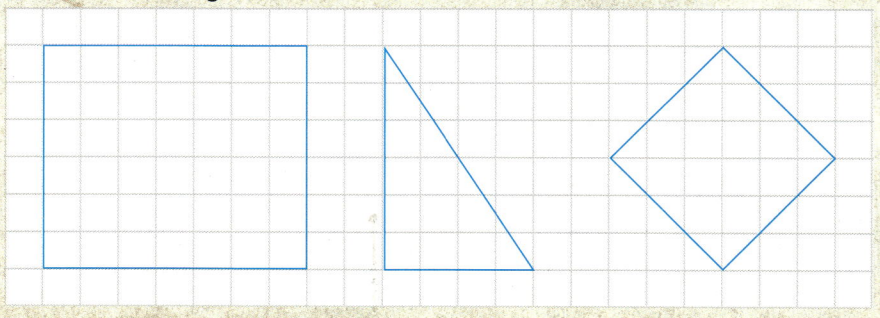

a) Zeichne jede Seite doppelt so lang. Schreibe den Umfang auf.
b) Zeichne jede Seite halb so lang. Zeichne alle Symmetrieachsen ein.